中国史速读

29宗历史奇案

李洪文 著

台海出版社

图书在版编目（CIP）数据

中国史速读：29宗历史奇案 / 李洪文著 . -- 北京：
台海出版社，2020.11

ISBN 978-7-5168-2760-4

Ⅰ.①中… Ⅱ.①李… Ⅲ.①中国历史—通俗读物
Ⅳ.①K209

中国版本图书馆 CIP 数据核字（2020）第 180693 号

中国史速读：29宗历史奇案

著　　者：	李洪文		
出 版 人：	蔡　旭	封面设计：	末末美书
责任编辑：	王　萍		

出版发行：台海出版社

地　　址：北京市东城区景山东街 20 号　　邮政编码：100009

电　　话：010-64041652（发行、邮购）

传　　真：010-84045799（总编室）

网　　址：www.taimeng.org.cn/thcbs/default.htm

E-mail：thcbs@126.com

经　　销：全国各地新华书店

印　　刷：天津旭非印刷有限公司

本书如有破损、缺页、装订错误，请与本社联系调换

开　　本：	710 毫米 × 1000 毫米	1/16	
字　　数：	224 千字	印　张：	16.5
版　　次：	2021 年 4 月第 1 版	印　次：	2021 年 4 月第 1 次印刷
书　　号：	ISBN 978-7-5168-2760-4		
定　　价：	50.00 元		

历史是一座画廊，里面赝品很多，真作太少。

自序

　　三皇五帝开疆域，秦汉元明到如今，泱泱五千年的华夏历史中，肩担文化昌兴重任的文人，给我们留下了《龙图公案》《施公案》《大唐狄公案》等大量公案类小说。这些小说，大多取材自市井说唱、民间故事、历史典籍，因为平民化、传奇性、可思辨，因此具有了强大的生命力。

　　清末民国时，这类公案小说改头换面，开始以侦探小说的形式登场，比如程小青的《霍桑探案》、孙了红的《侠盗鲁平奇案》和陆澹安的《李飞探案集》等，因为写作手法较新，布局不落俗套，结局出人意料，极受读者的欢迎。到了现代，雷米的《心理罪》系列、周浩晖的《死亡通知单》系列、紫金陈的《无证之罪》等侦探悬疑类小说，更是情节紧张、迷雾重重、吸睛烧脑，成为读者阅览时的必选之作。

　　虽然那些"虚构"的迷案，在这些名作家的笔下，经过艺术加工变得曲折离奇、诡异丛生；其抽丝剥茧、柳暗花明的破案过程，也让读者大呼过瘾，可是读罢掩卷，深思细想之余，那些所谓的"巨"案、"谜"案，却让人有一种不真实的感觉。

　　历史上都有哪些真实的奇案被流传了下来，这些案例又是否精彩？能否吸引人茶饭不思地阅读？答曰：现实中的奇案特别精彩，非常耐读，而且超级富有生命力。

读罢这些真实的历史奇案，总有一种扑面而来的熟悉感、代入感和紧张感。真实永远胜过编造，一旦打开这些沉甸甸的案卷，我们就会发现：真相只有一个，只有那些锲而不舍的人，才可以揭开最后的谜团。

　　我们必须承认，这些历史奇案的生命力是强大的，蕴藏的意义也是积极向上的。

　　这些案件发生时，立刻吸引了千百万人的眼球，如今真相大白，尘埃落定，案件给我们的"善恶有报"、"多行不义必自毙"和"手莫伸，伸手必被捉"等的启示，让我们品味良久，收益颇多。经过了几十年上百年的大浪淘沙，这些案件中的一些奇案仍然具有强大的生命力，至今还被人们在茶余饭后口口相传，甚至经常被杂志转载，或成为荧屏上的热门话题。

　　我在众多历史迷案中，遴选出29宗最精彩的奇案，这些奇案皆是奇案中的精华篇目，是吸引人阅读的压轴之作，可谓是身价不凡。另外，这些历史奇案兼顾了社会各个阶层的阅读群体，满足了不同文化程度读者的读书习惯。相信您打开本书，定会在跌宕起伏的情节中，感到震撼；在波诡云谲的故事中得到真相；在令人不敢相信的结局中获得感悟。下面，让我们共赴一次惊险曲折的历史奇案之旅吧！

目录

壹 伍子胥被杀冤案

生为人杰，死后成神的人，在华夏历史上，没有几个。

伍子胥活着的时候，帮吴国建立霸业，成为吴国首屈一指的大将军，而他死后，成为主管钱塘江的潮神。由人升级为神，完成声名的跨越，是如何办到的呢？

血海深仇

伍子胥，名员（一作芸），字子胥，春秋时期楚国人（今湖北省监利市黄歇口镇），春秋末年吴国大夫，我国古代著名的军事家、政治家。他凭借卓越的政治头脑、坚毅果敢的性格、勇略超群的作风，完成了一次"臣对君"复仇的逆袭之路，成为漫漫史海中熠熠生辉的"特殊"人物。

伍子胥出身楚国的贵族阶层，其父亲是太子太傅伍奢，专门辅佐楚平王膝下太子建。然而谁也想不到，正是如此一个显赫的官职，居然给伍家和楚国分别带来了灭门灭国的灾祸。这一切，还要从秦楚联姻说起。太子建15岁时，楚平王为其寻找到一桩政治联姻——与秦国一位公主成亲。大国之间的政治联姻其实并不鲜见，此次楚平王与秦国结交的目的，其实也是为了压制日渐崛起的晋国。

　　楚国前去秦国迎娶的队伍，是由太子少傅费无忌带领的。费无忌在见到秦国公主后，顿觉此女貌若天仙，于是计上心来，准备实施一场酝酿已久的阴谋——除掉妨碍自己上位的伍奢。费无忌作为太子少傅，一直受到太子太傅伍奢的压制，俗话说"官大一级压死人"，费无忌如果想位极人臣，就必须要将伍奢扳倒。

　　费无忌在迎亲回来的路上，先行进入郢都，并"添油加醋"地向楚平王描述秦国公主的美色，唆使楚平王迎娶自己的准儿媳。楚平王本就是为达目的而不择手段之人，他对费无忌的建议特别欣赏，当即下令，另选一名女子与太子建成婚，自己与秦国公主结成百年之好。

　　太子建自然很是委屈，他虽然丢了媳妇，却碍于长幼尊卑，不敢有所异议。然而这样的君子，却又被费无忌得寸进尺地诬陷为意欲谋反！楚平王娶了"儿媳妇"的心虚，听信费无忌的谗言，令太子建的谋反被"坐实"。接着，一场针对以太子建为核心的"团队消灭计划"腥风血雨地展开了。

　　在楚平王"剿灭太子党"计划中，首当其冲之人正是伍奢，毕竟他与太子建关系最为密切。然而，当伍奢被押解至楚平王面前时，他却据理力争，否认太子存在谋反之心，令楚平王心中十分不快。楚平王随即决定将伍奢处死。雪上加霜的是，楚平王的决定被费无忌按下了"暂停键"，费无忌认为"斩草务要除根"，伍奢膝下的两个儿子都不是泛泛之辈。费无忌计划以伍奢为饵，然后让他的两个儿子乖乖束手就擒，将伍家一举灭族。

当楚平王派使者诓骗伍奢两个儿子至郢都迎接父亲时，大儿子伍尚与二儿子伍子胥的态度却截然相反。大儿子伍尚单纯地认为，父亲困于图圄之中，作为儿子必须要以孝道为先，坚决要随使者前去郢都。伍子胥却认为，楚平王之所以不直接释放父亲，只是想以此为饵骗兄弟二人前去，到时父子三人可能都会惨遭毒手。兄弟二人意见未能达到统一，最后决定，由伍尚前往都城迎接父亲，伍子胥出逃国外，以防楚平王有谋害之心。一旦伍氏父子被害，伍子胥就要承担起为父兄复仇的重任，回来找楚平王算账。

伍子胥果真"棋高一着"，他睿智异常，对阴险的楚平王认识更深。结果正如他所料，伍尚前往郢都后，与父亲一同被害。更令伍子胥怒发冲冠的是，在父兄惨遭毒手后，自己也成了楚国通缉的要犯。楚平王将缉拿伍子胥的画像贴满全国，意在消灭伍家最后一点"星火"。伍子胥自此开启逃亡之路，颠沛流离、风餐露宿成为家常便饭。作为贵族子弟的他，从未感受过如此饥寒之苦，唯一可以支撑他活下去的，正是心中复仇的怒火，以及灭掉楚平王的决心。

一路逃亡

伍子胥一路逃跑，本想首先逃往吴国，但是由于路途太过遥远，只能先来到宋国，后又躲到郑国寻求政治避难。不过伍子胥认为，无论是宋国还是郑国，都无法与实力庞大的楚国相抗衡，不能帮助自己实现复仇的愿望。几番思虑之下，伍子胥坚定地逃往吴国。

吴国与楚国相邻，两国之间正好隔着一条大江，以昭关为界。伍子胥只要能顺利通过昭关，就能踏入吴国境内。不过楚平王对此早有防备，他特意嘱咐边关将领要严防死守，势必要将伍子胥抓捕。伍子胥过关无望，不由得仰天长啸，感叹命运不公，质问上天为何对自己如此凉薄。伍子胥的心中充满了悲愤、忧愁、惶恐之情，他一夜之间，满头乌黑的头发变成了白发，连面部都苍老了许多。所谓"塞翁失马，焉知非福"，伍子胥一夜白发，却让盘查的士兵们无法辨别，他随即扮成一位乞丐，竟然顺利地蒙混过关。

伍子胥出昭关之后，生怕有楚国追兵赶来，一路奔跑，却被一条大江拦住了去路。他正惶恐着急时，江心正好有一位悠闲撑船的老渔夫，渔夫见伍子胥向自己招手，就划船来到他的近前。此时的伍子胥狼狈不堪，身上没有半分钱。他生怕渔夫因自己无法支付船费，而划船走开，于是解下佩剑欲赠给渔夫，说道："老人家，这把宝剑，价值千金，我愿意奉上，作为渡船之资！"

老渔夫见此情景大笑，说道："伍子胥的画像贴满了楚国各个角落，悬赏已过万金。你手中的宝剑究竟值多少钱？是否能抵得上你的人头？我连赏金都不在意，更何况是你手中的一把宝剑？"伍子胥听罢，不禁惭愧低头。

老渔夫渡伍子胥顺利过江后，他竟抽出一把锋利的匕首刺向自己胸膛，然后一头栽入水中，以死向伍子胥明志，表示自己永远不会泄露他的行踪。伍子胥大惊失色，跪倒在江边，望着渔夫落水处拜了三次，发誓一辈子也忘不了他的恩德。

伍子胥的逃亡之路充满着荆棘和艰险，但此时令他不顾一切前往吴国的动力，除了切齿的仇恨外，还有一路上恩人们的期望。当伍子胥踏入吴国都城时早已衣衫褴褛，形如乞丐。不过"是金子总要发光"，伍子胥的犀利眼神与不凡举止，还有在吴市乞食时吹奏的箫声，让他很快被吴国一位公子看中，这位公子就是吴国的公子光。公子光是谁？他在历史上赫赫有名，此人便是后来的吴国君王阖闾。

公子光在吴国享有盛誉，一直有招贤纳士的美名。当然，他的做法也存在目的性，即推翻现任吴国君主僚，自己登基称王。公子光与伍子胥彻夜长谈时，公子光喜出望外，两人真有一种相见恨晚的感觉，从此之后，伍子胥被公子光拜为门客，专门为其出谋划策。然而令伍子胥没有想到的是，当他借助公子光见到吴王僚陈述伐楚计划时，第一个站出来反对自己的人居然正是公子光。

公子光揭穿了伍子胥的真实意图："伐楚计划看似完美，其实只是你为报父兄之仇的幌子罢了！"

公子光的做法看似令人大惑不解，但是其中也蕴含着他本人的政治意图。毕竟出兵伐楚是举国大事，他不想因此事而破坏了自己的夺位之计。伍子胥知晓原委后，当即做出了一个出人意料的决定："我会将仇恨搁置在一边，一心一意辅佐公子登上王位！"

一战成功

伍子胥慧眼识人，不久便结识了一位名叫专诸的义士。在伍子胥的引荐下，专诸成为公子光亲选的刺客。吴王僚对公子光颇有戒心，二人之间的关系也非常微妙。公子光一向表现得极为谦逊，甚至时常邀请吴王僚前来自己的府邸。吴王僚在赴宴时，往往会在身边布满卫士，自己也穿上几层铠甲。然而百密一疏，在吴王僚最后一次赴宴中，专诸将匕首藏于鱼腹之内，以迅雷不及掩耳之势刺死了这位准备享受美食的君王。公子光见大势已定，立即率军占领国都，正式成为吴王，史称"吴王阖闾"。

伍子胥终于看到了人生的希望，因为他知道，在众诸侯国之中，只有吴国敢得罪楚国，也只有吴国具有征伐楚国的实力，而在吴国之内，也只有吴王阖闾才能助自己完成复仇大业。

伍子胥站在吴国的城头望着楚国的方向，大声吼道："楚平王，你可先洗了颈项，伍家灭门之仇我必报无疑！"

吴王阖闾登上王位的第一件事儿，就是积极筹划伐楚大计，誓要为功臣伍子胥报仇雪耻。不过伍子胥却深深地明白，吴王阖闾迫不及待地征伐楚国的目的，并不是为自己报仇，成为诸侯霸主才是其真正的目的。

吴国征伐楚国的整体策略中，绝对不能缺少一个重要的人物，此人正是"兵圣"孙武。孙武是我国古代著名的军事家，曾著有《孙子兵法》13篇，深得吴王阖闾的倚重。值得一提的是，身为齐国人的孙武能够在吴国大显身手，其实是有赖于伍子胥的推荐之功。孙武的加入，令吴国内部形成了稳固的"伐楚铁三角"，为吴国战胜楚国奠定了"人才"基础。

公元前511年，吴国正式向楚国发动了进攻，并一举夺取楚国两座城池。两年之后，吴军又在伍子胥的带领下，于豫章地区大败楚军。一时之间，吴军声势大振，楚国国都郢危在旦夕。然而此时的吴王阖闾认为已经达到目的，便准备退军还国。伍子胥立即站了出来，劝说吴王阖闾道："如果此时不给楚国致命一击，就等于是放虎归山，等到楚国恢复元气反咬一口，吴国可就危险了！"听闻伍子胥的话后，吴王阖闾才意识到，为今之计就是全力攻破郢都。

楚昭王听说吴军气势汹汹地向都城杀来，迅速命大将子常回防本土。子常此时正在全力围剿蔡国，眼见蔡国已经支持不住，但王命难违，他也只能下令撤兵。子常撤军之后，蔡国也得到了喘息的机会，蔡军当即表明态度，加入吴军阵营。附近的唐国也曾饱受楚国欺凌，同时宣布归附吴国。公元前506年，三国组成了讨楚联军，共同向楚境进发。

孙武被吴王阖闾任命为联军总指挥，以伍子胥、夫概为副将，沿着淮河溯水而上。船队抵达淮汭，孙武当即下令舍舟登岸，由西向南对楚军发起突然袭击。然而此时的子常正在规划吴军的进军路线，并准备以20万军队相抗。谁知伍子胥率领吴军犹如神兵天降，在楚军防守最薄弱的位置发起了猛烈的攻击，楚军一时方寸大乱。

楚军名将沈君戍却异常镇定，他提出建议，自己可以带一队人马绕到吴军的后方，将其战船全部烧毁，之后楚军前后夹击，必然会将吴军打得落花流水。子常采纳了沈君戍的建议，命其带领一队军兵向吴军后方进发。

就在沈君戍出发后不久，子常听信谗言，生怕沈君戍抢了自己灭吴的头功，当即改变最初的战略选择与吴军决战。结果可想而知，在吴国军队的猛烈冲击下，楚军大败，子常也死于乱军之中，楚国郢都最后一道防线被打破。这场被历史浓彩重书的"柏举之战"，改变了楚国的命运。最后伍子胥取得了胜利，楚国的军旗，就这样被吴军铁蹄"重重"地踩在脚下。

伍子胥披坚执锐，骑在高头大马上，趾高气扬地踏入了这座当年让他痛心的城市。不过今非昔比，曾经的他狼狈地带着父兄的血海深仇逃往他国，而今他带着复仇的雄师将敌人踩在脚下。然而一个不好的消息也随之传来，楚平王早已死去多年，现任楚王正是楚平王与当年所娶秦国公主生的儿子。

含冤而逝

仇人虽然已经死去，但伍子胥却没有平息自己的怒火，他找到楚平王的埋身之地，做出了一件令后世瞠目结舌的大事：他找来军丁，命他们将楚平王墓葬掘开，从棺椁内拉出尸体，他亲自持鞭用力抽打楚平王尸身，整整抽了三百下，随即又命士兵挖出楚平王双眼，方才泄愤。

多年的仇怨，如今终于得到宣泄，伍子胥回想着复仇之路上的忍辱负重与坎坷荆棘，跪在地上向父兄的在天之灵哭诉道："父兄啊，你们的大仇，伍子胥终于给你们报了！"

伍子胥的复仇之举，令在场之人无不动容，但是也有人批评伍子胥手段过激，以臣子的身份侮辱君王尸体，实在是大不敬，此人就是申包胥。伍子胥与申包胥曾是多年的好友，在伍家遭遇灭顶之灾后，申包胥也曾表示极为同情。当伍子胥咬牙切齿发誓灭楚报仇时，他却以人臣的身份向伍子胥申明了自己的态度："你伍子胥能够灭亡楚国，我申包胥就能复兴楚国。"果不其然，在吴军彻底占领郢都烧杀抢掠期间，申包胥来到秦国，向秦哀公陈说厉害，说服其出兵伐吴。恰逢此时，吴国国内又发生了叛乱。在内外交困之际，吴王阖闾不得不下令退兵回朝，楚国勉强算是度过了一次危机。

　　吴国在伍子胥与孙武的悉心辅佐下，国内实力越来越强，甚至开始试图与中原各大国相互争雄，齐国、晋国等老牌强国也都对其忌惮三分。公元前496年，雄心勃勃的吴王阖闾下令攻越，但是在与越王勾践的大战中不幸中流矢身亡。阖闾临死前将王位传于儿子夫差，交代其勿忘杀父之仇，并托伍子胥全力辅佐少主。夫差继位后励精图治，不但打败了越国，甚至还将越王勾践俘虏至吴国，对其进行百般凌辱。

　　正是此次击败越国的原因，也令吴王夫差与伍子胥之间的关系出现了裂痕，二人对于越国的处置问题上，产生了强烈的分歧。伍子胥认为此时正是灭亡越国的好机会，不如一举攻入越国，以凌厉之势占领其全境。但是夫差却并不以为然，在这位骄傲的君主看来，越国国君如此恭顺，谅他也掀不起太大的风浪，与其将精力放在越国身上，倒不如北上伐齐，参与诸侯国之间的"霸主争夺战"。更令伍子胥恼怒的是，吴王夫差派往齐国宣战的使者居然是自己，很明显，夫差此举是对自己的莫大羞辱。

　　伍子胥出使齐国时，料定吴国必不会长久，便将家小安置于齐国，只身回到了吴国。伍子胥的这一做法，让其政敌伯嚭抓住了把柄。伯嚭当即向吴王夫差进谗言，诬陷伍子胥存有异心，否则的话，他为何要将家人安置于敌国呢？吴王夫差虽然勇武多谋，却是一个暴躁狂妄的君主，回想起伍子胥仰仗先王嘱托处处压制自己，便头脑一热赐下一把宝剑，暗示伍子胥自尽。

当冷冰冰的宝剑摆在伍子胥面前时，这位风烛残年的老人并没有丝毫的慌乱，反而是坦然面对。他对手下说道："待我自刎之后，千万要将我的双眼挖出，悬于吴国都城的城门上，我要亲眼看着越国的军队踏进都城！"说罢将宝剑横于颈上，轰然倒地。

伍子胥的一生，充满了仇恨与愤懑。在仇恨的蒙蔽下，他的内心世界也未能透进一丝阳光，继而形成了固执、偏激的性格，为自己日后的悲剧埋下了祸根。伍子胥复仇之举历来被文士们所推崇，其忍辱负重为父兄报仇之举被誉为"孝"，其直谏不惜身死之举被誉为"忠"，极大地迎合了儒家传统文化中宣扬的"忠君孝悌"思想。也正是这一点，让伍子胥在青史中留下了光辉的一页。

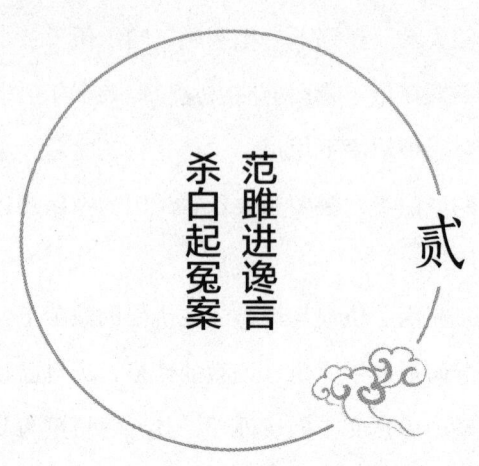

贰

范雎进逸言
杀白起冤案

战国时期烽烟四起，在诸侯国之间的争战中，曾涌现出一大批优秀的军事家，他们为君王攻城略地、拔寨取城，以笔为矛，以血为墨，在历史的天空中，描绘出了一幅宏伟而又壮观的战争画卷。秦国著名将领白起，被后世誉为"战国四将"之首，远胜同列榜单的名将李牧、王翦以及廉颇。白起一生功勋卓著，为秦国的霸业的建立做出了巨大的贡献。然而这位大将的结局却异常悲惨，早已抱着"马革裹尸还"想法的他，最终却落得一个"君王剑下亡"的下场。古有廉颇与蔺相如"将相和"的故事，二人因此名扬千古，可是当史学家在研究武安君白起与丞相范雎的恩怨时，却只能停笔叹息：这二人完全就是战国时"窝里斗"的典型黑样板。

初露锋芒

赵琏君诗云："亲膺阃令出秦关，斩将坑兵楚赵间。"

这首诗描写的就是白起，他是秦国人氏，祖籍陕西眉县常兴镇白家村，是战国时期秦国名将、杰出的军事家，也是"兵家"中具有代表性的人物之一。白起出身寒微，父亲是本分的农夫，希望白起能够继承自家的田地，争取做一个乱世之中苟活的庶民。不过白起从小展现出了顽劣的一面，他尤其喜欢挥枪弄棒，战策兵法，一言不合便与伙伴相互追逐打斗。

白起出生的年代，是秦国国力大幅上涨的时期。自商鞅在秦国施行变法以来，诸侯国中以贵族掌权的约定俗成被彻底打破，下层阶级人才开始逐渐涌向上层，为秦国人才库注入了源源不断的新鲜血液。正是在这种大背景之下，白起才有了施展抱负的大好机会。

秦昭襄王十二年（公元前296年），秦国实力极速增强，令秦昭襄王的野心也随之膨胀，他需要找到一个攻取方向，以战争来换取更大的地盘与更多的人口。于是，秦昭襄王与臣僚制定了东进击败三晋的计划，意图用战火威慑诸侯，以战争谋定天下。既然是发动战争，除了强大的人力与物力投入外，更需要人才队伍的建设。能够带领秦军攻无不克、战无不胜的武将，自然就成为秦国眼下最急需的人才。白起正是紧紧抓住这一次难得的机会，开启了自己成为名将的"开挂"人生。

秦昭襄王十三年（公元前295年），白起被举荐为军中左庶长（相当于现在的中级军官团长），统领一支秦兵攻打邻国韩国的新城（今河南省伊川县西），获得了巨大的成功，并获得了秦昭襄王的赏识。次年，韩国与魏国为遏制秦国发展的势头，决定组成联军扼守崤函关一带，以此阻止秦军继续向东推进。秦国的东进之路被截断，秦昭襄王一筹莫展，此时丞相魏冉再度推荐白起为主将，率军攻打韩、魏两国，秦昭襄王准奏。

白起在面对韩魏联军时，并未采用"硬碰硬"的战术盲目进攻，而是利用"避实击虚"的战法，命秦军主力绕道包围韩魏联军，在其后方多次击破敌方联军及其后方留守将士，并逐渐缩小包围圈，将联军主力压缩在伊阙城歼灭。

此次战役，秦军共消灭敌军24万人，并顺利俘虏魏将公孙喜，同时又发起渡河之战，攻取了韩国安邑城以东的大片土地。

如此漂亮的歼灭战，令白起一夜成名，同时也展现了他优秀的军事素养，还有成为名将的潜质。秦昭襄王大喜过望，将其升任为国尉。一年之后，白起又被升任为大良造，继续发兵进攻魏国，并一举夺取了魏城大小61座，为秦国东出崤函关扫清了重要障碍。

受封武安

秦国的迅速崛起，引起了老牌强国楚国的警觉，双方之间展开了激烈的博弈。在此之前，秦楚之间已经发生过一次大战，即"丹阳之战"，也被称作是"蓝田之战"。此战以楚国败北而告终。自此以后，楚国国势开始走向衰微，秦国也愈发嚣张起来。秦军于伊阙之战中获得大胜，更是助长了其向南面扩张的势头，面对庞大的楚国，秦国依旧采取削弱其国力的政策，继而达到自己的目的。楚国无力与秦国周旋，只能试图利用各种方法休养生息，恢复已经被耗损的国力，因此也与秦国之间达成了和平会盟的协定。

秦昭襄王二十六年（公元前282年），楚国中偶然出现一位善用弱弓射雁之人，楚顷襄王对此十分好奇，便将其召入宫中询问。此人居然是一位纵横家，他企图效仿当年的苏秦，采用合纵的方式激励楚王伐秦。楚顷襄王听到此人的慷慨陈词后，顿感热血沸腾，当即立志要灭掉秦国。他一边整备军事，一边派使者前往各诸侯国进行游说，锐意组成联军攻打秦国。秦国听闻此事后也不甘示弱，决心抓住此次良机，痛击楚国以震慑其他诸侯王，予以楚国更大的打击。秦昭襄王二十七年（公元前281年），白起被任命为伐楚大将军，率军与诸侯联军作战，并迅速将其击溃，迫使楚国割让上庸、汉水以北土地，不得不与秦国继续讲和。

秦昭襄王二十八年（公元前280年），秦国再度任命白起发大军攻伐楚国。秦军先后夺取其鄢城、邓城等五座城池，而后秦军又自断后援，分三路快速突进楚境，直插楚国的都城郢都。白起仅用一年的时间，就将楚国都城郢都攻陷，迫使楚王仓皇退至陈地，甚至连前楚王墓夷陵都未能保住，祖庙宗祠都被秦军付之一炬。此次白起发动的伐楚之战，对楚国造成了沉重的打击，楚国也自此一蹶不振，直至彻底灭国也没有缓上一口气来。白起的功绩威震诸侯，秦昭襄王也对其十分器重，遂将楚国南郡地区封赏给白起，封其为"武安君"，意为"攻必取，战必克，得百姓安集"。

扬威长平

秦昭襄王四十五年（公元前262年），秦昭襄王命白起攻打韩国，白起率军攻克韩国野王城，并切断了上党郡所有通往韩国都城的道路。韩国国君韩桓惠王反复权衡，希望以上党郡之地换回秦国的止戈息兵。韩惠桓王命上党郡郡守冯亭将所辖郡县献给秦国，争取赢来宝贵的喘息之机。然而不可思议的是，冯亭对于韩惠桓王的命令存在抵触情绪，并向郡内百姓说道："如今上党郡通往外界的道路全部被断绝，我们已无法再成为韩国的百姓。秦军日渐逼近，韩国却不能救援，我们只能自图生路，将上党郡献给赵国。一旦赵国接受，则必然会相助我们共同抵挡秦军，届时赵韩组成联军，何愁秦军不灭？"。他的建议得到了大多数人的支持，于是，冯亭派使臣前往赵国，商讨献郡一事。

此时赵国的国君是赵孝成王，他对冯亭主动献上党郡之事十分为难。上党郡是一块肥肉，赵国早垂涎已久，可一旦贸然接受，恐怕会触怒秦军。然而赵国平原君却劝赵孝成王道："即使秦军发动百万大军作战，攻下一座城池也非易事。上党郡共有十七座城池，能够被我们坐享其成，我们绝对不能失去这一次机会！"接着他又宽慰楚王："秦国虽有名将白起，无人敢与之争锋，但我国老将廉颇尚在，虽不能与其进行野战，坚守防御却还绰绰有余。"于是，赵国便欣然接受了冯亭所辖上党郡，并派遣廉颇做好秦兵来袭的防御工作。也正是上党郡的得失，令秦赵之间摩擦出了巨大的"仇恨"火花，秦赵两国长平之战的序幕也由此徐徐地拉开了。

据史书记载，赵国大将廉颇在长平地区共设置三道防线，即空仓岭防线、丹河防线以及百里石长城防线。三道防线东西长数十里，防御据点星罗棋布，相互之间联系密切，可谓是固若金汤。此次秦昭襄王派遣的将领，并非白起而是大将王龁。

王龁领兵的原因也很简单，当时的白起已经卧病在床，无法带兵作战。秦军号称"虎狼之师"，素来擅长迅速突击作战，在秦军的猛烈进攻下，赵军空仓岭防线很快被突破。但是老将廉颇却认为，秦军劳师远征，后援补给十分困难，只要赵军能够以逸待劳地坚守三个月，必然会令秦军不战自溃。

此时秦赵两国君主都很焦虑，双方对峙下去，必然会两败俱伤，于是他们做出了同一个选择——临阵换将。秦昭襄王命白起替换王龁，而赵孝文王则将老将廉颇换下，启用赵国大将赵奢的儿子赵括。赵括虽颇得父亲真传，但是其本人从未亲临战场，"纸上谈兵"的典故也源自于此人。赵括上任之后，迅速命人撤下廉颇所设置的防御措施，意图与秦军进行大决战。

白起久经战阵，面对不懂打仗的赵括，他采取了后退诱敌、分割围歼的战法。他命前军佯败后撤，引诱赵军主力进入早已经布置好的包围圈，继而从侧翼处派出两支奇兵，专门绕到赵军背后，奇袭百里石长城防线。赵军对此并没有防范，由于主帅赵括一味主张进攻，导致后方兵力极度空虚，造成了严重的"头重脚轻"局面，致使秦军有机可乘。然而此时的赵括仍被蒙在鼓里，在正面战场目击到秦军节节败退，以为自己已经取得了相当大的优势，殊不知他正在一步步落入秦军的圈套之中。

一味猛冲猛杀的赵军，被秦军以两翼奇兵挟制，秦军轻骑兵也趁机楔入赵军先头部队与主力之间，战场被彻底割裂为两部分。如此一来，白起精心设置下的巨大口袋彻底封口，将赵军团团包围于核心之中。当赵括发现问题反应过来却为时已晚，他只能命军士向各个方向试图突围，但始终不能打破秦军的铜墙铁壁。

赵括连杀八名都尉以稳定军心，命令数十万赵军从各个方向冲击秦军壁垒，却依然难以突围。与此同时，赵军的粮道也被白起斩断，合围之势愈发严密，赵括上天无路入地无门，面对因饥饿而自相残杀的士兵，他只能再次组织突围，却最终死于乱军之中。秦赵长平之战就此结束，秦军在白起的指挥下获得大胜，而赵国士兵却有40余万人被俘虏。

针对赵国40万俘虏，白起与部下计议道："此前秦国已攻陷上党郡，而上党郡的百姓不愿归附秦国，反而却归顺了赵国。由此来看，赵国士兵也必然是反复无常之辈，倒不如全部杀掉，以防止日后会成为祸害。"于是白起使诈，命军士将赵国降卒40万全部坑杀，只留下240个年纪尚轻的士兵回赵国报信。赵国上下举国震惊，大量的青壮年俘虏被杀，也令其元气大伤，从此一蹶不振，难以再组织强大的力量进攻秦国。也正是因为杀降之事，白起也被后世诟病千年，被称为是"人屠"。

功高遭妒

长平之战后，白起准备乘胜追击，一举灭掉赵国，秦昭襄王也在国内给予策应，命王龁率军进攻皮牢，命司马梗征伐太原，辅助白起围攻赵国首都邯郸。如此大规模的军事行动，令韩国与赵国都万分惊恐，两国君王预感情况不妙，当即选派能言善辩之士，携带重金前往秦国进行游说，而他们首选的目标，正是秦国丞相范雎。

范雎，也被史书记载为"范且"，魏国芮城人，是战国时期著名的政治家、纵横家、军事谋略家、战略家、外交家，因其封地在应城，后世也将其称为是"应侯"。范雎原是一介平民，但是志向远大，常以足智多谋、能言善辩自居。他曾周游列国，希望能够得到某位君主的重视，然而却未能如愿以偿。无可奈何之下，范雎只能成为魏国中大夫须贾的门客，为其出谋划策。

范雎才华傍身，自然会受到"伯乐"的重视。在一次跟随须贾出使齐国时，他的言谈举止与策谋之术，有幸被齐王看中，两个人促膝长谈至深夜。正是二人之间表现得过度亲密，导致魏国上下对其戒心颇大，随后有人攻讦范雎背叛魏国，气得魏国相国对其进行大肆鞭笞，而被打得半死的范雎，在郑平安的帮助下逃到秦国，才算是捡了一条命。

秦昭襄王听说范雎来到国内后，立即派人将他请至王宫，并以上宾之礼相待。范雎见到秦昭襄王后，为秦国提出了远交近攻之策，主张先以吞并韩、魏为目标，继而逐渐蚕食各国。秦昭襄王在重用范雎之后，也将加强王权作为强秦的手段，他不仅废掉了掌权多年的秦宣太后，而且还将国内的四大贵族集团击垮，驱赶至函谷关外。自此之后，范雎被秦昭襄王拜为丞相，成为权熏朝野的重要人物。

韩赵使者之所以会找到范雎，完全是看透了其本人的性格。范雎恩怨分明，但嫉妒心十分强，他们针对这一点，对范雎进行了劝说。使者对范雎道："贵国白起擒杀赵括，围攻邯郸城，赵国危矣。一旦赵国被灭，秦昭襄王就可以顺利称帝，而大将白起也必会因为功劳巨大而位列公爵。他本人曾为秦国攻城拔寨七十余座，鄢城、郢城、汉中之地尽被收入囊中，加上长平之战的巨大功劳，即使是周公、召公、吕望复生也不能与之相比！反观阁下虽然位居丞相之位，却无法在外立功，若是论功行赏，恐怕也不及白起。阁下自诩为人上之人，在秦国说一不二，难道真的甘愿居于一介武夫之下吗？更重要的是，如果秦国真的将其他诸侯国灭掉，则境地将扩充千里，但各国民心仍然难以归附，秦国岂不是空欢喜一场？若是秦国能够接受韩国与赵国的求和，秦国不但能够让两地百姓臣服，更能令白起得不到灭赵之功，岂不美哉？"

不得不承认，韩赵使臣果然是一副铁齿钢牙，范雎也觉得此言颇有道理。于是范雎向秦昭襄王提出建议，以秦军劳师远征、亟待休养为由，请求允许韩、赵两国向本国割地求和。秦昭襄王向来对范雎言听计从，当即应允此事。此后，韩国与赵国分别向秦国割让数城，双方各自罢兵归国，战事暂息。白起得知此事后意见颇大，他曾力谏秦昭襄王改变想法，但是君上主意已定，当即拒绝了白起的请求。白起对此深以为恨，自此与范雎之间结下了仇怨。

含冤身死

几年之后，秦赵关系开始愈发恶化，秦昭襄王准备再度起兵攻打赵国邯郸，一举扫平赵国。秦昭襄王先是派遣五大夫王陵率军前往攻打邯郸，却未能取得胜利，反而损兵折将近四万人。秦昭襄王见出师不利，便又准备任白起为将，但白起却坚决不受将军印。

白起劝谏秦昭襄王道："赵国实力强劲，虽曾被我军大败，但百足之虫死而不僵，赵国邯郸仍是一块难啃的骨头。"秦昭襄王不信，白起接着劝道："邯郸城地理位置特殊，如果贸然进行围攻，各诸侯国救援军队旦夕可至，诸侯本已对秦国抱有很大的怨恨，救援行动也会接踵而至，故此，不宜仓皇间发动战争。秦国虽然大破赵军于长平，但伤敌一千自损八百，国内实力也相对空虚，况且又是长途远征作战，天时地利人和都不占优势。假如赵国在内策应，诸侯国联军在外猛攻，秦军恐怕坚持不了多久，因此攻赵计划暂且需要搁置。"

秦昭襄王听后顿时大怒，随即强行命白起出兵，而白起也倔强起来，言称自己病重，甚至连范雎前来亲自请求，他仍坚持自己的想法，事情一度僵持了三个月。

随着秦军战败的消息不断传来，秦昭襄王更是恼羞成怒，随即迁怒于白起，命令其即刻动身，不得停留。白起无奈只得带病上路，大军行至杜邮时暂且驻扎休整。此时范雎妒火中烧，生怕白起再度建功超越自己，便在背后对其中伤，向秦昭襄王进谗言道："白起抗命，正是居功自傲的表现，他以战功威胁大王，其实早已经不将您放在眼中了！"秦昭襄王听罢范雎的谗言，也觉得此话有理，认为白起"其意怏怏不服，有余言"，派遣使者追上白起行军的队伍，以剑赐之，命其当场自刎。

白起无论如何也不会想到，自己一生功勋卓著，最终迎来的却不是封侯拜相，而是一把冰冷的宝剑。他双手托剑跪在地上仰天长叹："我白起究竟对上天有何罪过，竟落得如此下场？"但是他冷静想了一会，又自言自语说："我本来就该死！长平一战，赵军降卒几十万人，我用欺骗的手段把他们全部活埋，此罪虽死万次都不足惜！"说罢横剑自刎，一代将星就此陨落。

秦将白起一生都充满了闪光点，但是他本人戾气过重，杀伐之心太盛，也是后世对其诟病最多的地方。白起的作战指挥艺术，是战国时期兵法发展的巅峰，他善于分析战场形势，并能迅速做出相应的正确判断，具备一位军事家的基本素养。更重要的是，白起的作战风格独特，早已经脱离了孙武"穷寇勿追"的战争思想框架，立足于穷追猛打，绝不给敌人留下片刻喘息的机会，这一点令其成为兵家代表人物中较为特殊的一位，被史学家誉为是我国战国时期著名的"四大战神"之一，也是唐玄宗亲选的"武庙十哲"之一。

至于白起之死，丞相范雎自然难辞其咎，人都说"宰相肚里能撑船"，他显然没有做到这一点。大将廉颇与丞相蔺相如之间，也存在尖锐的矛盾，但是在蔺相如的巧妙调和之下，一场大风波旋即被平息，出现了将相和的好局面。反观范雎则不然，与蔺相如相比，他难免显得有些相形见绌。但历史终归是历史，每一个历史人物都不是完美的，思想与意识高度难以达到完全统一，而正是这种多样性，才是历史最动人之处。

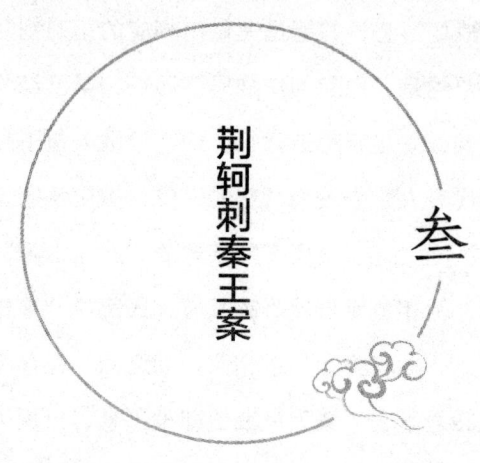

荆轲刺秦王案

叁

战国时代群雄并起，各诸侯国之间割据纷争。各诸侯的国君们叱咤沙场，书写了一部部精彩的历史战争画卷。战国时期最强大的七个诸侯国，从中脱颖而出，被称为"战国七雄"，与"春秋五霸"一样，七雄的国君，个个都是狠角色。其中，尤属秦王嬴政最为耀眼。

随着秦国国力的攀升，秦王的"胃口"也愈来愈大——他要完成一统中原的梦想。然而，他万万没想到，在完成一统大业的过程中，自己将经历一场恐怖的刺杀，而这场浩劫的执行者，居然只是一个喜爱"酗酒闹事"的游侠。一代高高在上的秦王，为何会与游侠产生仇怨？最终的结局又将如何？

兄弟反目

战国时期狼烟四起，战争频繁，各国之间相互举兵征伐，令春秋时期的礼乐制度彻底坍塌。但无论从政治还是军事角度而言，各国国王都不想令彼此的关系太过于僵化，因此形成了一个不成文的规定——既打且和，那感觉就好像小孩"过家家"一样。"打"指的是各国之间的战争，"和"是国与国之间为拉进关系而采取的缓和政策，包括"和亲"与"质子"。"和亲"可以很好理解，即两国王子与公主之间成婚；而"质子"则是国君将自己的儿子送到他国，名义上称其是贵宾，实则属于人质。

一般来说，被选为质子的孩子，往往都不受本国国君待见，其在国内的政治势力也较弱，这才沦落成为国与国之间相互博弈的特殊筹码。寄人篱下的灰色日子，自然不好过，如果两国之间和平相处，质子尚能在他国成为"座上宾"，可一旦两国宣告开战，质子的命运将异常凶险，甚至会被直接送上刑场。

不幸的是，秦王嬴政与燕太子丹二人，都曾被本国国君选为"悲催"的质子，共同前往赵国邯郸，过着朝不保夕的生活。在这段共同面对恐惧的日子，他们"抱团取暖"，共渡难关。在赵国邯郸的日子里，嬴政与燕太子丹建立起了深厚的友谊，二人曾相互安慰，相互鼓劲，盼望着"天下太平"后，自己能够平安归国。

可天下没有不散的筵席。

几年之后，秦国突然传来消息，嬴政的祖父秦孝文王突然暴薨。秦孝文王薨逝之后，太子子楚宣布即位，史称"秦庄襄王"。继位的子楚就是嬴政的亲生父亲。嬴政地位水涨船高，正式回归秦国，相比之下，燕太子丹的归国之路却遥遥无期。

秦庄襄王三年（公元前247年）五月，庄襄王薨逝，享年仅35岁。嬴政正式登上王位，成为秦国之主。嬴政继位之后，秦国国内的大权由相国吕不韦掌控，自己只能算是傀儡君王。嬴政不甘心权力被架空，便产生了除掉吕不韦的想法。嬴政已经开始在争权之路上飞奔，他的"难兄难弟"燕太子丹，仍然在赵国受苦受难，为明日的生死而担忧。

燕太子丹在数年之后，迎来了归国的希望，燕国又为赵国送来了新的质子，他重新获得了自由。不过戏剧性的是，燕太子丹并没有回归燕国，而是接受下一个任务——入秦国为质。虽然自己的命运没有太大改变，但对于燕太子丹来说，在秦国总比在赵国要强，毕竟自己落在了"兄弟"嬴政的手中，生活和生命都会有一定的保障。

　　燕太子丹带着满腔的热情来到秦国，一路上还在幻想着该如何与故人叙旧，然而当他真正见到嬴政后，严苛的事实，却瞬间改变了自己的想法。原本羸弱、忧郁的秦国质子，如今却已经高高在上，成为秦国的国王。公元前228年，秦国已经攻灭了韩、赵等国，燕国正是下一个兼并目标，野心勃勃的嬴政，早已与少年在赵国时判若两人。燕太子丹终于明白，如今坐在自己面前的，并不是昔日患难与共的嬴政，而是今日六亲不认的秦王，一位肩负秦国称霸使命的继承者。

谋划刺秦

　　秦王嬴政对于燕太子丹冷若冰霜的态度，令后者十分寒心。燕太子丹反复权衡之下，最终在别人的帮助之下逃回燕国。逃回燕国的太子丹，明白了一个道理，秦王已经不是他的兄弟，而是他的仇敌。

　　燕太子丹并非睚眦必报的小人，在他看来，自己是一国公子，即使他与嬴政私人恩怨深重，也不能作为必须复仇的理由，真正令他下定决心诛灭嬴政的原因，还是秦国的吞并野心与燕国岌岌可危的处境。

　　秦国派兵四处征战，战国七雄中的韩国、魏国相继被灭。燕国与赵国相邻，赵国覆灭，燕国必然会成为下一个目标。秦国的虎狼之师接下来就将开始南征楚国、北伐赵国的兼并之战。为此，燕国朝堂上下一团混乱，公卿大夫们急成了热锅上的蚂蚁，一个个束手无策。燕国的谋士们，曾给燕太子丹出了一个"金点子"，准备派善辩之士，去游说其他国家，效仿苏秦合纵之术，共同举兵抵御强秦。

但是燕太子丹却认为，眼下秦国实力强大，合纵之法难以迅速奏效，倒不如釜底抽薪，将战争的始作俑者秦王嬴政解决掉。燕太子丹拟定了一个极端的计划——准备寻找刺客，暗杀秦王嬴政。

燕太子丹首先找到国内的"高人"鞠武，询问燕国未来的命运。鞠武当即为太子丹介绍了国内的名士田光，认为只有田光才能担负起拯救燕国的责任。在鞠武的引荐下，燕太子丹顺利见到了田光，二人对坐品茗详谈许久，并对刺杀秦王计划的"可行性"进行了讨论。

田光认为，面对秦国咄咄逼人的军事进攻，赵、楚等大国都不是其对手，燕国自然也无和秦国"掰手腕"的能力。为今之计，只能放手一搏进行"斩首行动"——招募死士刺杀秦王，或许能换来燕国的平安。田光思来想去，认为整个刺秦计划的成败关键，在于死士人员的挑选，秦王暴戾，而且奸狡异常，普通人根本无法近身，最好的人选当属自己的好朋友荆卿。

"荆卿"就是荆轲，此人在司马迁的《史记·刺客列传》中独占风光的一页，同时也是《刺客列传》中最富传奇色彩的人物。荆轲是卫国人，他应是齐国大夫庆封的后代，因此也被称为"庆轲"。荆轲平素喜欢击剑与读书，曾经想以剑术获得卫元君的赏识，却并没有得到重用。荆轲心灰意懒，随即背上行囊，开始周游列国。

荆轲经过榆次之地时，曾与盖聂谈论过剑术，盖聂却自视甚高，不以荆轲为意，甚至还对其怒目而视。荆轲见盖聂不待见自己，也不与其争执，继续向目的地进发。当荆轲漫游至邯郸时，鲁句践邀请荆轲与自己博戏，二人因棋术产生分歧，鲁句践随即对其出言嘲讽，荆轲无可奈何，只能起身告辞。

荆轲一身武艺抱负无从施展，只能在燕国地区落脚，终日借酒浇愁，与当地屠夫们和一位擅长击筑的乐师高渐离结交，并相互引为知己。荆轲性嗜饮酒，整日与朋友们喝得烂醉如泥，醉酒之后，一群人就在闹市中耍酒疯，不久之后，他的侠义疏狂的名声就传遍了大街小巷。田光与荆轲相识订交，也是在酒桌之上。

壮士相惜

　　田光将荆轲引荐给了太子丹，荆轲为人沉稳老练，他在与燕太子丹相谈时，展示了自己"百人敌"的剑术，并讲出了自己"锄强扶弱"的理想。

　　燕太子丹确信，眼前的壮士，正是挽救燕国命运的贵人。无论是燕太子丹还是荆轲，心中都清楚一件事，刺杀秦王嬴政，并非"九死一生"，而是"百死无生"。秦王宫殿内守卫森严，死士即使能够侥幸完成刺杀任务，也绝对逃不过秦国铁甲卫士们的捕杀。换句更通俗的话说，燕太子丹与荆轲之间的合作，其实就是前者让后者去送死。所以前者所付赏金绝非金银能够衡量，而是天地间仅存的"义气"。正所谓"士为知己者死"，荆轲一生怀才不遇，燕太子丹的知遇之恩，令他感受到了自己特有的价值。

　　荆轲有勇气坦然赴死，的确值得后人敬佩，但仅仅拥有死亡的勇气还不够，更重要的是顺利完成任务。为此，荆轲与燕太子丹制订了详细的刺秦计划。秦王宫守卫森严，盘查也异常严格，在身上携带匕首等武器觐见，显然会露出马脚。古人云："欲取之，必予之。"秦王的目的，无非是统一六国，因此只要以燕国督亢地图为诱饵，则秦王必定会喜出望外，继而降低警惕，如此才能为荆轲创造"刺杀"的机会。

荆轲经过深思熟虑提出，仅仅靠燕国督亢地图还不够，他还需要有一张"通行证"，即秦国叛将樊於期的头颅。樊於期原本是秦国重要的将领，曾遵王命攻伐赵国，却被名将李牧击败，因畏惧惩罚不敢归国复命。秦王对樊於期极为痛恨，曾宣布对其进行搜捕，致使樊於期逃往燕国，拜于燕太子丹门下。

燕太子丹素来看重情义，不忍加害樊於期，同时又不想因此而放弃机会，因此感到左右为难。荆轲明白燕太子丹的难处，随即面见樊於期，向其诉说隐情。樊於期听罢感动得热泪盈眶，当即拔剑自刎，将自己的人头给了荆轲。

刺客人选

燕太子丹虽信任荆轲，但心里也是直打"小算盘"，认为荆轲独自前去势单力孤，不如二人同行，如此才算是万事俱备，行刺的利剑才会"割掉"嬴政的脑袋。为此，燕太子丹特意挑选了一位名叫秦舞阳的武士，令其伴随荆轲同行。秦舞阳是燕国人，早年曾因在闹市杀人而闻名燕国，相传他年少时杀人面不改色，是当地人心目中公认的勇士。

荆轲深切地明白，此去秦国必将一去不返，他在燕国王宫逗留的日子中，仍终日以酒为伴，太子丹也片刻不离，左右陪伴。在无聊的时候，荆轲会以投石为乐，击打池塘中的乌龟。太子丹听说后，马上命人用黄金铸成瓦片送给荆轲，供其任意投掷。荆轲曾与燕太子丹戏言称"千里马的肝脏很好吃"，燕太子丹又命人找来千里马，当场杀马取肝为荆轲烹饪。二人享用千里马肝之时，燕太子丹特意找来数名美女弹琴助兴，荆轲酒醉之时只是瞟了一眼美女的手，燕太子丹便认为荆轲喜欢美女的酥手，于是下令将美女的双手砍下，敬献给荆轲。不得不说，燕太子丹笼络荆轲的手段真可谓是发挥到了极致，甚至已到了

"疯狂"的地步。

转眼之间数日已过，一切准备就绪，终于到了出发的日子，燕太子丹相送数里，惜别了荆轲与秦舞阳。眼望着二人的背影渐渐消失，燕太子丹脑海中响起了一段"悲壮"的歌谣："风萧萧兮易水寒，壮士一去兮不复还。"他眼含热泪，默默地拱手，喃喃地讲道："燕国命运，皆仰仗二位壮士了！"

荆轲虽为一介草莽，但思维缜密、行事稳妥，在他看来，自己即使能顺利进入咸阳，也无法直接面见秦王，因此必须要寻找一位掮客，向秦王介绍自己。当时秦王嬴政有一位宠臣名叫蒙嘉，此人不仅能言善辩，而且异常贪财。荆轲以重金对其进行贿赂，蒙嘉欣然接受，随即面见秦王，并向其介绍荆轲。

蒙嘉曰："燕王诚振怖大王之威，不敢兴兵以拒大王，愿举国为内臣。比诸侯之列，给贡职如郡县，而得奉守先王之宗庙。恐惧不敢自陈，谨斩樊於期之头，及献燕督亢之地图，函封，燕王拜送于庭，使荆轲、秦舞阳以闻大王。唯大王命之。"意思是说，燕王非常惧怕于秦国的军威，不敢出动军队，抗衡大王的将士，情愿全国上下做秦国的臣子，比照其他诸侯国排列其中，纳税尽如同直属郡县职分，使得以奉守先王的宗庙。因为恐慌畏惧不敢亲自前来陈述，特意砍下叛将樊於期的头颅，并献上燕国督亢地区的地图，装匣密封。燕王还在朝廷上举行了拜送仪式，派出使臣荆轲、秦舞阳来禀明大王。敬请大王指使。

秦王听罢自然十分高兴，因为无论从政治还是军事角度而言，能够"不战而屈人之兵为上策"。秦国纵然强悍，攻城拔寨也需要国家钱粮与人丁的消耗，如今燕国已经将"肥肉"送到嘴边，不费一兵一卒便可一口吞下，实乃孙子曰的"善之善者也"。秦王嬴政当即下令，设置九宾之礼招待燕国使者荆轲与秦舞阳，自己身穿礼服亲自迎接。由此可见，荆轲的确是一位"钓鱼"高手，在抛下香饵之后，秦王这条"大鱼"即将上钩。

刺王杀驾

　　荆轲端着樊於期的头颅，秦舞阳手捧督亢地图，两个人身着华服步入咸阳宫朝堂。朝堂上百官林立，周围站满了全副武装的甲士，整座宫殿显得异常森严肃静。二人一步步登上大殿的台阶，距离秦王也越来越近，荆轲甚至可以感觉能看清秦王的每一根胡须。就在此时，秦舞阳却突然脸色苍白，身体不禁抖成一团，督亢地图也"啪"的一声掉落在地上。朝堂群臣大惊失色，秦王也忙问其故，荆轲笑道："北方蛮夷粗野之人，从未没见过如此大的场面，未免有些害怕，请大王谅解。"说罢拾起督亢地图，神色平静地继续前行，来到秦王面前。

　　荆轲先是打开了盛放樊於期头颅的木匣，接着又将督亢地图置于秦王面前，将其慢慢展开。随着地图越展越大，秦王的眼中贪光闪闪。当地图被完全展开时，秦王顿时大惊，因为他看到了一把寒光闪闪的匕首，毫无疑问，这是荆轲专门为送他"上路"而准备的。

　　荆轲左手揪住秦王，右手抓起匕首向其刺去。所幸秦王袍袖宽大，匕首只是割断了衣袖，嬴政见势不妙赶忙逃跑，荆轲哪肯罢休？当即持刀追逐。秦王慌不择路，只能绕着殿中的大柱躲闪，并试图拔出佩剑，然而因佩剑太长，短时间竟无法出鞘，场面一度十分危急。

　　此时廷下众臣才反应过来，一位宫廷医士忙丢出药箱猛砸荆轲，荆轲躲闪不及被砸个正着。趁荆轲缓神，朝堂下有人喊道"王负剑，王负剑"，提醒秦王以背负的方式拔出宝剑。此法果然奏效，嬴政顺利拔出宝剑，趁荆轲被砸得晕头转向之时，只一剑就砍断其左腿。荆轲轰然倒地却心有不甘，随即丢出匕首做最后一击，却也被秦王轻松躲过，接着，众武士一哄而上，将荆轲乱刀分尸。临死之前，荆轲仍大骂秦王，悲叹自己愧对燕太子丹的知遇之恩。

荆轲刺秦王不中，也有史学家解释，荆轲不想要秦王的性命，他只想活捉秦王，逼其写下不侵略燕国的协定，用以报太子丹知遇的大恩。可是"事未成功人先死"，让人不胜唏嘘。

　　行刺之事发生后，秦王嬴政大怒，命令大将王翦攻打燕国，燕太子丹立即带兵抵抗，却无法抵御秦国的兵锋，燕国兵败如山倒。

　　公元前226年，秦军势如破竹，顺利攻下燕国都城蓟，燕王喜只能携太子丹逃往辽东郡地区。秦王嬴政痛恨太子丹，发誓要将其擒获，命令大将李信率军星夜追击。燕王喜听闻消息，吓得面无血色，随即信了代王嘉的计策，被迫缢死太子丹，并将太子丹的人头献给秦军求和，算是暂且缓解了危局。燕王喜显然是太天真了，秦国顺利攻下楚国一年后（公元前222年），秦王在辽东虏获燕王喜，燕国宣告灭亡。

　　史学界对于荆轲刺秦的失败原因，一直争论不休。为荆轲开脱者不计其数，理由包括助手秦舞阳犯尿；荆轲不杀秦王的目的是想令其签下不侵犯燕国的诏书；秦王武艺高强；秦王的宫廷医士丢出救命药箱等。可是历史从来都是"胜者王，败者寇"，荆轲刺秦王败了，败得如此悲壮。

阿房宫消失迷案

肆

"六王毕，四海一；蜀山兀，阿房出。覆压三百余里，隔离天日。"这段"铿锵霸气"的文字出自唐代大诗人杜牧的《阿房宫赋》。作者以生动巧妙的手法，仅寥寥数语，就为我们展现出一幅恢宏庞大的宫廷画卷，也为后世留下了对秦国"天下第一宫"阿房宫的畅想和追忆。

有学者认为，阿房宫建成之后，曾被西楚霸王项羽付之一炬。也有学者大胆地提出，阿房宫只是存于文学作品中的空想，其本身并没有建成。阿房宫是否真实存在？它又在历史中扮演怎样的角色？

《阿房宫赋》

公元前221年，秦国的虎狼之师长驱直入，攻进齐国都城临淄，齐国国君投降，被封为万户侯，齐国正式宣告灭亡。由此，秦国终于横扫六国，建立中国第一个统一的中央集权制国家。秦国能统一天下，得益于商鞅变法制度，法家思想充斥着统治者们的思维构架，令国家上下法度森严可畏。在该种思潮的影响下，秦始皇为加强中央集权、巩固国家统一，提出了"书同文，车同轨，统一度量衡"的口号，令国家机器得以高速运转。

国家得到统一，统治者自然也要尊享封号，秦王嬴政挑选"三皇五帝"中的"皇"和"帝"二字，组成"皇帝"一词，构建了自己的尊号，史称"始皇帝"。与此同时，始皇帝嬴政开始不满足于住在原秦王宫殿中，而是提出"周文王都丰，武王都镐。丰、镐之间，帝王之都也"，接着，便命人营造帝王宫殿。在秦国统一后实施的大型工程中，咸阳宫殿自然居于首位，随后便是著名的"秦国四大工程"，即万里长城、秦始皇陵、秦直道以及充满了"谜团"的阿房宫。

阿房宫究竟建在哪里？据史书记载称，阿房宫被修建于骊山附近，宫殿亭台楼阁林立，直通咸阳地区，长度足有三百余里。阿房宫宫殿高耸直蔽云日，虽渭水、樊川二河浩浩荡荡，流入宫墙后，竟变成了静谧的溪水。

阿房宫的壮观程度，不亚于现代任何一座雄伟的建筑。这座宫殿五步之内可见一楼，十步之内可观一阁，走廊如绸带一般缥缈蜿蜒，亭台上的飞檐也如牙齿一般，仿若鸟嘴向天。阿房宫的建筑方式，是根据地势起伏高低而设计的，楼阁高低参差，彼此相互照应，其盘根错节、曲折回旋，远远望去像是堆垒密集的蜂房，让人猜不出宫殿的数量。

若是从近处观察，就能感受到一股股春色暖意。原六国王公贵族们的财富在此堆积如山，原六国的佳丽们，也被聚集在此处。歌女们随着乐曲翩翩起舞，让这里变成了最美的温柔乡。妃嫔们晨起梳妆的胭脂水，能在渭水之上涨起一层油腻，焚燃香料的香烟层层缭绕，诉说着宫墙内的深闺幽怨。

以上描写，都出自于唐代诗人杜牧的笔下，一篇千余字的《阿房宫赋》洋洋洒洒,将秦国阿房宫壮丽辉煌的盛景,描写得淋漓尽致,深入细致。然而从史书记载角度来看,阿房宫虽然是秦国历史上著名的标志性建筑,但却并未建成,甚至在秦国灭亡之时也未能完工。

楚人一炬

秦始皇三十七年(公元前210年),秦始皇于东巡时驾崩,胡亥宣布继位,史称"秦二世"。始皇帝遗体辗转被送至骊山陵附近,准备进行奉安大典。此时阿房宫正在建设当中,秦二世只能下令,将修建阿房宫的囚徒们押送至骊山陵,对始皇帝陵做最后的完善工作。次年四月,秦始皇陵的主体工程基本竣工,秦二世也解决了一块巨大的心病。

但此时的阿房宫工程,已经停工了近七个月左右。修建阿房宫是秦始皇生前的心愿,无论是人力投资还是物力投资堪称耗费巨大,秦二世也不愿意中途而废,随即将骊山囚徒调回,继续修建阿房宫。

然而人算不如天算,当阿房宫工程正在火热进行时,秦二世元年(公元前209年)秋,大泽乡(今安徽省宿州市)附近爆发了史上著名的陈胜吴广起义,拉开了天下反秦的序幕。秦国在统一六国的战争中,极大地消耗了人力物力,加之建国之后修建一系列浩大工程,致使秦国府库空虚,对百姓的盘剥与压榨也愈来愈甚。陈胜吴广起义,犹如一点星火,点燃了天下人反抗暴秦的"浪潮",秦国的统治开始变得岌岌可危。

司马迁曾在《史记·项羽本纪》中提到"楚虽三户,亡秦必楚"。事实也验证了这句话,原楚国大将项燕的后代项羽,在秦末大起义中脱颖而出,成为军事实力最大的一方霸主。秦二世三年(公元前207年),项羽率军与秦国大将章邯战于巨鹿，歼灭并俘虏秦军40万人，一举击溃秦军主力。在此之后，各地义军也势如破竹，纷纷向关中进发，直逼秦国国都咸阳。

项羽痛恨秦王室已久，率军攻入咸阳后，不但对秦国宗室进行了屠戮，而且还下令挖掘秦始皇陵，此事最后虽未能成功，却也对秦始皇陵造成了不可逆的破坏。项羽甚至还下了一道"可怕"的命令，将咸阳城附近尚未修建好的阿房宫付之一炬，史书记载称"烧秦宫室，火三月不灭"。秦国两代国君凝萃心血修建的伟大建筑，就这样被焚毁殆尽，所以杜牧才会感叹"楚人一炬，可怜焦土"。

阿房迷案

楚霸王项羽怒烧阿房宫，致使千古建筑被损毁，这事是真是假，想要找到"靠谱"的答案，只能在阿房宫的遗迹上寻觅真相。

如果参照各类史书的记载，阿房宫始建于公元前213年左右，距今约有两千多年的历史，其建筑规模极为宏大，体势最为壮观：《汉书·贾山传》载"（阿房宫）东西五里，南北千步"；《史记·始皇本纪》载："（阿房宫）东西五百步，南北五十丈，上可以坐万人，下可以建五丈旗。"现代考古学家们的通过现场发掘，发现阿房宫前殿的基址面积，至少要在54万平方米以上，纵观古今，其本身可被称为"世界上建筑规模最大的宫殿遗址"。

我们可以设想，如果项羽将阿房宫付之一炬，如此庞大的建筑必然会大火熊熊，烟雾弥漫，甚至是遮天蔽日。况且此时正逢乱世，是王朝更替时期少见的大事，百姓民众尚且对此惊讶不已，史学家更应该大书特书，并记录下整个事件的过程与真相。但是在浩若烟海的史料中，考古专家们并未发现多少关于

"项羽焚阿房宫"的记载。

更值得一提的是，现代考古队通过数年的考察，在咸阳城阿房宫遗址再次发现一个惊天秘密，阿房宫附近并没有火烧的痕迹！

这个惊人的结论绝非空穴来风，而是考古工作者们经过数次验证的结果。众所周知，土壤的主要成分是二氧化硅，二氧化硅性质稳定，不易与其他物质发生反应。但泥土中也含有大量的亚铁盐成分，一旦经过高温煅烧，就会与空气中的氧气融合，形成红色的氧化铁。砖块之所以会呈红色，就是这个道理。

假设阿房宫被大火焚烧过，且大火持续三月不灭，则必然是一个高温煅烧的过程。由此，阿房宫遗址附近应该出现大量红土痕迹，并且在自然情况下，红土中的氧化铁元素不会还原褪色。换句话说，只要考古队能在阿房宫遗址的秦代断层处发现大量红土，就能证明阿房宫曾被大火焚毁，反之则不能。

但是考古队将勘探面积扩大到20万平方米，采用梅花布点法，每平方米钻探五个深达夯土的钻孔，在挖掘的一千多平方米面积中，均没有发现秦代断层中存在红土成分，丝毫不见任何焚烧的痕迹。专家们开始反思：难道阿房宫根本没有被焚毁过？

如果项羽当真是如司马迁所言"焚秦宫室"，而非是阿房宫，那么楚霸王就是平白无故蒙受了两千年的不白之冤。

杜牧初衷

史学家们对该结论也表示赞同。在他们看来，虽然杜牧在《阿房宫赋》中对阿房宫的描写，犹如自己亲眼所见，但其实只是一种猜测与臆想。毕竟杜牧生活在唐朝，距离秦朝末年已有千年的历史，约等于现代人还原唐朝的历史，有失公允之处必然较多，以《阿房宫赋》一家之言作为真凭实据是不行的。

与此同时，考古专家们还提到，阿房宫在历史上可能并不存在，即使存在，也只是一项烂尾工程或者是小面积的宫殿，不可能如杜牧所说"覆压三百余里"那般夸张。如果按照占地面积计算，整座咸阳城长度也仅有三百余里，阿房宫即使再大，也不可能超过咸阳城，由此可见，杜牧在文章中巧妙地偷换了概念，故意将咸阳城与阿房宫弄混，以夸张的笔法增加文章的气势。

司马迁在《史记》也特意做过说明，"阿房宫未成。成，欲更择令名名之"，意思是指"阿房宫"这个名字只是一个临时的称谓，释义为"靠近山阿的宫殿"，一旦建筑完毕将会被重新命名。然而阿房宫的称谓流传至今也没有改，主要原因就是工程并未完工。司马迁生活的年代，距离秦末乱世只有几十年光景，记录失真概率较低，因此其结论仍具有较高的可信性。

从另一个角度而言，我们也能进行推测。在秦二世即位时，阿房宫还处于"室堂未就"的状态。由于秦始皇驾崩，囚徒们被赶去骊山修建秦始皇陵，至四月时才"复作阿房宫"。可是到了七月时，陈胜吴广就已经揭竿而起，全国顿时乱成一锅粥，秦国只能调遣骊山囚徒赶赴前线镇压义军。从四月到七月，仅仅三个月的时间就完成修建阿房宫的工程，显然是不可能的。所以，阿房宫只是一座面积较小的"烂尾楼"，无论是从建筑规模还是对后世的影响，都不足以被列为"秦国四大工程"之一。

综上所述，我们可以发现，杜牧在描写阿房宫时，的确存在夸张的成分，同时也将"纵火犯"的黑锅，毫不客气地扣在了霸王项羽的头上。杜牧生活在唐朝，项羽则是秦末的英雄人物，二人之间也不可能产生交集，更不可能存在仇怨。此时一个问题出现了，杜牧为何要在《阿房宫赋》中要描写阿房宫被焚毁的场面？又为何将此责任嫁祸给项羽呢？

我们都知道，文人最注重风骨，尤其是已经成名的文人，将不实史事写于自己的得意之作中，无疑是自损名声。杜牧在当时的文学界颇具盛名，如果不是因为某种原因，他也不可能会自损形象。个中原因是什么？问题全出现在当时的皇帝身上。

唐长庆四年（824年），唐穆宗李恒驾崩，皇太子李湛于灵柩前宣布继位，史称"唐敬宗"。此时的李湛年方十六，正是青春懵懂的年纪，加之此前皇家教育的失败，令他变成了一位"纨绔皇帝"。李湛在位期间，虽能做到礼遇朝臣，但从不关心政事，反而是耽于玩乐，终日沉迷于蹴鞠和打猎。至于朝廷大事，则全部交由权宦王守澄与宰臣李逢吉处理，二人都是奸臣，在朝中只想着争名夺利、排斥异己，令朝廷纲纪混乱，国家到处一片乌烟瘴气。

唐敬宗近乎疯狂地玩乐，带来了一系列严重的后果，致使宫中突发事件频传。李湛即位之初，曾有一位名叫徐忠信的百姓闯入了浴堂门，令朝野上下一片震惊。同年四月，宫廷染坊役夫因不满盘剥，随即联络数百染工杀入右银台门，造成了极为恶劣的影响。但当时唐敬宗却仍在打马球，直至听到染工等百余人的喊杀声，才狼狈逃到左神策军避难。

唐敬宗的不靠谱行为，令朝臣十分不满，但又无法对其进行规劝。更令人感到气愤的是，李湛本人喜好大兴土木，自即位以来，无论酷暑寒冬，所建亭台楼阁一座接一座，几乎没有停息的时候。常年的压榨与盘剥，令下层各级官员和匠役之人都怨声载道，久而久之，必然会引起灾变。大臣实在忍无可忍，于是相约跪在堂下，请求唐敬宗能够从玩乐中自拔。唐敬宗虽表现得十分恭谨、虔诚，但此事过后依然我行我素，显然是没将臣子的话听进耳朵。

此时的杜牧仅有23岁，但却是一位精通"经史子集"的大才子，他对国政极为担忧，又不便于直接对皇帝进行批判，随即愤而写下一篇《阿房宫赋》，以此作为警示、勉励之语，旁敲侧击提醒皇帝。

"呜呼！灭六国者，六国也，非秦也。……秦人不暇自哀，而后人哀之；后人哀之而不鉴之，亦使后人而复哀后人也。"

杜牧发出如此喟叹，正是以阿房宫为例，将其比喻为庞大的帝国，"楚人一炬，可怜焦土"的震撼，足以敲响王朝命运更替的警钟。文章以深刻的道理劝诫"后人"，切勿重蹈前人之覆辙，要"以史为鉴"爱国忧民，如此才不会"使后人而复哀后人也"。

重建无望

一直以来，人们对于阿房宫的执着与向往从未停止过。因为它的出现，创造了一个千年的王朝童话，极度真实却又仿似梦幻。为了能够重现阿房宫的奇迹，现代考古专家们曾经多次召开会议，试图利用现代科学技术重建阿房宫。

可是重建的意义何在？如果是长城，那必然可以重建，因为那是华夏民族不屈不挠抵抗外辱，最终取得胜利的象征，被誉为"龙的脊梁"。

而阿房宫却是秦始皇奢侈浮华，只注重个人享受，不顾及黎民百姓死活而修建的宫殿，它本身就是一个负面的建筑。更何况，阿房宫并没有留下真实的图纸，若我们按照杜牧《阿房宫赋》的记载，势必会建设出一个"四不像"的宫殿出来。到时候，史学家不认可，建筑学家不认可，老百姓更不认可，那就会出现一个"姥姥不亲，舅舅不爱"的尴尬局面。

而庞大的费用，更是复原阿房宫的最大的拦路虎。我们都知道，要建设一个跨度300里的阿房宫，其花费必然是天文数字，即使是建设一个30里的"缩小版"的阿房宫，其费用也是一笔不小开支。

除了这些，还有一个更深层的原因——现代人，不要想着将任何事情都做了。我们也要想一想子孙后代，他们那个时候会比我们更富裕，设备更先进，而掌握的历史资料也许会更多，复原阿房宫也会更现实、更容易、更逼真。将复原这座瑰丽、伟大的宫殿的任务留给他们，也许更合适。

重建阿房宫的计划最终被取消，这成为现代考古学界与建筑学界一个莫大的遗憾。

阿房宫虽未能"覆压三百余里"，但从其整体面积上而言，却仍可以被誉为是"天下第一宫"——它作为中国历史上首次大一统的标志性建筑，是华夏民族大团结形成的实物性标志。如今的阿房宫遗址，已经于1956年被陕西省列为省级文物保护单位。

阿房宫遗址作为第一批全国重点文物保护单位，被联合国确定为世界上最大的宫殿基址，属于世界奇迹之一。2012年时，《阿房宫遗址保护规划》经国家文物局正式批复，其中2.3平方公里的核心保护区，被建设成国家级的考古遗址公园，并正式向游人开放。游客在游览名胜古迹的同时，也能感受到历史的沧桑巨变，并从中领悟到深刻的社会哲理与人文内涵。

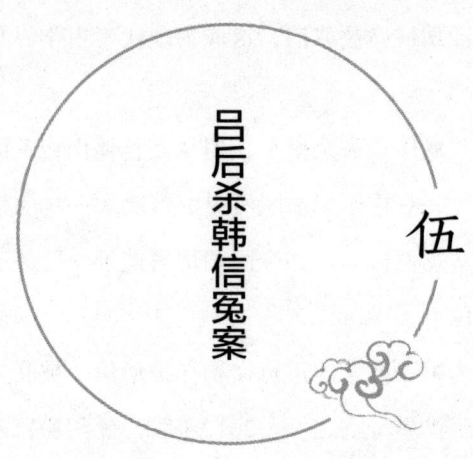

吕后杀韩信冤案

伍

　　中华文化最璀璨的一颗明珠，莫过于成语了。韩信的生平丰富精彩，与之相关的成语竟有34个，其中称赞韩信"国士无双"的成语最有气场。"国士无双"是指一国之中独一无二的人才。能够配得上这种成语的人才，无论军事水平还是征战能力，在当时的秦末汉初时期，都是"首屈一指"的。可是后来，韩信因为功高盖主，被吕后"冤"杀，想要了解事情的经过，我们还是要从头开始厘清韩信"叱咤风云"的一生。

胯下受辱

　　韩信原是韩襄王的庶出孙子，家住淮阴（今江苏省淮安市）。可是到了他这一代，不仅没有继承祖辈的丰厚财帛，还因为是被灭国的韩国的"贵族"出身，成为寄食度日的浪子。他喜欢背剑出游，不事农桑，性格又甚为豪放，不肯向乡民低头。很多淮阴县的人，都觉得他是一个另类，更是一个祸害，因此大家都有些讨厌他。《淮阴侯列传》中是这样记载的："韩信者，淮阴人也。始为布衣时，贫，无行，不得推择为吏；又不能治生商贾。常从人寄食饮，人多厌之者。"

不过，韩信也有一门谋生的手段，就是到古淮河钓鱼，然后到市场上贩卖。可是钓鱼维持不了生计，只能让他饥一顿饱一顿地勉强活着。有一位在淮河中漂洗衣物的老妇人，经过和韩信的接触，觉得韩信不简单，便经常接济他。一个大小伙子，靠一个老妇人接济生活，这就更让淮阴人瞧不起韩信了。

一日，韩信在下乡县南昌亭长家里没有蹭到饭，他肚子"咕噜噜"乱响，正在大唱"空城计"，韩信为了填饱肚子，决定去淮阴的市场上走一圈，没准在那里就能找到可以果腹的东西。经过一个肉摊的时候，一个豹头环眼的屠夫跳了出来，他手持杀猪刀，指着韩信的鼻子挑衅道："看你高高的个子，带着刀剑，其实就是一个胆小鬼，你要是不怕死，就用宝剑刺我，要是不想死，就从我胯下钻过去！"

韩信真的没有想到，自己不惹事，祸事却惹上了自己。他用宝剑刺屠夫，刺死他，自己也是难逃死罪；就是刺伤他，估计围观的地痞，一拥齐上，也得将他殴打致死；转身逃走，四周已经围上了人墙，出路已经被堵死。韩信是一个坚信自己未来一定能做大事的人，不能因为一个屠夫的挑衅，而将自己的命早早地交待在淮阴。韩信一低头，从屠夫的胯下钻了过去。史书上记载："一市人皆笑信，以为怯。"

韩信受辱胯下，淮阴真的不能再住下去了，因为他在淮阴已经变成了一个笑话，要知道唾沫也会淹死人的。

公元前208年，韩信一咬牙，从军入伍，投奔了项梁的军队，开始走上了靠手握刀剑冲锋陷阵、改变人生的道路。可是项梁骄兵轻敌，他和秦国名将章邯在定陶决战时，兵败而身死。韩信随后，就成了项羽的手下。

韩信被项羽封了一个郎中的小官，负责看门。虽然官卑职小，但并不妨碍韩信想出人头地的决心，他一连给项羽出了几次计谋："小臣有定国安邦的妙计献给大王，只要大王按计行事，定能傲视群雄，君临天下！"可是这些计谋，全都被项羽给否定了。

项羽是兵形势家，属于一个硬打硬的"实力派"。只要给他一只雄兵，他可以凭借实力，打败任何的敌人。这样的实力派，对于韩信这样的"计谋派"是绝对不欣赏的。项羽甚至曾说："甘心胯下受辱之士，能有什么好计……"

韩信想在项羽的手下，混出个模样的计划，已经搁浅了，但他真的不甘心。韩信在淮阴的时候，除了想办法活下去之外，他还重点干了两件事：一件事是习剑；另一件事是阅读兵书。当他觉得自己真的可以率领千军万马打仗的时候，却发现，在项羽这里并没有仗可以让他打，他满腹的锦囊妙计竟然无人赏识。

韩信为了尽快实现自己的人生理想，毅然离开项羽，投奔了刘邦。可是一番折腾，最后还是被刘邦封了一个治粟都尉的小官。

韩信在项羽手下看门，在刘邦手下管粮，说来说去，韩信的境遇没有任何实质性改变。刘邦开始也没拿韩信当成人才，但萧何却坚信韩信是个人才，他曾经多次向刘邦推荐过韩信，可是最后都被刘邦给拒绝了。

因为刘邦现在很困难，很苦恼，项羽对他很忌惮，将最贫瘠的巴蜀封赏给了他。他到偏僻的巴蜀后，不少手下因为思念家乡，竟纷纷当了逃兵。有一天，巡营的士兵来报："汉王，丞相萧何也逃走了！"

暗度陈仓

刘邦的心，真的比刀剜还要痛。别人逃走还可以，丞相萧何逃走，岂不是等于断了他的一条胳膊嘛！万万没想到，第二天中午的时候，萧何又满身灰尘地回来了。刘邦既惊又恼："你为何逃走？"

萧何道："老臣没有逃走，我是为汉王追一个奇才去了！"

萧何月下追韩信，是国人尽知的桥段。韩信觉得在刘邦的手下，也不会受到重用，他骑着一匹马，离开了汉营。萧何得到消息，急忙骑马追了出去，追到半夜，终于追上了韩信，并将其劝说了回来。

刘邦是一个聪明人，萧何甘心冒着逃跑的嫌疑，也一定要将韩信追回来，这不就是一次对韩信最真心、最诚意的举荐？刘邦目前已经被项羽逼到了绝路，想要破局，必须要借助"高人"的力量，难道韩信就是能让他翻盘的"高人"？

在萧何的力荐之下，刘邦决定将"宝"押在了韩信的身上，当即斋戒搭坛，拜韩信为大将。

"这个受过胯下之辱的韩信，真的能够帮助刘邦在汉中称王，然后一统天下吗？"

汉营的将士，个个心中怀疑，没有一个人敢相信这事儿是真的。韩信的能力，至少在当时，并没有得到汉军将士的认同。

韩信获得了将军的宝座，可谓是心满意足。刘邦拜韩信为将军后，他满怀希冀地说："丞相多次称道将军，言将军为当世俊杰，请不吝教本王兴汉之计！"

以前，韩信给项羽和刘邦献计，可是他们谁都不听。他东投西奔，寄人篱下，最后终于熬到了将军的位置，现在刘邦虚心向他求教。俗话说，"是骡子是马，拉出来遛遛"，是时候给刘邦定一个真正能争夺天下的妙计了！

韩信首先问："大王在勇敢、仁厚、兵力方面与项王相比，谁更强一些？"

刘邦嗫嚅着回答："当然是项王更强！"

韩信起身拜了刘邦两拜，并对刘邦坦诚的态度表达了自己的钦佩，然后就开始分析项羽性格的优缺点：

项羽震怒时，吓得千百人不敢妄动；项羽仁厚时，可以将自己的饮食，分给他人。这是典型的妇人之仁、匹夫之勇的表现，其实是不值得一提的。项羽到了封赏手下有功将士的时候，短板就暴露出来了，他不管土地财帛，还是象征权力的印玺，都舍不得交给有功的将士。

如果刘邦想要战胜项羽，问鼎中原，必须要任用天下的英才，要舍得将城邑分封给有功之臣，要顺从将士东归的心愿。有了这三点，刘邦兴汉的目标，一定能够早日实现。

刘邦听到这里，感到终于找到争夺天下的努力方向，不由得心中大喜："本王得到将军，真的是太晚了！"

韩信确实是一个人才。刘邦手下的将士，很多来到巴蜀地区，因为思念家乡而当了逃兵，刘邦也是后悔来到了这个贫瘠之地。万没有想到，在韩信的计策里，"背井离乡"也成了刘邦的优势——哪个男人不想骑着高头大马，获得高官显爵和大笔财帛，然后风风光光地回到家乡，在妻儿父母的眼光中，获得无上的荣耀。而当逃兵，只能算灰溜溜地回到家乡，这是完全不同的两种待遇。

刘邦定下灭掉诸侯、问鼎天下的计划后，相信没有任何一个将士会逃走，他们不仅要为刘邦效力，更要为自己的前途打拼，然后拼一个锦绣的前程出来。

当时的形势是：巴、蜀（四川）和汉中（陕西西南山区）三个郡归刘邦所有；而项羽自封为西楚霸王，占领长江中、下游和淮河流域等肥沃的九郡之地，并以彭城（今江苏省徐州市）为都城。

项羽为了防止刘邦恢复汉中，他将关中分为三部分，分给秦朝的降将章邯、董翳和司马欣，将刘邦向东发展的出路全部堵死。

刘邦为了迷惑项羽，表示自己以后不再出巴蜀之地，用一把火，将进出巴蜀的栈道全部烧毁。韩信为其订立了谋夺天下的计策后，并没有对将士们保密，将士们听到不久东归的消息，一个个群情激愤，恨不得当时就抽出兵器和项羽的人马打上一仗，然后一鼓作气，杀回家乡。

韩信执行计划时，却只派出了几百名士兵，去修复栈道。章邯闻报后，不由得轻蔑地道："几百名士兵，想修复被烧的栈道，这得哪年哪月才能完成？"

可是韩信明修栈道，暗度陈仓，他率领军队，从陈仓出兵，一鼓作气，占据了号称三秦之地的关中。

天下归汉

刘邦平定了三秦之后，势力空前强大，面对着魏王、韩王、殷王、河南王相继投降的大好局面，刘邦又联合齐王、赵王，准备一起攻击楚军。

可是让刘邦没有想到的是，项羽仅仅以三万的精锐铁骑，就在彭城杀得刘邦的56万军队接连败退。而这时候的韩信，并没有参与彭城之战，韩信领兵正在攻打废丘的秦国降将章邯。

公元前205年6月，韩信放水淹没废丘城，章邯兵败，废丘城成了汉王的地盘。

刘邦打了一个大败仗，而韩信却打了一个大胜仗。有人说，如果让韩信指挥这场彭城之战，项羽绝对占不到便宜，甚至汉军反败为胜，都有可能。

当时刘邦的处境从比较难，变得很困难。汉军兵败后，塞王司马欣、翟王董翳首先叛变离开了刘邦，投降了项羽；接下来，齐国和赵国也开始和楚国和解。一时间，刘邦几乎成了孤家寡人。

面对这些诸侯国的背叛，刘邦决定杀一儆百，便命韩信领兵先去征讨魏王豹。韩信接令后，没有采用猛攻硬打的正面攻击，而是虚张声势地排列开战船，假装要在临晋渡河，吸引住了魏王豹的大部分兵力，然后命一支精兵，在夏阳用木盆渡河，开始偷袭安邑。

魏王豹听到汉军攻击都城的消息，不由得惊慌失措。他回兵救安邑的时候，韩信指挥手下大军开始渡河，一举俘虏了魏王豹。接着韩信又继续向东进发，在阏与生擒了代国的国王夏说。

刘邦为了对抗楚霸王，他在韩信取得攻取代国的胜利后，开始调走了韩信手下的精兵，而现在韩信手下的兵将，基本上都是战斗力低下的二流军队。

韩信率领着这支二流军队，需要背水一战，灭掉的敌人就是赵国的成安君。汉军想要进攻赵国，首先要攻占井陉口。

可是井陉口的赵国守军号称有20万人，敌众我寡，这个"实力不对称"的仗该怎么打呢？韩信领兵进入了井陉狭道之后，亲自挑选了两千名骑兵，命他们手持汉军的红旗，隐蔽到附近的山中，并告诉他们，一旦两军交战开始，立刻绕道赵军的背后，杀进赵军空虚的营寨，然后拔掉敌人的旗帜，并将汉军的旗帜插到对方的营寨里。

韩信的手下只有几万人马，而且不是精兵，这个"偷营换旗"的方法真的好用吗？没有人知道，甚至这两千名"换旗"的士兵都不敢相信，这个换旗的小伎俩，就能够骗过赵军将士，最后取得此战的胜利？

战斗开始之前，韩信率领汉军主力，在背面是山，左右两面是水的一处"绝"地扎驻了营寨。这个地方明明就是兵法家眼中的"死"地，如何能扎营？甚至赵国的兵将攻杀到了韩信的营寨前，一看两边的地形，一个个呵呵大笑。都说韩信会领兵，在这个"死"地扎营，这不是自取灭亡吗？

可是一场大战展开，韩信派出的"奇"兵就杀进了空虚的赵国的营寨，并将营寨全都换上了汉军的旗帜。

赵国和韩信军队大战一场，汉军因为退无可退，只能死守营寨，拼死抵抗。

大战在日落前结束，赵国军队并没有攻陷汉军的营寨，他们开始撤兵。本想明日一早再来决战，可是回到自己的营寨一看，只见营寨的上空，飘扬的全都是汉军的旗帜——这个韩信也太厉害了，前面打仗是假，后面夺寨才是真，赵国军队立刻乱成一团。正在这时候，韩信领着汉军，从背后猛攻而来。齐国的兵将立刻溃不成军。韩信此战，获得全胜，不仅俘获了赵王的将领，生擒了赵王成安君，并活捉了赵国能征惯战的广武君李左车。

而背水一战，就成了韩信生平里一次著名的战例，被写进了华夏的军事历史。

韩信接下来礼遇广武君，并接受李左车的建议，派人规劝燕王来降，果然弱小的燕国，惧怕韩信领兵来攻，很快便投降了汉王刘邦。而韩信接下来的敌人，就是兵强马壮的齐国。

可是韩信还未攻打齐国，却传来了一个不好的消息：汉王派郦食其当说客，已经说服齐王归顺汉王了。齐国国王反复无常，所谓的归顺也是口头的归顺，一旦形势有变，立刻就会叛变。

韩信不会因为一个口头归顺，就放弃这次军事行动。他借着郦食其说服齐王归顺，齐国对汉军不设防的大好机会，一举灭掉了齐国。倒霉的郦食其，被齐王当成了出气筒，丢进了鼎内，煮成了一锅肉羹。

公元前203年，韩信攻下齐国，自请汉王封自己为代齐王。当时项羽领兵在荥阳将刘邦团团围住，刘邦一见韩信的书信，气得大骂，可是在张良、陈平的劝说下，刘邦的态度还转变得挺快："大丈夫平定诸侯，当什么要代齐王，就做个真齐王吧！"

刘邦不能阻止韩信成为齐王，只能送个顺水人情。他随后，便征调韩信攻打项羽！

冤死深宫

当时，秦末汉初最强的三股势力出现了，他们分别是：项羽的楚军有10万之众，刘邦的汉军有20万之多，最后一股就是30万人的韩信的军队了。

韩信成为齐王之后，不仅项羽派武涉来游说韩信，而且齐国人蒯通也来劝说韩信自立为王，脱离汉军的队伍，天下三分，当一个能真正掌握自己命运的王。那样才是真正登上了人生的巅峰。

可是韩信却拒绝了他们的建议，说："汉王拜我上将军印信，我背叛他为不吉，我到死都不会变心！"

接下来，就到了韩信最高光的时刻，那就是率领30万军队，居中军为主力，以蓼侯孔熙统帅的左军、费侯陈贺统帅的右军为两翼。刘邦躲在韩信的后面，绛侯和柴将军给刘邦断后。

当时项羽的楚军共有十万之众，而且都是铁甲精兵，面对项羽军队的攻杀，韩信且战且退，落于下风，可是汉军一直在坚持，始终也没有败退。我们知道，在古代打仗，拼的不是匹夫之勇，而是整体的合力。

项羽和韩信如果狭路相逢，韩信不是项羽的对手，可是统兵作战，拼杀到最后，项羽楚军虽是精兵，但是人少，一开始会占便宜，可到最后，他真的不是人多势众的韩信的对手。

汉军三个打楚军一个，最后项羽兵败，自刎于乌江，胜利归于韩信，而江山归了刘邦。刘邦成了真正的皇帝后，他干的第一件事儿，就是夺了韩信的兵权，并将他的齐王，变成了楚王，让其建都在下邳（今江苏省徐州市）。

项羽曾经有个部下，名叫钟离昧，他与韩信交情甚笃。项羽死后，钟离昧东躲西藏，被韩信收留。

汉高祖六年（公元前201年），有人密奏韩信收留钟离昧，意欲谋反，刘邦让韩信交出钟离昧。韩信虽然功高至伟，但如何让刘邦相信自己的忠心呢？

韩信想到了钟离昧，他想用钟离昧的人头当礼物，向刘邦表白自己的忠心。钟离昧被逼自刎。自刎之前，他恨意冲天地对韩信说道："你并非是个君子，我今天死，你也会紧跟着亡的。"

韩信拿着钟离昧的人头，来见刘邦，可是刘邦却命令手下，将韩信绑了起来。韩信叹息道："狡兔死，走狗烹；飞鸟尽，良弓藏；敌国破，谋臣亡。"

刘邦说："有人告你谋反！"韩信谋不谋反不重要，重要的是他必须离开楚国，而楚国韩信的旧部，也被刘邦进行了大范围的斩杀和更换。韩信和刘邦回到京城洛阳，刘邦赦免了韩信的罪过，并改封他为淮阴侯。

可是树欲静而风不息，韩信的旧部陈豨被任命为钜鹿郡守，而钜鹿又是天下精兵聚集的地方。汉高祖十年（公元前197年），陈豨因为搜罗天下英才，被刘邦怀疑他有不臣之心。同年，刘邦父亲去世，陈豨托病没有来洛阳，刘邦怀疑陈豨造反，就命樊哙为先锋，自己御驾亲率几十万的人马，杀到钜鹿，灭了陈豨。

剿乱之战获胜，留在京城的吕后在未央宫中大宴群臣，可是韩信以有病为理由，不想进宫。萧何来到韩信的府邸，诓骗他道："剿乱获胜，即使有病，也应该去祝贺吧！"

韩信入宫，吕后命武士将韩信擒住，因当年韩信的功劳太大，刘邦曾赐韩信"五不死"：见天不死，见地不死，见君不死，没有捆他的绳，没有杀他的刀。

可是这样的一个对汉朝建立有大功的人，面对一个疯狂的女人，也是难逃活命。最后，吕后命人将韩信吊在一口大钟里，命一群宫女用竹竿子将韩信刺死了。

韩信有没有反叛之心，这个是"公说公有理婆说婆有理"的事儿，用韩信自己的话说，当年他拥兵30万军队没有造反，他现在无职无权无兵，拿什么造反？

也有人说，韩信暗中联络造反的陈豨，被人密报到了刘邦那里。刘邦生性多疑，即使他没有造反的心，他也得被钉实造反的罪了。

汉代名将韩信死后，被后人称为"兵仙"，是华夏历史上杰出的军事家，并与萧何、张良并列为汉初三杰，与彭越、英布并称为汉初三大名将。他的一生从无败绩，虽然他最后被冤杀，但历史书上，却写满了这位汉初"神将"的惊世传奇。

马王堆古尸
千年不朽迷案

陆

　　湖南省长沙市东郊有一个马王堆，这里就是辛追的陵墓。在辛追的墓中，出土了简牍、木器等大量珍贵的文物。墓主辛追夫人的遗体，形体完整，全身润泽，毛发尚在，肌肉尚有弹性，最令人惊喜的是，部分关节竟然还可以活动。此次出土震惊了世界，马王堆古尸被考古界认为是世界上保存最好的湿尸。

　　辛追公元前168年去世，到1972年出土，风风雨雨过了两千左右年的时间，可是为何辛追的湿尸不朽？是辛追棺椁的密封好，还是棺外白膏泥的功劳，抑或是内棺中那淡红色的"神秘"液体有防腐作用？谜团一个接一个，可是真相藏在哪里……

惊现巨棺

　　湖南省长沙市东郊四公里处有一条浏阳河，浏阳河旁有一个马王堆乡，马王堆乡之所以叫了这个名字，完全是因为该乡境内，有一处马殷家族墓地的缘故。

马殷家族墓地是两个突起的土冢，它们相距20多米，形似马鞍，故此，当地的老百姓又管它叫马鞍堆。

马殷是五代时期的楚王，相传他去世后，便被埋在了这里。随着岁月的辗转和风雨的侵袭，高高的陵墓如今变成了低矮的土丘。远远望去，荒草萋萋，落日余晖下的墓地，充满了一股悲戚的况味。

在民国时代，长沙是土夫子（厉害盗墓者）横行的重灾区，致使当地的陵墓十墓九空。1951年冬，考古学家来到了马王堆，经过考察，最后确定这是一处等级不低的汉墓，面对着上面赫然的盗洞，专家忧心忡忡。直到1961年，马王堆才被确定为省级保护单位，并树立了保护性标志，但由于当时资金、技术和考古人员还处在短缺、不足和加紧培养的状态，因此马王堆古墓的发掘工作，就被无限期地搁置了。

1971年12月，解放军366医院准备在马王堆修建一座战备医院。可是在挖掘防空洞的时候，一根钻头"扑哧"一声，在洞壁的夯土上，打出了一个黑窟窿，从黑窟窿中，还"嗖嗖"地往外冒着一种刺鼻的怪味气体。有一个胆大的施工人员，用一根点燃的火柴，试探地凑了上去，只听"忽"的一声，从黑窟窿里喷出的气体，竟被火柴点燃了，看着摇曳不定的幽蓝色火苗，这几个工作人员吓得怪叫一声"鬼火"，当时就丢下工具，全部从防空洞中逃掉了。

马王堆的防空洞钻出黑窟窿，黑窟窿又燃起鬼火的消息，很快就上报到了湖南省博物馆，博物馆的专家们得到消息后，急忙驱车赶到了现场。

专家们看到蓝色的鬼火，说道："马王堆的地宫被打漏了，里面的沼气冒出来，遇到明火自然就被点燃了！"

不管是秦简汉剑，金银珠宝，还是陶器古瓷，全都有自己生命的年限，并非埋在地下就不会毁坏。更何况墓室被打穿，氧气进入后，幽暗潮湿的墓室，很快就将霉菌丛生。为了保护文物，杜绝心怀叵测的盗墓贼对古墓的破坏，1972年1月，湖南省博物馆的考古队来到马王堆，开始对这座汉代的陵墓展开保护性的发掘。

马王堆的1号墓被盗两次，可是盗洞都打偏了，万幸没有打到主墓室，让这座陵墓完整地保存了下来。考古专家为了更好地发掘文物，采取了"大揭盖"的方式，也就是说，先用推土机，将墓室上面的土冢全都推掉了。

马王堆的1号墓南北长19.5米，东西宽17.8米，是一座规格不小的陵墓。清理完5000多千克的木炭，还有40厘米厚的白膏泥，巨大的椁板露了出来。

这座陵墓椁板是由72块杉木木板组成，这些厚重的杉木板排列整齐紧密，没有使用一个钉子，全部都是榫卯结构叠放在一起。启开椁板，在椁箱中，专家还找到了大量文物，这些文物包括人偶、漆木器、竹简、绢帛等1800多件汉代的珍宝。

在椁室的正中，摆放的就是那口重达1.5吨的墓棺，这口神秘的棺材，殓装的会是马殷的遗骨吗？

宝贝湿尸

专家们发掘马王堆1号墓，确实承担了很大的风险。如果马王堆地下陵墓的规格不够，或者因已被盗，不能出土一些像样的文物，那么就难以向社会交代。

专家们启开椁板，便出土了大量的文物，他们一颗悬在喉咙眼的心，终于放下。接下来，就开始清理主棺，在主棺的上面，他们竟又意外地发现了一幅T字形墓帛画。

这幅T字形墓帛画上宽92厘米，下宽47.7厘米，全长205厘米，分别描绘了天上、人间和地下的奇景，不仅有大神烛龙，还有金乌太阳，以及三界神（物）对墓主人的眷顾等奇景。

文物工作人员小心地将T字形墓帛画提取完毕，一位德高望重的老专家感慨地说道："能得到这件宝贝，我们几个月的辛苦，就没有白费！"

T字形墓帛画是一件国宝，那它覆盖的木棺中，是否装着更多的国宝级宝贝？为了更好地保护文物，这口重达1.5吨的主棺，被起重机吊到了墓外。

专家们不禁猜测：这具主棺中，是否有墓主的遗体？这位神秘的墓主真的是马殷吗？这具主棺中，是否装着比墓帛画还要珍贵的文物？

一连串的问题，只有打开主棺，才能得到解答。马王堆1号墓的主棺被吊车"请"到了发掘工地搭建的简易帐篷中，随后主棺的棺材盖，就被几名文物工作者用撬棍"吱吱嘎嘎"地打开了。

随后一股尸臭气冲出棺材盖，开始在简易的帐篷中弥漫。几名专家戴着口罩，等尸臭的气息稍稍减弱，他们便急忙凑到棺材边。他们借着灯光，往里一看，不由得"啊"的一声愣住了。

只见棺材中，装着略呈红色的溶液，尸体全身裹着厚厚的丝绸衣服，"木乃伊"一样的尸体半身浸泡在液体里。虽然看不清里面包裹的尸骸模样，但专家用戴着乳胶手套的手，轻触上去，丝绸衣服包裹的尸骸，还有明显的弹性。两千年前的古人湿尸首次出土，立马震惊了文物界。

专家们怕尘土和细菌进去，对棺材中的湿尸产生不好的影响，便重新合上了棺材的棺盖，然后开了一个小会。开会的几位专家难耐激动的心情，纷纷表示，这具不知道男女，不知道名字的湿尸，绝对是宝贝，而且是宝贝中的宝贝！

为什么这样说？

原因有三。

首先，通过淡红色的"神秘"棺液，以及湿尸的研究，可以找到湿尸两千年不朽的秘密。

第二，通过对这具湿尸的研究，可以复原古人两千多年前的生活状态。

第三，通过细胞学、遗传学和病理学等的研究，可以知道两千前的古人，与当代的人类究竟有什么区别。如果能找到人类进化的"密码"，就可以促进国内的考古事业、人类生命科学事业的飞速发展，并让其都走在世界科技的最前列。

马王堆考古人员将发现湿尸的消息，报告到了上级文物部门，上级文物部门请示了北京之后，决定将马王堆1号墓出土的主棺，运到湖南的博物馆中，并找到一个18℃的恒温、无菌且绝对安静的环境将其保护起来，一旦条件成熟，随即展开必要的科研工作。

马王堆湿尸的出土，真的让当时的考古学家有一种入得宝山后应接不暇的感觉，因为当时国内的考古界，还没有处理和保存湿尸的经验，接下来的工作全都得摸着石头过河。

辛追夫人

马王堆湿尸被送到了湖南省博物馆，这具湿尸是男是女？为何两千年不朽？棺中淡红色的神秘"棺液"的成分是什么？这需要湖南博物馆的专家给出具体的答案。

这具湿尸的身份、名字和死亡原因等信息，却需要考古工作者在现场进行解答。随后，发掘马王堆2号墓和3号墓的工作，就又紧锣密鼓地展开了。

马王堆1号墓出土的文物，在2号墓和3号墓开始发掘之前，湖南博物馆的考古专家，就已经开始研究。在这些珍贵的出土文物中，专家们找到了一枚印章，这枚印章的上面，写着"妾辛追"三个字。而且在出土的漆器之上，还发现了"軑侯"字样的款识。軑侯是谁？他的漆器，怎么跑到了辛追的陵墓里？是馈赠，是家传，还是什么其他原因？

妾代表女性，在男尊女卑的古代社会，是妇女的谦称，而辛追应该是名，也就是说，马王堆1号墓的墓主，应该是位女性，她的名字叫辛追。

可是知道1号墓墓主的名字叫辛追，等于没有知道任何信息一样，为何这样说？因在古代"男尊女卑"，历史上除非特别有名的女人，史学家能够为之记上一笔，而辛追这个陌生普通的名字，在历史的典籍中，是查不到的。

随着马王堆第2号墓开始发掘，很快这座古墓也被打开了，遗憾的是其墓室的值钱宝贝早已被盗墓贼窃取一空了。最后文物专家在棺材底下的泥土中，用筛子筛出了三颗印章，印章上分别写着"利苍印""軑侯之印""长沙丞相"等的字样。

《汉书·高惠高后文功臣表》记载："軑侯黎朱苍（利苍），以长沙相于孝惠二年封侯。"軑侯是利苍的官职，他曾经追随刘邦打天下，被封为軑侯，还是西汉长沙国第一位丞相。

马王堆的三座古墓墓主尘埃落定：1号墓是辛追老夫人之墓；2号墓是利苍宰相之墓；3号墓是利苍之子利豨之墓。

而马殷和马王堆竟一点关系都没有，流传千年的传说，竟然是一个误会！

利苍和辛追是夫妻关系，在利苍去世之后，辛追苦心教育子女，她去世后埋在了丈夫的身边，而到了利豨这一代，利苍的家族开始衰败，最后沦为平民……

马王堆考古发掘现场捷报频传，湖南省博物馆方面对辛追湿尸的研究，也取得了丰硕的成果。

湖南省博物馆的专家，首先统一了观点：想要保护辛追夫人，必须要将它身上茧蛹一样包裹的丝绸殓衣脱下来。经过专家们的努力，辛追夫人身穿的乘云绣单衣、信期绣黄绢单衣、茱萸花纹单衣等22层殓衣都被脱了下来，最终露出了辛追老夫人皮肤光滑、毛孔可见的身体。

万万没想到，经过两千年的岁月的洗礼，她的遗骸竟保存得这样好。看着辛追好像刚刚睡着的模样和表情，专家们更是坚定了一定要保护好辛追遗骸的决心。

医疗专家随后就对辛追夫人展开了必要的检查。经过初步骨龄检测，发现女尸生前年龄约为50岁，体重34.3千克，身高1.54米。

经过X光的检测发现了辛追夫人左前臂，曾经发生过陈旧性骨折，而且她的下巴还脱臼了。下巴脱臼，说明她去世时，当时给她穿殓服的人，下手过重，造成了伤害。可是手臂骨折怎么解释？难道辛追夫人未嫁给利苍之前，也是苦出身？

医疗专家对辛追夫人的内脏器官，进行了必要的解剖和检查，检查的结果是：辛追夫人生前，患有多种疾病，比如冠心病、多发性胆石症，还有全身性动脉粥样硬化等病症；另外，在其直肠和肝脏内发现有血吸虫卵，这说明当时长沙的血吸虫病闹得很厉害。

更让人啧啧称奇的是，在死者的肠道内，还发现了130多粒甜瓜籽。甜瓜籽说明了两个问题：第一，辛追去世的时候应该是在夏天，因为其他季节没有甜瓜。第二，解密了辛追夫人食用甜瓜后，因为甜瓜生冷的特性，引起了胆绞痛，最后诱发冠心病，辛追夫人不幸去世。

为了更好地保护辛追夫人的湿尸，100多位考古专家和科学家接到邀请，他们齐聚长沙，在湖北省博物馆中，召开了一次"临战"会议。在这次会议上，专家就如何保护辛追的湿尸畅所欲言。一个个好点子，都被提了出来。主持会议的领导，经过筛选整理，最后出台了两个具体方案。

第一个方案是保守方案。

将辛追棺椁中的棺液，送交有关部门，进行检验，验出棺液的成分，然后按方配比，配制出新的棺液，再用棺液，将辛追夫人的全身尽皆浸泡，就可以将这具完美湿尸，完整地保存起来。

第二个方案是激进方案。

用福尔马林液体代替棺液，将辛追老夫人浸泡起来。开会的专家至少有一少半坚信，现代的防腐剂，一定比古代那不明液体，更具防腐的效果。

最终秘密

可是国内权威部门，给出的检查的结果，却让人有一种失望的感觉。辛追的棺液看着挺神秘，其实大部分物质就是乙酸和乙醇。乙酸为食醋的主要原料，具有抑制细菌生长的作用；而乙醇就是酒精，酒精可以杀菌。那棺液呈红色是因为富含有机汞，汞来源的途径有两个，一个是棺中陪葬的朱砂等药物，第二个来源是辛追生前，可能服食过大量含汞的丹药。

汞也具有杀菌效果，当时有一种外用的红药水，就是有机汞制作的消毒杀菌药。

根据检查的结果，想要用乙酸、乙醇和有机汞调配出所谓的"神秘"棺液，可以说，随便一个初级的化工工人，就可以办到，可是用这种没有任何高科技含量的"防腐液"保护辛追夫人的湿尸，确实有些不靠谱。

为什么不靠谱？

因为辛追夫人的尸骸不腐烂，靠的并不仅仅是棺液的功劳，而是一个密闭的陵墓系统的功劳。

辛追的棺和椁全都是杉木，这种木材不仅千年不腐，而且木材挥发的芳香油脂，本身也有杀菌的特殊作用；棺椁外面的夯土、白膏泥和木炭，具有隔绝空气、水源，保持干燥的作用；它们和棺液一起发生作用，这才令辛追的尸骸两千年不朽。

专家经过讨论，最后彻底抛弃了所谓的神秘棺液，改用医学上常用的福尔马林，将辛追的湿尸浸泡了起来。然后在湖南省的博物馆中模仿古墓，给其设置了一个恒温、恒湿、没有细菌的新家。

可是不久之后，专家在福尔马林溶液中，竟检查出了钙离子。原来，福尔马林溶液的学名叫甲醛，它经过氧化后，会生成甲酸，而甲酸有个特性，可以将辛追骨骼中的钙离子渗透出来。如果不采取措施，这具湿尸就会越泡越软，最后，出现"软骨病"的症状。

湖南省博物馆的工作人员急忙往福尔马林溶液中，添加了碱性物质，酸碱中和，辛追夫人体内的钙终于保住了，软骨病的现象等于被踩了"急刹车"。

可是树欲静而风不止，随着千年古尸辛追夫人出土的消息在报纸上披露，社会上很多有身份的人，都找到湖南省博物馆高层"走后门"，他们都想远远地看一眼辛追夫人，目的是先睹为快。

随着找上门的人越来越多，社会上对辛追老夫人的猜疑和传说也甚嚣尘上：有人说她是绝顶的漂亮；有的人说她到了半夜，可以自己坐起来说话；更有甚者还说，辛追老夫人对着我国一位著名的科学家吟诗一首……

社会各界人士，因为好奇都找上门来，要求湖南博物馆尽快开放这具湿尸的展出。湖南博物馆面对压力，只得决定将马王堆古尸整理一番，开始对外展出。

一开始，湖南省博物馆还限制参观湿尸的人数为一千人，后来，就增加到了一万人。辛追夫人玻璃棺前的无声、恒温和无菌的环境没了，被嘈杂，纷乱和细菌纷飞的恶劣环境代替。有关专家担心，有朝一日，这具湿尸会遭遇到不可逆转的变质……

博物馆的领导征得上级的同意后，决定给辛追夫人换一个有利的环境。这个有利的环境在哪里呢？就在湖南省医学院的教学楼中。

这座教学楼的第五层有一座实验室，可是一年前搞实验的时候，一名学生将一瓶危险物品磷[32P]打碎了。因这种化学物质有强烈的致癌效果，所以事故发生后，五楼空了一年多，也没有人敢上去。

其实，磷[32P]的挥发性极强，一年的时间，已经不再对人体产生任何危害了。辛追夫人的湿尸装在玻璃棺中，安放在湖南省医学院的五楼，确实远离嘈杂打扰，安静地度过了几年平静的时间。

后来，湖南省博物馆新馆建成，参观的条件得到极大改善，辛追夫人才又搬了回去。2003年，湖南博物馆在距离地表的8米处，模仿辛追夫人当年出土时候的模样，为她建造了一座恒温恒湿的"寝宫"。这座寝宫不仅可以抗八级地震，而且采用冷光照明，引进层流空气净化系统，筛选了化学缓冲液等手段，对辛追夫人的遗体做了更好的保护。

辛追夫人是华夏民族最"特殊"的一件宝贝，希望可以千百年很好地保存下去，因为她是我们两千年历史的"老祖母"了。

柒

汉景帝杀晁错案

现代人提到"错",就是单指错误，而古人的"错"，却意义丰富。古人喜欢以"错"为名。"错"在古代有"错金"的意思，这个"错"字，代表一种高级的工艺，有异彩纷呈的意思。而"错"还有"打磨玉料的石头"的意思，寓意为"更坚硬，更高贵"的石头。

西汉名臣晁错，就是这样的一位比石头还要坚定，比玉石还要高贵，人生经历异彩纷呈的名臣。可惜，他一身忠心，却得不到君主的理解，最终被腰斩于市，空留下一腔报国的夙愿。这千古的奇冤，至今想起来，仍让人为晁错感到可惜。

太子家令

"民贫，则奸邪生。"这句名言，很多国人即使不知道其出处，也能明白这句话的意思：老百姓生活贫困无着落，就会生出偷窃等的心思。这句名言是谁说的呢？答案是：晁错。

汉高祖七年（公元前200年），晁错出生在颍川之地（今河南省禹州市）。他的父亲虽然没有在历史上留下名字，但应该也是一位饱学之士。晁错年少的时候，被父亲送到了法家人物张恢的门下，学习"申商刑名之术"。申不害和商鞅的法家学说，主张性恶论，正因为性"恶"，才需要严刑峻法来进行惩戒，这也就养成了晁错性格中的"峭、直、刻、深"，即严厉、刚直、苛刻和心狠的四大特点。

学法家是辅佐君王之术，但缺点很容易得罪人，优点是入仕快，而且很容易做高官。晁错学法家有小成，汉文帝时期，他任太常掌故。当时朝廷征召研读《尚书》之人，晁错因为聪明，好学，做学问从不人云亦云，有自己的主张，就被太常大人派送到济南，跟随伏生学习《尚书》的壶奥深意，明晓其中的为臣理论。

《尚书》虽有"上古之书"以及"尊贵莫过此书"的说法，但他其实是臣子对"君上"言论的记载，可以说是一部上古皇家档案文件的汇编。学会了《尚书》，就等于明白了臣子该如何给皇帝写奏章。

晁错学成《尚书》归来，被汉文帝封为太子舍人、门大夫，后升为博士，追随在太子身边。这个"舍人"的职位，也可以看作是太子的老师。

晁错虽然未接触到朝廷真正的权力，但他在太子舍人的职位上，也想干好，也要干出一点名堂来，他就给汉文帝写了一篇文章，名字叫《言太子宜知术数疏》。

在这篇文章里，他重点提出了这样一个观点：若想做一个明君，建立可以留传后世的功业，留下偌大的名声，需要通晓术数。术数就是治国的方法和策略。在这篇文章中，他这样强调，明君必须懂得如何统驭臣下，使得群臣按照规矩做事儿；明君应该懂得如何听取臣子的奏报，并且能够不受欺骗和蒙蔽；

明君应该懂得让万民富裕的办法；如果出现了这样一位明君，则海内宾服，八方来朝，大汉的基业必定千千万万年。

汉文帝很赏识晁错的才学，并勉励他一定要教育好太子。如果能教育出一个好皇帝，那就是晁错最大的功劳。

晁错道："请皇上放心，臣定当肝脑涂地，让太子将来可堪大任！"由于晁错善于分析问题，解决问题，因此深得太子刘启的喜爱和信任，成为太子的智囊。

晁错教育太子的同时，也非常关心国家的命运。汉朝有一个心腹之患，那就是匈奴问题。北地戈壁草原上的匈奴，仗着刀轻马快，经常绕过汉朝的边关，对汉朝的子民百姓，实施烧杀和抢掠。

汉朝对付匈奴只有两招，一招是和亲，另外一招就是征讨。前一招有效果，但效果不长久；后一招效果佳，持续和平的时间较长，但需要花费巨额的银两，这笔庞大的军费是任何朝廷都难以承担的。

晁错思前想后，引经据典，最后写出了一篇奏折《言兵事疏》。在这道奏折中，晁错提出了"以蛮夷攻蛮夷"的观点。

匈奴部族甚多，为了争夺地盘，彼此间有不可调和的矛盾。皇帝应该利用这些矛盾，或对匈奴许以封地，或许以财帛，或以汗位为诱饵，令其自相残杀。只要匈奴之间战火不断，他们就不会侵略大汉帝国。这个"以蛮夷攻蛮夷"的观点虽然不是很新，但绝对具有操作性。

可是汉文帝虽表面对"以蛮夷攻蛮夷"的观点持嘉奖的态度，实际却对晁错提出来的主动出击和击败匈奴的观点，持否定的态度。

因为汉文帝的国库中，银两并不充裕，已经支撑不起一场声势浩大的灭匈奴之战了。

刘姓诸王

晁错是一位干才，他冥思苦想，终于想出了一个抵抗匈奴的办法。他在给文帝的奏折《守边劝农疏》中，首先分析了匈奴为何能在大汉的边疆为祸作乱的原因：大汉的边疆虽然有汉军驻守的城池，可是却无耕种的汉民，因为汉民辛辛苦苦耕种一年，到了秋天还没等收获，便会被凶悍的匈奴将粮食抢走。

所以边疆的居民都会逃回内地，远离匈奴。而现在监狱里有不少的犯人，还有很多想获得自由之身的奴隶，只要将他们组织起来，要粮食给粮食，要住处给住处，许他们在边疆开荒种地，置办产业，他们必定会联合起来，抵挡匈奴的攻掠。

一方面是主动地防御，一方面是被动地防御。两种防御，最后取得的绝不是一样的效果。汉文帝觉得晁错说得很对，便同意了"移民实边"的办法，抵御外患。

是金子总会发光。汉文帝为了让更多的有识之士为朝廷效劳，便命大臣们举荐贤良，而晁错就被大臣举荐了出来。当汉文帝拟题"明于国家大体"，进行策问。参加这次策问考试的一百多位才子纷纷作答，唯有晁错回答得最好，被公认为第一，汉文帝便升其为中大夫。

根据《吕氏春秋通诠·知度》载，诸侯国中的爵位分为卿、大夫、士三级，大夫世袭，有封地，比卿低一级，排在官员的中间，而中大夫是主持议论的官员。

中大夫虽然职位不高，地位也不显赫，可是在皇帝面前，却有一定的发言权。晁错成为中大夫之后，他就获得了一个"权力"，那就是可以去大汉天下的各个诸侯国去巡查，掌握各个诸侯国的动态，以便向皇帝汇报具体的情况。

当时汉文帝的日子过得紧巴巴的，他的国库中的银两，除了养兵，施政和日常的开销之外，还有一个"要命"的大项，那就是"花钱买和平"，每年要送给匈奴大量的金银财宝。

这些金银财宝汉文帝不会自己掏腰包，而是取自各个诸侯国，而各个诸侯国的国王也不会自己往外拿，最后掏钱的全都是老百姓。

晁错下去到各个诸侯国暗查的时候，发现不管是穷得"叮当响"诸侯国，还是富得"流油"的诸侯国，全都是一片叫屈之声。这些刘姓的诸王们，几乎都是异口同声，他们都想利用晁错传话，让汉文帝减少赋税，能让他们的日子过得好一点。

晁错看着那些锦衣玉食的刘姓诸侯王，真的是恼了，这些诸侯王每日不想为大汉帝国分忧，只是想少交赋税，揩大汉帝国的油。刘邦分封诸王，本想是让刘姓诸王守土固边，可是他们不知道感恩，满心都是对大汉帝国的埋怨。

没有银钱，大汉帝国如何养军队？没有赋税，大汉帝国给不起匈奴金银财宝，匈奴兵将杀进国门，大家还有好日子过吗？晁错耐心地给刘姓诸侯王讲"覆巢之下无完卵"的道理，可是他讲完这个道理，诸侯王们全都是一脸的愠色。

晁错离开诸侯国回京，一路上，他忽然想明白了一个道理，那就是削藩。如果不削藩，这些刘姓诸王迟早要造反。

刘邦是一代雄主，他在世的时候，刘姓诸王没人敢反。可是汉文帝生性软弱，刘姓诸王不少都是专挑软柿子捏，晁错都替汉文帝捏着一把冷汗。

可是晁错屡次向汉文帝提出削藩的建议，汉文帝就是不答应。历史上因为削藩，引发的战乱还少吗？汉文帝只想消停地过日子，削藩等我驾崩之后再说吧！

晁错作为太子的老师，自然有的是机会，于是在对太子刘启的教育中，夹带削藩的私货。晁错就在太子的心中，早早地种下削藩的种子。这颗种子，早晚会有生根发芽的一天。西汉后元七年（公元前157年），汉文帝驾崩，刘启继位。他就是后来的汉景帝，文景之治就有他一半的功劳。

新皇帝继位，晁错的机会终于来了，因为他深深知道小皇帝"初生牛犊不怕虎"的性格，而且他还对自己的削藩策略非常赞同。

七王之乱

为何说刘启"初生牛犊不怕虎"？他年轻火气大，在当太子的时候，曾干过这样一件不成熟的事，让他和吴王刘濞结下了仇怨。

西汉后元四年（公元前160年），汉文帝为了遏制刘濞，便传旨命刘濞将自己的长子刘贤送到宫里生活。虽然名义上是让刘贤陪皇太子刘启读书，但实际上是想软禁刘贤做人质。

可是刘启和刘贤相处得并不融洽，而且两人都有大少爷脾气。一日，刘启和刘贤下围棋，结果二人因为走错了一步棋就开始争吵起来。最后冲突越来越激烈，刘启一怒之下抡起棋盘，对准刘贤的脑袋猛地拍了一下，结果刘贤当即就倒在血泊中动弹不得，等太医闻讯赶来时刘贤早已断气。几天之后，刘贤的尸骨被运回吴地，令刘濞悲痛不已，他下令将刘贤的尸骨入葬，从此再不入朝，用以表示对朝廷的一种无声抗议。此时，刘濞也已经暗下了要为子报仇的决心。

刘启成为汉景帝后，升晁错为御史大夫，位列三公之一。晁错在朝廷上，每与汉景帝议论国家大事，汉景帝极少有反对的。宠信的程度，远远超过了其他的大臣。

汉景帝二年（公元前155年），晁错再次向汉景帝提出削藩的请求，并上了一道《削藩策》。在这篇奏折里，他这样写道："今削之亦反，不削之亦反。削之，其反亟，祸小；不削，反迟，祸大。"

这道《削藩策》放到了汉景帝的御案上，三公九卿，文武大臣们开始了讨论。要知道，现在晁错的权势颇大，除了窦婴不同意之外，竟没人敢公开反对削藩的建议。

随后一场削藩运动就迅速地展开了。当然削藩要师出有名，要找到刘姓诸王的错处，可以说很容易，如山上的野草——一抓一大把。晁错首先更改了法令三十条，接下来，赵王的常山郡、胶西王的六个县先后被销掉。这些实力不大的藩王，真的没有人敢反对。晁错心里高兴，正欲扩大战果的时候，他父亲从颖川找他来了。

当时晁错的父亲这样说："汝用事，即侵削诸侯，疏人骨肉，口让多怨，汝何为也？"

晁错说："固也。不如此，天子不尊，宗庙不安。"

晁错的父亲说："刘氏安矣，而晁氏危矣，吾去汝归矣！"遂饮药死，曰："吾不忍见祸逮身。"

上面的话如果通俗地说就是："刘姓诸侯王，是当朝天子的家务，你一个外姓人，管这么多闲事干什么？"

晁错回答："我要不管，大汉江山就危险了！"

晁错的父亲说："刘家的江山安全了，可是我们家危险了！"晁错的父亲回去喝药自杀，并留下了一句话："我不想见到祸事降临到晁氏家族！"

如果用现在的一句话概括，就是：晁错为了汉家江山，真的是拼了。

果然，晁错的父亲去世十多日后，不甘心被削藩的吴王刘濞便联合了楚王、赵王、济南王、淄川、胶西王和胶东王发动了"七国之乱"。

晁错的削藩政策正确：刘濞早反汉朝的受害小，刘濞越晚反，汉朝的受害就越大。这些理论即使以现代的眼光来看，也都是正确的，但他只是一个文臣，对于"七国之乱"的爆发，还是准备不足。当汉景帝问他如何平叛的时候，他竟这样回答："皇帝可以御驾亲征，我留守京城，保京城安全！"

晁错回答情商太低，他一竹竿子捅下来马蜂窝，然后又不主动承担责任，跟随将士们一起去平乱，反而将汉景帝推到了平叛的第一线，而他自己坚守国都。这事儿估计谁听在耳朵里，心里面都会很生气。

这时候窦婴入宫，他还将刘濞以前的丞相袁盎举荐给了汉景帝。袁盎包藏祸心地对汉景帝道："七国之乱不足为患，只要杀了晁错，恢复七王的封地，就可以兵不血刃，结束这场战争。"

汉景帝真的是太年轻，他心中只想尽快结束七王之乱，只要能换取稳定的大局，干脆就牺牲晁错吧。

冤中之冤

墙倒众人推。

袁盎献策不久，汉景帝的丞相陶青、中尉陈嘉和廷尉张欧一起上殿弹劾晁错。这让汉景帝最后下了杀掉晁错的决心。

汉景帝派中尉手捧诏书，来到了晁错的家，以皇帝找他议事为理由，将其诓骗出来，晁错的车马经过长安东市的时候，中尉拿出了汉景帝的秘密诏书。

晁错听罢汉景帝要处死自己的诏书，他还以为听错了。他惊呼道："我要到宫中去见万岁，万岁听信奸臣的谗言，竟要杀我，我是忠臣，我是一心为大汉帝国着想的忠臣啊！"

可是中尉的手下不由分说，将晁错按倒在街心，然后手起刀落"咔嚓"一声，将其腰斩于市。根据历史记载，晁错被杀的时候，还穿着朝服。

在汉景帝的心中，自己的皇位才是最重要的。晁错"错误"的削藩之策，引起了七国之乱，晁错需要承担责任。如果杀掉晁错，便可以平定七王之乱，而晁错的一条命根本微不足道。相比定国安邦，任何人，任何事情在汉景帝的皇位面前，都会显得微不足道。

可是不久之后，汉景帝就开始后悔不迭了。晁错死后，七国之乱并没有平息下去。朝廷杀了晁错，造反的七国藩王误认为朝廷害怕了，他们反而闹腾得更欢了。

校尉邓公从剿灭六国叛乱的前线回来，汉景帝急忙召见了邓公。他本来想从邓公的嘴里听到晁错被杀后，七国之乱已经从乱到治，最后平息的好消息，可是让他没有想到的是，邓公对汉景帝说："皇上，您上当了！"

吴王刘濞领人叛乱，所谓的清君侧只是一个借口。换句更明白的话，有了这个借口，七王也要造反，没有这个借口，七王也要造反！杀了晁错，等于替七王出气，堵上了臣子们的口，让臣子们以后谁也不敢再提削藩两个字。

晁错被杀后，七王认为朝廷害怕了，造反的声势更盛。现在汉景帝除了剿灭七王之乱，真的没有第二条路可以走。

汉景帝听罢，后悔至极。可是晁错只有一条命，被冤杀后，已经不能复活了。汉景帝为了给晁错报仇，保住自己的帝位，他下令兵分多路削藩：太尉周亚夫率领一支军队，去攻打首恶吴国、楚国；曲周侯郦寄领兵去攻打赵国；大将栾布去攻打齐国。

七国的军队看似来势汹汹不可一世，但周亚夫和栾布等大将率军出征竭力用兵之下，七国之乱仅用三个月就彻底平息，为首的刘濞也被斩杀。

汉文帝把削藩之举视为畏途，如今竟被汉景帝漂亮地完成了。可是晁错之死，令汉景帝也是喟然长息："吾亦恨之。"

晁错虽然为了汉朝的削藩事业，遭到冤杀，可是他用自己的生命，巩固了西汉王朝的中央政权，并为以后的汉武帝以"推恩令"的形势，解决诸侯王问题，创造了必要的条件。

北宋文学家苏轼，曾经写过一篇《晁错论》，在这篇文章中，他总结了晁错削藩失败，被汉景帝所杀的原因。

苏轼这样写道："夫以七国之强，而骤削之，其为变，岂足怪哉？错不于此时捐其身，为天下当大难之冲，而制吴楚之命，乃为自全之计，欲使天子自将而己居守。世之君子，欲求非常之功，则无务为自全之计。使错自将而讨吴楚，未必无功，惟其欲自固其身，而天子不悦。奸臣得以乘其隙，错之所以自全者，乃其所以自祸欤！"

如果将其翻译一下就是：七国强大，骤然削藩，这七国必然会叛乱。晁错还为保全性命，让天子去御驾亲征，这就更不对了。

想要建立功业，就应该奋不顾身，不要总想着保全自己的性命。晁错如果领兵伐吴、楚等七国，很可能会成功。只因他想保命，而惹得汉景帝不高兴，奸臣借机献上谗言，随后晁错就被腰斩街头。

冤案发生，也有他自己的一份责任啊！

三国钟繇窃书案

捌

　　东汉末年，汉献帝刘协在位的时候，官拜太傅的钟繇手捧一帧《力命表》来到了魏王府。魏王曹操马上就要到65岁的寿诞了。曹操展开钟繇用麻蚕丝纸给自己写的寿卷，不由得叫了一声好，古朴浑厚又雍容自然的钟体书法果然不同凡响。曹操命人把钟繇的《力命表》挂到了书房的墙上，以便仔细欣赏。

　　钟繇还没等得意，就见《力命表》的旁边还挂着一幅字。他走进一看，脸色"唰"地一下变得煞白，这不是前朝书法大家蔡邕《熹平石经》中的一张底稿吗？看着体法百变、穷灵尽妙的蔡氏字体，钟繇不禁大大地汗颜。这幅《熹平石经》的底稿是光禄寺少卿韦诞献上来的，韦诞和钟繇同为汉末书法名家，可是韦诞恃才傲物，两个人也没有太深的交情，可韦诞是从哪里得来的《熹平石经》的底稿呢？

　　钟繇从魏王府出来，带上"八彩大礼"，坐着马车来到了韦诞的府邸。因为看门的家人认得钟繇，钟繇就没用禀报直接走进了书房。他推门一看，韦诞正坐在书桌边，入迷地看着手里一本桑皮纸的线装古书。钟繇透过韦诞的肩膀一瞧，只见那本线装的书上写着——书肇于自然，自然既立，阴阳生焉；阴阳既生，形势出矣……钟繇刚看完这五句，就不由得高喊了一句："妙！"

这一声喊，倒把韦诞吓了一大跳，他一见钟繇盯着自己手中的书两眼放光，暗叫一声："不好！"他"啪"的一声，急忙把书合上。钟繇盯着书皮上写着的"九势"两个字，嘴唇哆嗦着问道："韦兄，您这本宝书可是蔡邕蔡大师的遗作？"

韦诞将《九势》藏到了怀里，迟疑着答道："不错，正是蔡大师妙论书法的遗作！"

钟繇一听那本书真的是蔡邕的遗作——妙论书法的《九势》，他就好像老猫看到了腥鱼，这要不是在韦诞的家里，钟繇恐怕要出手抢夺，然后看它个痛快淋漓了。

韦诞看着钟繇垂涎欲滴的样子，往后退了几步，说道："钟大人，您要干啥？"

钟繇觉得也有些失态，他擦去了头上的冷汗说道："韦大人，韦大人，不管怎么说，您怀里这本《九势》都要借我看上一看，我这厢给您见礼了！"钟繇说完，一躬至地。

韦诞一听钟繇要借书，脑袋一晃，严词拒绝。要知道文无第一，武无第二，钟繇现在的书法成就已经压了韦诞一头，真要叫他把这本《九势》研究明白，韦诞恐怕这辈子也再无出头之日了！

钟繇一听韦诞不借，急得把手一伸叫道："五千，不，一万贯铜钱，我买韦大人这本《九势》还不成吗？"

韦诞冷笑道："别说一万贯，一百万贯也不卖，钟大人还是请回吧。"

钟繇一急，几乎都跪到地上了，他用近乎哀求的声音讲道："韦大人，韦大人，只求您大开方便之门，只要借我看三天，我就给您一万贯铜钱，不成，再加八张前朝的古画……"

不管钟繇说什么，韦诞就是不为所动，钟繇最后急火攻心，竟"哇"的一声，吐出了一口鲜血。钟繇用手指着年近古稀的韦诞鼻子吼道："韦诞，我就不信弄不来《九势》。你等着，你死了，你把《九势》传给你儿子，我就有机会了！"

韦诞一听钟繇竟咒自己死，而且还要在自己的儿子身上打主意，他"嘿嘿"一阵冷笑道："钟大人，您就别打如意算盘了，老夫就是死后把这本《九势》带到棺材里，也不会叫你如愿的！"

钟繇摇晃着身子走出韦诞的书房门，他扶着门框回头叫道："带到棺材里，难道我就不会开棺取书吗？"

听到开棺取书，韦诞也愣住了，他真没想到身为太傅的钟繇竟有这种不入流的想法，他冲出房门冲着钟繇的背影大叫道："开棺取书？开棺我叫你也找不到这本妙论书法的宝书……哈哈哈！"

钟繇回到家里，一头栽倒在了床上。魏王曹操一听钟繇竟为争看《九势》弄得卧床不起。他急忙派手下人，到大内医库中取来一粒珍贵的"五灵丹"给钟繇送了过去。钟繇挣扎着在床上坐了起来，他用牙将"五灵丹"嚼碎，合着口水硬吞了下去，最后咬着牙说道："我不能死，不管用什么办法，一定要得到《九势》，我一定要得到它！"

钟繇等了三年，韦诞终于一病不起。在临死前，韦诞把蔡邕写的《篆势》《笔赋》《笔论》《九势》四本书命儿子韦熊都摆到了自己的床头，然后低声在儿子的耳边叮嘱了几句。韦熊擦去眼泪说道："您放心，这四本宝书我一定给您随棺陪葬，绝对不会叫它们落到钟繇的手里！"

韦诞满意地点了点头，用右手抓着自己爱如性命的四本书一蹬腿儿，咽气了。光禄寺少卿是朝廷的三品大员，三七二十一天的停灵期一过，韦诞的坟墓就埋到了城外的草山墓地。

钟繇听到韦诞死的消息就开始准备了。韦诞入土的第二天夜里，钟繇坐在马车上，领着手下20多个身高体壮的家丁，摸黑来到了草山坟场。望着青砖垒成的韦诞坟墓，钟繇用手拍了拍着坟头，感叹着说道："韦诞兄，韦诞兄，你活着不肯把《九势》借给我看，死了我又向你借书来了！"钟繇讲完一挥手，他手下的家丁们抡起了铁锹大镐，一时间墓土纷飞，两个时辰后，装殓韦诞的桐木棺材就被挖了出来。等用铁锹撬开棺材盖，几个胆大的家丁跳进尸臭刺鼻的棺材中搜索，可棺材里根本就没有什么书法秘籍。

钟繇用手捂着鼻子，伸头靠近了棺材，他指挥着几名家丁把棺材的各个角落都搜查了一遍，寻找《九势》那本奇书。

钟繇只觉得身上的血都涌到了头部，人一急"扑通"一声坐到了地上。难道韦诞把《九势》毁了不成？钟繇不甘心，他纵身跳进深深的墓坑寻找，可是墓坑中除了半湿不干的墓土，真的是啥也没有！

钟繇想了一会，忽然一拍脑袋叫道："快，拿我的官符，找廷尉衙门，命廷尉大人从牢里将窃贼牛五提过来！"

管家钟福答应一声，骑着快马回到了京城。两个时辰后，七八名京天监衙门的差人就押着披枷带锁的牛五赶了过来。那些差役看着被挖开的坟墓谁也没敢吱声。钟繇指着坟坑对牛五说道："帮我找到《九势》奇书，算你立功，我会在廷尉衙门替你开罪的！"

几名衙役打开了盗墓贼牛五身上的铁链和木枷，牛五将信将疑地跳进了墓坑，他爬在墓坑底下嗅了一会儿，然后要来了一把铁锹，往底下挖了两下后站起来嘿嘿一笑："大人，这叫双棺迷葬，再往底下深挖六尺，才是墓主人真正的棺椁！"

韦诞真是狡猾至极，他竟在自己的真棺上面埋了一口用做掩护的假棺，这假棺中埋的是一个患病而死的老乞丐。钟繇命人继续往下挖，终于将韦诞真正的棺椁挖了出来，启开棺材盖，在韦诞遗体的脑袋底下，找到了一个挂着黄金小锁的檀木盒子，扭开锁头后发现里面就是钟繇朝思暮想的书法奇书。

钟繇用非常手段得到蔡邕所著的四本奇书后，书法终于大成。可是韦熊却不干了，他连哭带嚷，跑到曹操面前把钟繇挖坟的事讲了一遍。曹操一听真是哭笑不得，这钟繇做事可真的是不顾一切，他还没听说过有太傅盗墓的。人都说刑不上大夫，那就只好赔钱吧！钟繇拿出一万贯铜钱，韦熊也就撤状不告了。

钟繇70岁的时候，书法终臻至大成。他曾经写了一篇高古拙朴、超妙入神的《荐季直表》，传至清代，被乾隆皇帝刻入了《三希堂法帖》，并列诸篇之首。

世人评价钟繇的字如云鹤游天、群鸿戏海！钟繇所创造的"钟体"同王羲之的"王体"同是我国书法史上两个历久不衰的艺术典型，影响极其深远。

盗窃之举历来为人所不齿，可是钟繇窃的既非金玉也非钱财，而是一部书法秘籍，再者中国读书人向来认为"窃书不算偷"，所以钟繇开棺窃书的瑕疵也就淹没在他辉煌的文化艺术成就之中了。

钟繇百年之后，并没有像韦诞一样将《九势》《笔论》等书带入九泉之下，而将它传承了下去。韦诞虽然在书法成就上也有些名气，可与钟繇一比，便矮到地缝儿里了。

今人恐怕无法想象，如果钟繇看不到《九势》和《笔论》，他会不会成为中国书法史上的一座里程碑呢？中国的文字会不会是现在这般模样呢？就让我们一起感谢钟繇，感谢他那次非凡的"壮举"吧！

玖

三国火烧赤壁疑案

　　都说烈火无情，在古代战争中，善于用"火"对敌展开进攻的将军，都会取得不错的战果。在古代的战争中，最让人称道的"火攻"战例是哪个？当然是"火烧赤壁"。

　　诸葛亮和周公瑾合力导演了一部"火烧曹军"的大戏，可是在这部大戏中，却有很多让人不解的谜团。比如：火烧赤壁究竟火烧了哪个赤壁？曹操明明知道将战船串联到一起，会变得很危险，他为何还要坚持这样做？诸葛亮借来的东风，在这场火攻之计中，真的起到了一锤定音的作用吗？最终的答案，都写在历史书上，只是不容易找到罢了。

迫在眉睫

　　曹操在新野打败了刘备，荆襄九郡差不多都归到了他的名下。更让曹操感到兴奋的是，他还收了荆州水步军28万人，大小战船，共7000余艘。曹操兵多将广，论实力是三国时代真正的"老大"，他早有收复江东之意，可是苦无水师。于是曹操便封蔡瑁、张允为水军正副都督，帮助自己训练一支强悍的水军，准备一举攻取江东，让孙权彻底"歇菜"。

蔡瑁、张允虽然名声不佳，可是对训练水军却非常在行。据《三国演义》所写，这二人训练的水军"沿江一带分二十四座水门，以大船居于外为城郭，小船居于内，可通往来，至晚点上灯火，照得天心水面通红"。可以说，曹军水师的实力，真的不一般。

曹操有了马步水军共83万后，感觉手里握有"王炸"，对外诈称100万人，水陆并进，船骑双行，沿江而来，西连荆、峡，东接蕲、黄，寨栅联络三百余里，开始对江东政权虎视眈眈。

曹操将一道难题摆在了东吴之主孙权的面前，究竟是战是降，需要他尽早拿主意。如果战，东吴兵估计打不过曹操。可是投降孙权又不甘心，没有办法，他只得派鲁肃去江夏见刘备，目的是探听曹军的虚实。诸葛亮不仅热情地接待了鲁肃，而且为了和东吴结盟，他还跟随鲁肃，亲自来到了江东。

孙权在召见诸葛亮之前，江东的谋士张昭，准备率领文臣，先给诸葛亮来一个"下马威"。可是让张昭没有想到的是，诸葛亮根本不惧怕这群所谓的谋士高人，一场"舌战群儒"的大戏开始。

张昭本想先声夺人，以刘备被曹操所逼，弃新野、走樊城、败当阳、奔夏口为主题，讽刺诸葛亮自比管仲、乐毅，其实是无能之辈。

诸葛亮也不客气，他告诉江东谋士们，自己面对曹军，虽然没打胜仗，那是因为敌人实力太过强大的缘故。不像某些夸辩之徒，只会妄逞口舌之利，这些人都是胆小怕死之辈，根本没有评论自己的资格……张昭被驳斥得哑口无言，不敢再和诸葛亮交锋了。

接下来，虞翻、步骘、薛综、陆绩、严畯和程德枢等人，纷纷向诸葛亮发难，诸葛亮口若悬河，引经据典，滔滔不绝，竟将这些谋士"辩"得人仰马翻。

"舌战群儒"虽然不比战场上的腥风血雨，但想要取胜，口才、实力和反应力缺一不可。鲁肃最后看明白了，诸葛亮是实干家，论能力，论格局，他超过张昭这些投降派太多。当即，他领着诸葛亮去见孙权。

诸葛亮见到孙权后，觉得他相貌清奇，绝非一般人可比，但江东实力稍弱，相比势大的曹军，还有一段明显的差距。吴、魏两国一旦开战，江东基业很有可能不保，故此，孙权内心瞻顾，满面疑虑，看来他坐困愁城，急需一个高超的"心理医生"，为他找到一个破敌思路。

诸葛亮先用激将法，让孙权知道了刘备为何不怕曹操，是因为他有匡扶汉室的理想。孙权觉得自己应该振作，也要成为一个不怕曹操的人。

诸葛亮接下来，就给孙权分析曹军的弱点：曹军大多数的士兵不熟水战；曹军粮草接济困难；而且荆州降兵，不见得在赤壁大战中出力。

诸葛亮的一番话，确实是给孙权的心里，打开了两扇"亮堂堂"的小窗户。

可是接下来，诸葛亮还要去劝说江东的实力派——水军大都督周瑜周公瑾，一定要让他高举反曹的大旗。

诸葛亮这次用了一个歪招，那就是假装不知道小乔是周瑜的夫人。他说："只要将军献出两位美女——大乔和小乔，相信曹操得到美色后，定然会心满意足地退兵！"

周瑜怒道："曹操老贼，我定当与他势不两立！"

诸葛亮用语言为桥梁，以道理为纽带，经过一番话术的"神"操作，让孙刘联合破敌的阵线建立了起来，接下来，就要开始和曹军"真刀真枪"地实战了。

可是周瑜心胸狭窄，觉得诸葛亮是一位奇才，如果不能除掉他，日后必定成为江东的大患。

蒋干盗书

周瑜武艺高强，精于水战。他为了探看曹军水寨虚实，曾经趁着夜色，乘坐一艘楼船，来到曹军水寨的旁边。只见曹军水寨沿江水门高耸，大船为城郭，秩序井然；小船活动期间，灵活机动，这样进可以攻，退可以守的水寨。不是懂行的人，绝对摆不出来。

周瑜看罢曹军水寨，心里不由得一惊。他急问手下，才知道曹军的水军正副都督，就是蔡瑁和张允。他暗下决心：东吴水军想要打赢这场水战，一定要除去这二人。

果然除去蔡、张的机会很快就来了。曹操为了不战而屈人之兵，特意派了一名信使，想劝说周瑜放下武器，高举"白旗"投降。

可是周瑜"一不做二不休"，命手下"咔嚓"一刀，就砍掉了这名使者的脑袋。

曹操大发雷霆，周瑜作为三国时代的名人，随便斩杀来使，太不地道了。曹操当即派蔡瑁、张允率领水军出战，企图给周瑜来一个下马威。

蔡、张刚刚投降，他们摩拳擦掌正想立一个头功，让曹操的部下刮目相看，可万万没有想到，周瑜派出了甘宁迎战。甘宁是东吴的水军猛将，两军交锋，甘宁一箭，便射杀了蔡瑁的弟弟蔡勋，然后东吴水军万箭齐发，曹军纷纷中箭落水，蔡瑁、张允首战即败，铩羽而归。

曹操原本对蔡瑁、张允就不信任，他们指挥水军的第一战就败了，这让曹操心里的火气"嗖嗖"地直往上蹿。

这时候，从谋士的队伍里，走出一个人，这个人就是蒋干，他说："丞相，蒋某与周公瑾有同窗之谊，只要我去江东一趟，就能劝说他来归降！"

曹操虽然对蒋干的能力有所怀疑，但他却无法怀疑两个人的同窗之谊。蒋干真要能劝说周公瑾归降，江东就真的姓曹了。曹操敬了蒋干三杯酒，蒋干借着酒劲，乘着一叶扁舟，就来到了周瑜的营中。

周瑜一听蒋干到了，当即就开始定计下套。他假装热情，邀请蒋干喝酒，共叙当年的同窗之谊。两个人喝得七八分醉后，周瑜就留下蒋干在自己的大帐中安歇。半夜时分，蒋干起夜，不经意间，竟在周瑜的书桌上，发现了一封蔡瑁和张允写给周瑜的信件。

蒋干好似得到了宝贝。第二天一早，便怀揣着密信，悄悄回到曹营，开始向曹操告密。曹操一见蔡瑁、张允"通敌"的密信，当即命刀斧手，砍掉了这两名叛将的脑袋。

这二人的脑袋落地后，曹操也冷静了下来，这才意识到自己错了。蔡瑁、张允是趋炎附势之徒，让他们抛弃实力"爆棚"的曹军，去投降"挨打"的东吴，这件事儿他们绝对不会干。

可是曹操却不肯认错，只说"这二人怠慢军法，吾故斩之"，让曹营上下都陷入了一片恐慌之中。

曹操重新任命毛玠、于禁为水军都督，可是这二人并不精通水战，可以说赤壁交锋，曹军首先输了一阵。

周瑜除掉了蔡瑁和张允，心情是愉悦的，态度是骄傲的。所以对于诸葛亮这个眼中刺，那也自然是必须要拔除的。他就用造十万支箭来难为他，并用话挤对诸葛亮，逼他立下了军令状。

让周瑜没有想到的是，诸葛亮在鲁肃的帮助下，用草船借箭的办法，搞到了曹军的十万支箭。这十万支箭到手，不仅让周瑜知道了诸葛亮的厉害，还缓解了东吴水军，缺箭的难题。如果换个角度，更可以说，诸葛亮用计取得曹军的十万支大箭，不仅加重了曹军箭支的供应困难，而且还打破了孙刘联合不靠谱，诸葛亮"只吆喝，不出力"的流言。

登台借风

周瑜通过草船借箭，认识到了诸葛亮的价值，他终于肯邀请对方坐下来，两个人好好地商量一下破曹之策了。

周瑜想打败曹操的83万人马，凭着江东水军的实力，真刀真枪地去拼杀，那是绝对不成的。必须要用妙计，而最为可行的计策就是——火攻。

对曹营的战船展开火攻，需要满足两个条件，第一个条件：就是要有一位东吴的将官"假意"投降曹营，只有这样，曹营才会让东吴放火的船只接近水寨。

而这个假意投降曹营的将军，就落在了东吴老将黄盖的身上。在一次水军将领议事的时候，黄盖不仅用言语冲撞了周瑜，还大言不惭地道："如果一个月破不得曹军，我们就走张昭的路子，投降曹军吧！"

周瑜大怒，假意要杀黄盖，最终在众位将官的苦求之下，竟责打了黄盖五十脊杖。黄盖是三朝老将，被周瑜责打，自然咽不下这口气，他就通过阚泽，向曹操递上了降书。

黄盖虽然奸诈，但曹操通过安排到东吴水军的细作蔡中、蔡和的禀报，亦知道了黄盖被打的消息，黄盖受辱乞降，就变得合情合理。更让他期盼的是，黄盖一旦来降，势必引起对方的连锁反应，东吴水军看似铜墙铁壁，到时候很可能会变得支离破碎，不堪一击。

对于曹操来说，黄盖来降是一喜。而号称凤雏的庞统前来献计，可以称为是第二喜了。

曹军不熟水战，士兵在船只的颠簸中，极其容易晕船。庞统针对这个问题，给曹操献上了一条连环计：用坚固的铁链子，将几条，甚至十几条战船锁到一起，曹营水军在上面作战，不仅稳当了不少，而且将士们再也不会有晕船的问题了。

庞统走后，谋士程昱提出了自己的顾虑：曹军战船用铁链子连成一体，如果遇到敌方的火攻，那岂不就完了？

可是曹操一段话，让谋士们吃了定心丸，他说："东吴若用火攻，必须要借东风之势才成，现在是隆冬，不可能有东风！"

曹操能想明白的问题，周瑜也能想到，当他一步步实施火攻之计，发现赤壁地区，冬季没有东风的事实后，当即急得吐血连连，晕倒在地。

要知道，一旦火攻之计不成，东吴水军就可就危险了。孙权将帅印交给了他，这是多大的信任，如果周瑜不能完成使命，就是"误国误民"的大罪人。

诸葛亮得知周瑜生病的消息后，亲自前来探望，并给了周瑜一个疗病的秘方：只要你帮我在南屏山建一座祭坛，我就可以给你借来三日三夜东南大风。

对于东吴将士来说，有了东风才有了实施"火攻计"先决条件，有了东风才可以取得胜利，周瑜面对能借风的诸葛亮，只能是选择相信了。

周瑜建好祭台之后，诸葛亮随后就开始登台借风。借风其实是不可能的，谁也不能借来风。诸葛亮命120名士兵，让他们身穿法衣，手持各种法器，站在九尺高的祭坛之上，开始了工作。

诸葛亮算得很准，在冬至日，因为气压降低，长江江面之上，要刮三日三夜东南风。

诸葛亮之所以要建一个祭台，无非是将借风做得更像是真的，更具有仪式感而已。

不出诸葛亮所料，冬至日因为气候变化激烈，果然起了东南风。周瑜一见东南风起，急忙从病床上起身，然后率领黄盖等水军，就开始针对曹军展开了火攻行动。

赤壁疑团

连环计，火攻计，这都是人力可以办到的。为何借东风就不是人力能够办到的？因为那个时代的古人，对变化多端的天气认识不足，他们都认为，天气是不可测的。

天气真的不可测吗？错。日晕三更雨，月晕五时风；天上钩子云，地下雨淋淋。这都是对天气变化的预测和总结。诸葛亮久居卧龙岗，对于荆州的天气，可以说是了如指掌。

故此，连环计再加上借东风，让周瑜的火攻之计，就变成了可能。

也有人认为，曹操一旦察觉到江面上刮起了东南风，他应该拒绝黄盖前来投降才对。但他没有察觉。最后假装投降的黄盖点燃了木船，木船上的引火之物熊熊燃烧，木船接着东风之力，快速地飘到了曹营的战船下面，黄盖战船烧起的冲天大火，引燃了曹军的战船。

曹军的战船被铁链系在一起，一旦有一艘燃烧，其他的战船根本无法逃走。霎时，赤壁的江面上黑烟滚滚，烈焰腾空，曹兵被烧得哭爹叫娘，赤壁变成了人间的炼狱。

张辽等将官一见曹军的艨艟战舰，大多已经着火，知道今日败局已定，便驾驶一条小船，保护着曹操，直奔江口方向逃去。

曹操面对惨败，气得一个劲地咬牙跺脚。这次赤壁兵败，除了计策不如诸葛亮，水战不如周公瑾之外，他其实也是太过于骄傲了。83万雄兵攻打江东，这本是一场十拿九稳的决胜之局，可因为敌人发动火攻，他攻打江东的计划落空了。

赤壁一场大火，烧红了半边天，也烧掉了曹操的元气和锐气。曹操这一次兵败，至少要缓很长一段时间才可以卷土重来，这也为刘备的崛起，赢得了宝贵的时间。

对于这次赤壁鏖兵的元凶——曹操，周瑜的态度是势在必捉的。他接连派出了甘宁、吕蒙、凌统、陆逊和太史慈等将军，大家一起对曹操展开了围追堵截。

曹操手下的大将们拼力死战，保护着曹操一路杀出了东吴将领设下的埋伏圈，一直逃到了乌林。曹操来到乌林，就发出了他有名的三笑。他第一次嘲笑"周瑜无谋，诸葛亮少智，两个人不会用兵"的时候，常山赵子龙怒吼一声杀了出来。

曹操行至北彝陵的葫芦口时，又开始嘲笑"诸葛亮、周瑜毕竟智谋不足"。一声炮响后，张飞挥舞着长矛杀了出来。

曹营兵将拼死抵抗，这才保着曹操杀出了重围。最后，曹操领人来到了华容道，这次曹操又一次大笑道："人皆言周瑜、诸葛亮足智多谋，以吾观之，到底是无能之辈。若使此处伏一旅之师，吾等皆束手受缚矣。"

这次曹操笑声未落，大将关羽就威风凛凛地杀了出来。曹操当时就蒙了，他为了不当阶下囚，只得厚着脸皮去求关羽，关羽念着当年曹操待他的深情厚谊，竟放曹操逃生去了。

其实，若论关羽的忠义，他必然会在华容道放过曹操，诸葛亮为何要将关羽安排在最重要的华容道，他应该有两个目的：首先是关羽私放曹操，属于大错，他可以借机打煞关羽的傲气。接着是关羽放曹操回去，曹操在，中原就不会乱，曹操不在了，中原必定刀兵四起，这对诸葛亮下一步取荆襄九郡的行动是不利的。

曹操离开华容道，直奔许昌，代表着赤壁之战结束。可是这场大战，还有一些谜团未解，比如：赤壁之战，究竟发生在哪一个赤壁？

在历史上，一直有文赤壁和武赤壁之说，文赤壁也叫东坡赤壁，就是苏东坡在这里写文章的赤壁，地址在湖北省黄冈市黄州区以北，又称黄州赤壁。

孙刘联军大破曹兵的赤壁，又称为武赤壁。而武赤壁又分蒲圻赤壁和嘉鱼赤壁。而这两处赤壁，哪一处才是真正的赤壁？

《三国志》记载："权遂遣瑜及程普等与备并力逆曹公，遇于赤壁……"《元和郡县图志》记载："赤壁山在今蒲圻县西八十里，一名石头关，北临大江，其北岸即乌林，与赤壁相对。"

如此分析，蒲圻赤壁就是赤壁之战发生的地点，不仅贴近历史，而且也符合历史书籍对这场战役的记载。

在这场名传千古的赤壁大战中，曹操和孙权你争我斗，损兵折将，全都是输家，而真正的赢家是刘备。刘备借着赤壁之战的余波，占据了荆襄九郡，接着逆势崛起，最后成就了蜀汉政权。

这场赤壁之战的烈火，烧"红"了整个三国的历史。这场战役不仅是华夏历史上，火攻之战的代表作，更是诸葛亮、曹操、周瑜这些名人智慧的一次大碰撞，大碰撞后迸发出的火花，至今仍闪耀着可供我们借鉴的光芒。

神医华佗之死迷案

拾

神医华佗的大名如雷贯耳，他被称为"外科鼻祖""外科圣手"，在民间享有极高的声誉。华佗一生醉心于医学，为华夏医术的发展做出了巨大的贡献。华佗悬壶济世，救病人于苦难之中，下场却非常凄惨，最终被曹操下狱拷打致死。华佗的一生究竟经历了什么？揭开历史重重迷雾的钥匙会在哪里呢？

悬壶济世

华佗生于汉永嘉元年（145年），沛国谯城（今安徽省亳州市）人，是三国时期著名的医学家。华佗年少时聪敏好学，由于家庭条件优越，华佗从小受到了良好的教育。当其他孩子还在艰苦读书争取举孝廉入仕时，他却对医学大感兴趣，此后外出游学，拜访各地医林名师。

华佗学成后，秉承着悬壶济世的理念，在安徽、山东、河南、江苏等地行医，为富人治病时收取费用一分不少，为穷人诊治时却从不收钱，慷慨解囊，扶危济困。华佗在医学上具有多方面的成就，他精通内科、外科、妇科、儿科、针灸各科，尤其对外科更为擅长，被后世誉为"医圣"。他不仅开创了外科手术的先河，更打破中医"内外分治"的理念，将中医理论提升到新的高度。

华佗医治病症，注重探究病源的本质，而不是从表面症状入手。在华佗多年的医疗实践中，他非常善于区分不同病情和脏腑病位，对症施治。在华佗的诊治经历中，曾经有一个特殊的案例，诠释了华佗对于病症的深入理解。曾经有军吏二人找到华佗，二人都同样发病，症状也完全相同，都是身体发热伴随着头痛。华佗对二人分别切脉观察，随即开出两剂药方，但奇怪的是，两剂药方的配方居然完全不同，一为发汗药，一为泻下药。

军吏二人虽然都感到奇怪，却还是遵照华佗的嘱咐，将药物按照疗程服下。令人吃惊的是，两个人服药之后，居然各自痊愈。二人急忙来感谢华佗，华佗这才揭开其中的秘密，原来他在诊视之后，发现二人虽然症状相同，病因却完全不同，前者为表证，可用发汗法化解；后者为里热证，必须用泻下药才能治愈。

华佗治疗疾病，崇尚治疗与调养相结合，病在于养而不在于治。华佗曾为一位姓顿的督邮诊病，顿某就医之后自觉病症已痊愈，但华佗却经过切脉告诫他说："君疾虽愈，但元气未复，当静养以待完全康复，切忌房事，不然，将有性命之虑。"顿某觉得华佗有些危言耸听，认为他小题大做。当夜恰逢顿某妻子从远处赶来探望自己，有道是"小别胜新婚"，夫妻二人当晚并未忌讳，可是三天过后，顿某便感觉浑身疼痛，随后便一命呜呼。

华佗治疗疾病时，注重长效治疗，忌讳追求"短""平""快"。《三国志·陈登传》记载，华佗曾经为广陵太守陈登治过大病。广陵太守陈登突然感觉面色赤红且心情烦躁，几天下来不吃不喝，遍请名医无效，只能派人寻找华佗先生。恰巧华佗就在附近，他听说之后赶忙前来，为陈登进行治疗。华佗先是为陈登把脉，接着又检查了他的舌苔，沉思片刻后，叮嘱陈登的下人准备十几个脸盆。

华佗随后开始利用针灸、药石的方式为陈登诊治。一个时辰后，陈登便开始呕吐起来，更恐怖的是，他所吐之物，居然都是一些红头的虫子。华佗告诉陈登的家人，陈登之所以会患上此类病症，完全是吃鱼未烧熟引起的，并且该病症只是暂时得到了缓解，三年之后仍然会复发，叮嘱陈登家人三年后再来找自己。果然不出华佗所料，三年之后陈登果然发病，可当其家人依照地址寻找华佗时，他正外出云游，最后陈登在病痛折磨中死去。

东汉末年战乱不断，战场上战死之人的尸体难以得到妥善的处理，久而久之就会滋生细菌与病毒，引发可怕的瘟疫。在瘟疫发生时，百姓们往往会流离失所，一人染病全家遭殃，有些村落甚至都难以找到一个活人。对此，华佗十分着急，他一边研究瘟疫的传播方式，一边寻找治疗瘟疫的良药。

华佗经过三年时间的反复实验，终于找到了一种名为茵陈蒿的草药，并对其药效做了反复试验，发现其可以根治瘟疫疾病。华佗立即慷慨解囊，将家中所有的钱财取出，用于购买茵陈蒿，甚至还雇人上山采摘，将它们无偿发给贫苦的病人，果然将瘟疫彻底控制住。为此民间还流传出一首歌谣："三月茵陈四月蒿，传于后世切记牢，三月茵陈能治病，五月六月当柴烧。"

刮骨疗毒

华佗一生最著名的故事，当属为武圣人关羽刮骨疗毒。关羽是三国时期蜀国五虎大将之一，奉刘备之命镇守荆州。荆州地理位置特殊，是魏、蜀、吴三国必争之地，因此战争发生率也奇高。除此之外，蜀国可以依据荆州为跳板，出兵攻打魏国与吴国，一旦发生战争，荆州可以靠优越的地理位置成为蜀军大本营，也可靠着丰富的物产资源为军队提供源源不断的补给。正是出于这种考虑，建安二十四年（219年），刘备见北伐准备工作已经就绪，遂命军队向北进发，在整体战略部署中，关羽主攻魏国城池樊城。

樊城之战中，守将曹仁一面据城死守，一面派人向曹操求援，曹操当即派战将于禁与庞德各率兵马支援。关羽见攻城艰难，便将矛头指向于禁与庞德的援军，将汉水引向敌营获得大胜，这就是历史上著名的"水淹七军"典故。然而不幸的是，在战斗的混乱场面中，关羽不小心中了敌方的毒箭，被护卫抬回大营时，胳膊已经肿成了水桶。

此时恰逢华佗云游至此，蜀军将领将其请至军中，为关羽诊治箭伤。华佗查验了关羽的伤势，不禁眉头紧锁，接着向关羽说道："君侯臂上的毒箭毒性猛烈，如今已经深入骨髓，因此必须要用刀刮净，但是疼痛却无人能忍！只能将病人绑起来，并用铜环固定手臂，才能保证病人不会因疼痛难忍而乱动。"

毫无疑问，如果普通人听到华佗的医治方法，恐怕直接会吓得瘫软在地，但关羽却大笑道"先生但治无妨，无须太过麻烦"，接着又吩咐军士取来一壶美酒与一方棋盘，袒露伤臂与马良对弈起来。

华佗见关羽镇定自若，便取出药箱，找出刀圭器物，开始为关羽进行手术。华佗先是以小刀割开皮肉，将毒箭箭头拔出，箭头被拔除时伤口顿时血流如注，甚至灌满了下方接血的铜盆。接着，他以刀刮骨，祛除侵入骨髓的毒素，刮骨时金属刀具与骨骼摩擦的"窸窸窣窣"声，听得对面的马良头皮发麻，而关羽却镇定自若、谈笑风生、毫无痛苦的表情。棋局最后他反而还略胜一筹。

如果按照古代医疗水平而言，一旦身中毒箭，仅靠药物治疗必然疗效甚微，甚至存在很大可能导致死亡。可是经过华佗妙手诊治之后，关羽手臂居然恢复，并不太影响其作战状态，可见华佗医术之高，堪称"神医"。

华佗下狱

华佗的大名传开之后，各地官宦百姓都争相请求其医治，之后，他整日奔波在治病救人的路上。"医者父母心"，华佗终日挽救病人的生命，心中自然畅快无比，然而他并不知道，自己即将遭遇一场灭顶之灾。

当时的魏武王曹操，因终日操劳过度，导致头部患上疾病，一旦发作就会头痛欲裂，他为此苦恼不已，朝廷内的医工们也都束手无策，只能劝慰曹操加以静养，不可劳心动怒，其实这也只是一种无能的托词。曹操头痛不止，严重影响了正常的生活与公务，手下谋士也非常着急。一日，有属下向曹操进言称，华佗医术高明，如果能请他前来诊病，或许可以治愈丞相的头风症。

曹操早就听说过华佗的圣名，也对他抱有极大的希望，听到这个建议后立刻差人前去邀请华佗。华佗向来喜欢自由自在，不想被束缚在军中，况且在他看来，曹操"挟天子以令诸侯"，是朝廷内的奸臣，不想为其出诊，于是托病在家推辞不去。华佗如此多次拒绝邀请，令曹操感到十分震怒，当下派人前去查看，如果华佗果真病重，就赐予他小豆四千升，并放宽假期期限，可如果华佗是假装托病不来，就立马将他逮捕押送回许昌。华佗虽然医术精湛，但演技却不行，假病被识破，立即被人以强制手段押赴许昌。

曹操强逼华佗为自己治病，华佗深知自己处于危险境地，只能为曹操检查病症。华佗医术精良，很快便找出了曹操的症结所在。华佗认为，曹操的头痛病其实是头风症的一种，其主要原因就是头部内生有"风涎"。想要彻底治疗病症，就必须要用利斧劈开头颅，以手取出风涎即可。如果从现代医学角度而言，华佗口中所谓的"风涎"，其实就是一种肿瘤，华佗取出风涎的医学构想，也类似于现代医学理论中的外科手术。毫无疑问，如果参照华佗为关羽刮骨疗毒的结果来看，这种劈开头颅取风涎的方式也许具有可行性。

但是古人秉承"身体发肤，受之父母，岂敢毁伤"的原则，坚定地认为，头颅是人体最脆弱的结构，如果用利斧劈开，显然会危及生命。普通人尚且有如此想法，又何况多疑的曹操呢？在曹操看来，华佗提出的诊疗方式，无疑是要取自己的性命，其目的也很明显，就是为关羽报杀身之仇。曹操当即下令，将图谋不轨的华佗投入大狱，以儆效尤。

著作传世

华佗被下狱之后，深知自己命不久矣，因为他了解曹操的性格，自己已经严重触犯到了曹操的底线，死亡的时刻应该不远了。华佗整日忧虑，他所担心的并不是自己的性命，而是多年来的医学成果无法传给后人，无法为更多病人祛除病魔。华佗在监狱中并没有受到非人般的待遇，因为监狱中有一位姓吴的狱卒，一直努力善待着华佗，人们都称他为"吴押狱"。吴押狱早就听说过华佗的大名，并对其治病救人的德行十分敬重，每天都送给华佗酒食，两个人偶尔还会闲聊片刻。

华佗终究是一位老者，在潮湿阴暗的监狱环境中生活，身体必然会出现异样，若不是靠着吴押狱的照顾，恐怕还没等到行刑之日，华佗便要被折磨而死。华佗对吴押狱非常感激，于是对他说道："老朽已命不久长，本来并没有什么可惜的，但我最大的遗憾，就是医术恐怕要失传了！"

华佗在行医之时，曾根据自己的经验写下一本《青囊书》，但还没来得及传给别人就落到这般田地。华佗的意思是，如今身陷囹圄，恐怕不能平安出狱，而吴押狱待他如父亲一般，说明两个人有缘分，因此他准备将这本著作送给吴押狱，作为报答。

吴押狱求之不得，当即向华佗保证："我如果得到了这本书，就不再干如今的差使，而是去医治天下病人，使先生的医德继续流传。"

华佗当即写了一封书信交给吴押狱，吴押狱又打发手下来到华佗家中，将信件送给华佗的妻子后，拿走了《青囊书》。吴押狱将《青囊书》拿回到狱中，请求华佗翻看检阅，并命人端来笔墨纸砚助其修改，华佗反复检阅书籍文字，直至确认无误后才正式交付给吴押狱。吴押狱如获至宝，将《青囊书》小心翼翼包裹好送回家中藏了起来。几天之后，华佗终于受不住狱中的艰苦环境生了一场大病，仅十天左右就与世长辞了。

吴押狱敬重华佗，他自己出钱买了一副棺椁埋葬了华佗，接着又辞去了差役的工作，准备回家苦读《青囊书》。然而令他想不到的是，刚一进家门，他就看到媳妇在火盆中烧着一些东西，走近才知道，原来夫人焚烧的东西正是自己偷偷藏起来的《青囊书》。

他顿时大怒，一边从火中抢救书籍，一边大骂夫人。夫人却反驳说："即使你习得了华佗的医术又如何？到头来不还是像他一样去坐大牢，最后屈死于狱中？"吴押狱被气得无话可说，只能连连叹气。他连忙低头查看抢救出来的书页，发现仅存两页，绝大部分的内容都已经被烧毁殆尽，《青囊书》也因此失传。吴押狱抢救下来的两页书，也只是一些阉鸡、猪的小医术，并不值得一提。

光耀古今

华佗的一生平凡而又伟大，创造出无数个医学奇迹，为古代医疗卫生事业做出了杰出的贡献。华佗与董奉、张仲景并称为"建安三神医"，但是相比之下，华佗的"术"与"德"显然更高。

华佗医病从不受症状表象所惑，提倡用药精简，深谙身心交互为用。相比于滥用药物，他更重视预防保健，将"治人于未病"的道理融入医学理念中。他还创造性地发明了"五禽戏"，以模仿各类鸟兽形态的方式锻炼身体。

华佗能在乱世中独善其身，将医病与情操并融，以拯救苍生为己任。东汉末年天下大乱，诸侯相互割据争斗，百姓家破人亡，饱受战争之苦，蝇营狗苟之徒趁机攀龙附凤，阿谀奉承之辈借此步步高升，唯独华佗以高洁的姿态，不与世间之人同流合污，诠释着救死扶危的"医圣"精神。

华佗懂得"医者父母心"的道理，努力用自己平生所学的知识，将病人痛苦降到最低。"医者仁心"之词并非空谈，华佗在救治病人时，见过太多因忍受不了疼痛而晕厥的病人，相比于病痛的折磨，落后的医病过程对他们来说似乎是更大的苦难。有鉴于此，华佗才会穷尽毕生所学，发明出"麻沸散"，以麻醉的方式让病人降低痛苦，展现一位医者的仁爱之心。

到了今天，华佗所创"五禽戏"与"麻沸散"，仍在现代医学中扮演着重要的角色，为医学的进步与发展带来了强大的动力。他的医者精神也如悬于夜空中的明灯，永远指引着一代又一代的医学工作者不断前进。

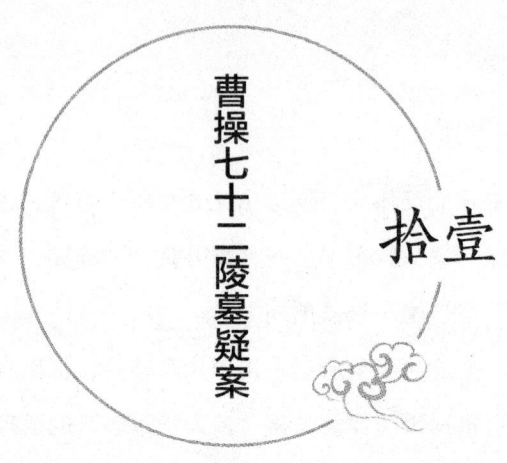

拾壹

曹操七十二陵墓疑案

曹操在历史上一直争议不断。有人说他是伟大的政治家；有人说他是白脸的大奸臣；有人说他雄踞中原，恢复了社会秩序，发展了当时的经济；也有人说他太过奸诈，喜欢搞株连，杀的人太多。曹操去世后，曾经修了72座疑冢，究竟哪座才是真的？他的陵墓里，到底隐藏着什么秘密？2009年12月27日，在河南安阳高陵出土的陵墓，真的是曹操的陵墓吗？

岁月辗转，迷雾重重。而曹操高陵的秘密，真的已经被专家完全揭开了吗？

宁我负人

在男权的皇权社会，若最尊贵的男人是皇帝，那最卑微的男人就是太监。曹操生于沛国谯城（今安徽省亳州市），他的父亲曹嵩就是大太监曹腾的养子。

曹嵩作为曹操的父亲，不是一个简单的人物。一开始，他借曹腾的光，先做司隶校尉，接着做大司农、大鸿胪，后来又不惜一亿个铜钱的高价，买来了一个太尉的官职。

曹操有当太监的爷爷，有花钱买太尉的父亲，耳濡目染之下，他很早就知道了官场的"猫腻"，成了一名优秀的官场后备军。

曹操还是一个小青年的时候，曾经发生过一件事，真切地反映出曹操"奸诈"的性格。当时，曹操喜欢负剑而游，与一帮"混混"浪迹于市井之间。他有一位叔叔，并不看好"小太保"似的曹操，经常对曹嵩讲曹操的坏话。

为了反制这位叔叔，曹操有一次假装中风，倒地抽搐，吓得叔父"惊告嵩"，嵩急视之，可是却发现曹操安然无恙。曹嵩便问：叔叔说你中风了，现在又痊愈了吗？曹操回答道："我本来就没有生病，因为叔叔不喜欢我，叔叔经常说我的坏话。"

要知道，汉朝做官，实行的是举荐制度，相貌仪表必须过关。中风的人，一般会留下口歪眼斜和行动不便的后遗症，因此会永远失去做官的资格。曹操这位叔叔说曹操中风，在当时是很大的事情。说得更残酷一点，一旦"曹嵩之子中风"的消息外传，管你是真中风，还是假中风，曹操都有可能失去做官的机会。

曹操演了这场戏之后，曹操的叔叔再讲曹操的坏话，曹嵩就不相信了。

熹平三年（174年），曹操开始官运亨通，他被荐为孝廉，来到当时的京都洛阳开始仕途之路。黄巾起义爆发，曹操被拜为骑都尉，开始与起义军交战。战后汉灵帝评功行赏，将其任命为典军校尉。

中平六年（189年），汉灵帝驾崩，官拜并州牧的董卓进京，开始专权。面对"汉季失权柄，董卓乱天常。志欲图篡弑，先害诸贤良"的纷乱局面，曹操在陈留起兵，开始逐鹿中原。他经过了官渡之战、远征乌桓、平定凉州等战役，树立了威信，汉献帝赐予其王冕十有二旒，可以乘金根车，驾六马，设五时副车。《魏志·武帝纪》记载："（曹操）可赞拜不名，入朝不趋，剑履上殿。"曹操一时风头无两，位极人臣，终于登上了人生的巅峰。

可是位极人臣的曹操，为何在历史的"耻辱柱"上被贬千年？主要是因为他"误杀"吕伯奢的缘故。曹操刺杀董卓不成，匆忙骑马逃离洛阳，半路被中牟县令陈宫所救，被安置在吕伯奢家。

可是曹操生性多疑，吕伯奢吩咐家人杀猪款待曹操，曹操误以为吕家要将他绳之以法。所以曹操挥剑杀死吕氏一家八口，并说出了"宁我负人，毋人负我"的话。这句"雷人"的名言一出，曹操奸诈、狠辣的面目，便昭然若揭了。

当时陈宫弃官跟随曹操，也被曹操这"宁我负人，毋人负我"的话给惊到了。两个人夜宿客店的时候，陈宫提剑，准备杀掉曹操，为吕氏一家复仇，可是他一想"我为国家跟他到此，杀之不义，不若弃而他往"。

人心本善，曹操杀了吕伯奢一家，并不代表这世界是冰冷的。陈宫就用自己的行动，阐述了人间自有真正的"正义"存在。

奸雄去世

曹操闹头风病，其实还有一个更靠谱的说法：因他生性多疑，多疑则多虑，思虑多则用脑多，所以脑神经不堪重负，造成"头痛如割"。

建安二十五年（220年）三月，曹操病势沉重，双目几乎不能视物。这时候，东吴的使者竟给曹操送来了一封书信，书信的内容很简单：请曹操做皇帝。

曹操想做皇帝，早就做了，他都快要咽气了，做皇帝还有什么用？曹操苦笑道："孙权这是想架上一把火，然后烤焖我！"

曹操是一位深谋远虑的政治家，他知道自己做皇帝，不仅会留下千古的骂名，而且全天下的百姓都会反对他，他手里握着皇帝的权力，这对他来说，就已经足够了。

一个人做事，很难得到面子的同时，又得到了里子。鱼与熊掌往往不可兼得。

曹操虽然拒绝了孙权请他当皇帝的建议，但还是封孙权为骠骑将军、南昌侯，领荆州牧。

这一年三月十五日，曹操自觉天命已尽，便开始布置后事。他首先立曹丕为世子，可以继承自己未完的大业；接着又吩咐妻妾，一定要勤习女工，可以多做丝履，到市场上卖掉，便可以自给自足。最后，吩咐曹丕，自己去世后，可在彰德府讲武城外，设立疑冢72个，让妻妾们在铜雀台中，每日设祭。

曹操吩咐完这些事，一代奸雄，泪如雨下，溘然长逝。历史上关于曹操墓的遗嘱，曾出现过两种说法：

第一种是曹丕遵照父亲遗嘱，在彰德府讲武城外，为曹操设立了72个疑冢，目的是让盗墓贼不知道哪个是真墓，无法实施盗窃。

另外一种说法是，曹丕并没有设置72个疑冢，而是遵照父亲的遗嘱，不封不树，将其简葬在了邺城西边西门豹祠以西丘陵中。

《晋书·礼志中》记载："魏武葬高陵，有司依汉立陵上祭殿。"也就是说，在曹操的高陵之上，曾经建有一座祭殿。每到献祭之日，曹氏子孙要到这座殿宇中，祭奠曹操。

可是两年后，这座祭殿也被曹丕下旨拆除了。《晋书·礼志中》是这样记载此事的："至文帝黄初三年，乃诏曰：'先帝躬履节俭，遗诏省约。子以述父为孝，臣以系事为忠。古不墓祭，皆设于庙。高陵上殿皆毁坏，车马还厩，衣服藏府，以从先帝俭德之志。'文帝自作《终制》，又曰：'寿陵无立寝殿，造园邑。'自后园邑寝殿遂绝。"

不管是曹操设置72个疑冢来迷惑盗墓者，还是不封不树的简葬，反正曹操的高陵如云烟一样，在历史的记载中消失了。

三国时代，曹操为了取得军资，特设了"摸金校尉"之类的官职，"摸金校尉"干的工作就是盗墓。袁绍攻伐曹操之前，建安七子之一的陈琳曾经写了一篇檄文："（曹操）特置发丘中郎将、摸金校尉，所过隳突，无骸不露！"盗亦有道，曹孟德时代，连盗墓都是合法有组织的，他们盗的全是汉朝各王侯的陵墓，这就是曹操"汉贼"的由来，可见其深谙盗墓其道。

不管这篇檄文的真假，但三国时代，盗墓贼横行确有其事。曹操实施简葬绝对是正确的，至少可以让自己的陵墓不被盗墓贼所惦记。

发现高陵

不管是唐宋元明清，还是民国现代，不少考古界的人士，都对曹操陵墓的寻址工作报以非常高的热情。要知道，找到曹操的陵墓，不仅可以破解72个疑冢之谜，更可以通过墓内的文物，复原曹操生前的基本情况，甚至根据墓内的铭文，还可以破解众多关于曹操的谜团。

可是理想很丰满，现实很骨感。华夏大地，曹操的高陵究竟在哪里？这成了许多考古人员，穷极一生的时间，都难以回答的问题。

其实，曹操的陵墓只要认定了其大致范围，便可以通过一点点的网格考古，让其逐渐浮出水面。我国的文物专家，经过在全国各地考古，最终确定了几个曹操陵墓的可能地方：漳河的河底；河北省邯郸市临漳县香菜营乡附近；河南省安阳市北郊一带的范围。

1998年4月23日傍晚，河南安阳安丰乡的西高穴村，有一个姓徐的村民，在开荒烧砖的时候，挖出了一块石碑，石碑的名字叫"鲁潜墓志"。墓志上的字体为楷书，有14行，满行9字。鲁潜字世甫，他在后赵为官，还曾做过都尉，并镇守许昌，他留下的墓志的内容，可以说非常重要。

按道理说，一个后赵的三品官员和魏武帝曹操应该毫无瓜葛，可是偏偏问题就出在鲁潜去世后，他埋在了曹操的陵墓旁。而且鲁潜还在自己的墓志中，有些炫耀地记录下了这件事。在涉嫌泄密的墓志中，是这样记录的：墓在高决桥陌，西行1420步，南下去陌170步，故魏武帝陵西北角西行43步。

也就是说，在墓志出土之地，往西北角西行43步，就可以找到曹操的陵墓。

如果从保护陵墓中文物的角度来说，文物工作者，确实应该感谢古人鲁潜；但曹操却恨死了这个鲁潜，你埋墓就埋墓，为何要在自己的墓志中，留下找到他人陵墓的线索？

2008年12月12日，河南省文物考古研究所的考古专家，根据墓志的提示，正式对安阳西高穴大墓进行抢救性考古发掘。

这座陵墓是一座由西向东，甲字形带斜坡墓道的双室砖墓，最深处距离地表15米，主体是由墓道前后室以及四个侧室构成，总共占地为740多平方米。

统观整个陵墓，结构复杂，规模宏大，属于王侯一类的墓葬，可与曹操的身份匹配。可是令人惋惜的是，这座陵墓，已经被盗多次，文物专家需要干一件事——从墓内残留的文物上，发现线索并证明这座大墓的墓主就是曹操。可是一经发掘，却发现这里的文物实在是少得可怜。

在出土的金器、银器、铜器、铁器、玉器、宝石玛瑙等冥器中，有一类文物，让专家很感兴趣——铭刻石牌。因为石牌上，记录着高陵之内陪葬器物的清单。

这些石牌上刻写着黄豆二升、胡粉二斤、五尺涞薄机、馒莱菡、丹文直领一、白绮裙四副等文字。可这些文字，对于破解这座陵墓的主人是谁，并不能提供什么线索。

确定墓主

石牌上面的记载，对判断墓主的身份，并没有具体的作用，可是剩下的几个石牌上的文字，却让考古学家有一种眼前一亮的感觉。只见这些石牌上，写着"魏武王常所用格虎大戟"的字样。石牌上面所刻文字中的"魏武王"，被考古专家们认为就是三国时期的枭雄曹操。

而且随后，专家还在这座陵墓中，发现了散碎的人骨。初步鉴定，这些骨殖属于三个人，分别是为一男两女的遗骨。经过骨龄的测定，这位墓主去世之时，年龄应该在60岁左右，可以说，测定的白骨死亡年份，是与曹操本人去世的年龄吻合的。

这座陵墓因为被盗，墓内的墓志铭、石碑和棺椁等都遭到了破坏，出土的铜带钩、铁剑、铁甲、水晶珠、玉珠、玛瑙珠、石龟、石壁和石枕等文物虽然价值不菲，但却并不能证明什么。

2012年7月1日，一位金石学家来到高陵，他并没有在墓内进行考察，而是在陵墓外面的乱石堆中开展勘探发掘。他无意间发现了一块半个巴掌大的石片，上面残留着几个隶书文字，其中有五个字尚可辨认，它们分别为：未、羊、国、牧、我。

这五个看似毫无关联的字，在一般人的眼睛里，确实没有任何价值，但在文物考古专家的眼睛里，却宝贝得不得了。

曹操生于155年，那年是农历乙未年，属相为"未羊"。接下来，曹操曾先后担任兖州牧、冀州牧等官职，第四个字"牧"，应该说的是他的官职。由这三个字推断，这块残石有可能是曹操的墓志铭。

笔迹专家接下来又对这五个字的间架结构，进行了分析，认为其书写的风格和特点，应该是出自当时的大书法家梁鹄之手。史书记载："梁鹄字孟皇，安定乌氏人。少好书，受法于师宜官，以善八分知名，举孝廉为郎，灵帝重之，亦在鸿都门下，迁幽州刺史。魏武甚爱其书，常悬帐中，又以钉壁，以为胜宜官也。"

梁鹄是曹操的御用书法家，他的字出现在陵墓的乱石中，也从另外一个方面证明了这座陵墓就是曹操的高陵。

而曹操的72座疑冢，埋葬地点，墓内建制等谜团，也在找到高陵的那一刻，拨开云雾见青天了。

国人讲究"生有处，死有地"，找到曹操的陵墓，曹操的一生终于画上了一个完美的句号。

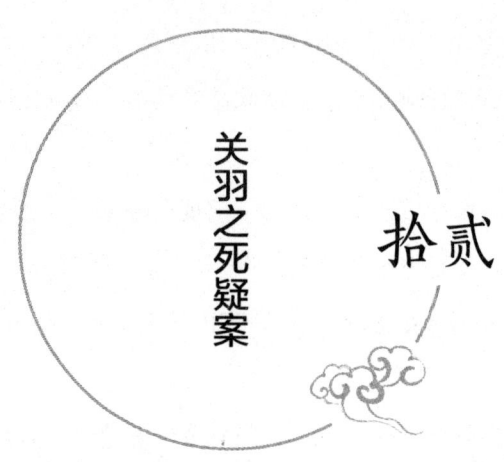

关羽之死疑案

拾贰

仁义礼智信为儒家"五常",而排行第二的"义"字的代表人物就是关羽。关羽在三国时代,一直以"神"一般的状态存在。可是他为何大意失荆州?凭他"冠绝一时"的武功,为何会被寂寂无闻之辈马忠擒获?关羽被擒,孙权明明知道杀掉他,会有太大的麻烦,为何还要执意取了关羽的性命?这一桩桩、一件件的谜团,最终的谜底又在哪里?

荆襄九郡

"滚滚长江东逝水,浪花淘尽英雄。是非成败转头空。青山依旧在,几度夕阳红。"这首《临江仙》与其是《三国演义》的开场白,还不由说是"唱"尽了关羽叱咤风云、忠肝虎胆以及舍生取义的一生。

关羽本字长生，后改字云长，汉末三国名将。黄巾起义爆发后，他与张飞、刘备结义在桃园。东汉献帝初平元年（190年），各路诸侯讨伐董卓，关羽温酒斩华雄，一战成名。

建安四年（199年）十二月，关羽统兵镇守徐州的下邳，当小沛之战刘备军被曹操击败后，关羽保护着刘备的夫人被曹军围困，没有办法之下，只能以"降汉不降曹"的名义，归顺了曹操的阵营。关羽斩杀华雄的英勇，曹操早有耳闻，所以他对降敌关羽待遇极好，不仅上马给金，下马给银，还送给他12个美女，最奢侈的是，他赠给关羽号称天下第一名驹的"赤兔胭脂马"。

可是关羽是个讲究忠义的人，曹操对他再好，他依然想要离开。建安五年（200年）四月，官渡战役爆发，关羽斩杀了袁绍的大将颜良、文丑，帮助曹军奠定了此战役的胜势。关羽对张辽说道："曹操对我好不假，但他的恩情我已经报还，我可以光明磊落地离开他了！"

当关羽知道刘备在河北袁绍处的时候，他当即以"挂印封金"的方式向曹操辞行，然后领着刘备的两位夫人，直奔河北而去。关羽千里走单骑，过五关斩六将，终于回到了刘备的身边。

刘备为了能够兴汉灭曹，领着关羽和张飞，在卧龙岗请出了诸葛亮，诸葛亮为刘备定计，从周瑜的手中巧取了荆州等地，而镇守荆州的任务，刘备就派给了关羽。

刘备取得了刘璋的蜀地之后，建立了蜀汉政权，从此天下"魏蜀吴"三分。而关羽占据荆州下辖的南阳郡、南郡、江夏郡等九郡之地，不仅被曹操虎视眈眈，而且也是孙权想急于想收回的地盘。

荆襄九郡有什么好？它为何成了三方势力争夺的焦点之地。想搞懂这个问题，需要从三个方面进行说明。

首先，地理位置绝佳。诸葛亮号称"智圣"，他曾这样说荆襄九郡地理位置的重要性："荆州北据汉、沔，利尽南海，东联吴会，西通巴蜀，此用武之国。"

江东的鲁肃说荆襄九郡是"帝王之资",意思是谁若想称帝,必须要拥有荆襄九郡,有了这个地方,就有了称霸天下的本钱。

第二,荆襄九郡人口众多,经济发达,财政充盈。当时的北方战乱不休,人们为了躲避战乱纷纷来到荆襄之地,随着大量劳力以及先进技术的涌入,这里变成了"富得流油"的好地方。想要争夺天下,必须要有兵源和财源,这两"源"一个荆襄之地就可解决。

第三,荆襄九郡是名人雅士的汇聚之地。最早占据荆襄的刘表,非常尊重人才,海内俊杰纷纷依附。诸葛亮、庞士元、司马德操(水镜先生)、黄承彦,徐元直、韩德高都是荆襄的名人,而在蜀汉政权中,任汉中太守兼领"督农"的王连,还有"兼顾督农,供继军粮"的吕乂,他们都是荆襄的名人,为蜀汉政权的发展,都做出了不小的贡献。

荆襄九郡兼"地理、人才和财帛"等优势,能引起魏蜀吴三方争夺,就不难理解了。

背后下手

三国时代,有一个武将排行榜:一吕二赵三典韦,四关五马六张飞。吕布和典韦作古,赵云坐镇蜀中,身在一隅。放眼中原,关羽是处在一种手持宝刀,俯视苍生无对手的"巅峰"状态。

再加上关羽熟读兵书战策,自从三国水军都督周瑜去世后,关羽视东吴那一般二流的将军和臣子们,完全是一种居高临下的状态。

关羽没有想到的是"三个臭皮匠,顶个诸葛亮",东吴君臣竟在他背后下黑手，"猥琐"的偷袭招数也让他防不胜防。

当时，曹操本欲联合孙权，对关羽占据的荆州下手，消息传到了蜀中后，诸葛亮献上一计，让刘备传令，请关羽领兵去攻打樊城。曹操一旦自顾不暇，则魏吴联手之局，立刻便会灰飞烟灭。

诸葛亮打樊城，等于一拳捣到了曹军的软肋之上，确实让曹操有倒吸一口凉气的感觉。但关羽出兵攻打樊城，则荆州之地必然空虚。为了防止孙权的吴军在背后捅刀子，关羽也做了三个安排。

第一个安排，选派潘濬镇守荆州。关羽手下的谋士王甫却提醒关羽，这个潘濬多忌而好利，并不是一个可用的人才，应该让军前都督粮料官赵累代理其职，可是关羽却不听。

第二个安排，沿江建烽火台，一旦发现东吴军队渡江，夜则明火，昼则举烟。关羽一旦得知消息便会回军，将东吴军队击溃。

第三个安排，派糜芳、傅士仁守隘口。这是关羽最大的昏招。这两人本是关羽攻打樊城的先锋，可是没等出兵，他们军营中的粮食、军械就因为失火而烧得净光，他们两个人玩忽职守，没有被杀掉，只被军棍狠揍一顿了事，并留下来看家。他们对关羽不仅没有感恩戴德还心怀怨恨。留下他们看家，关羽是用错了人。

关羽率领关平等人绕过难打的樊城，直接进攻襄阳，确实将曹操吓了一跳。曹操原本以为，镇守襄阳的曹仁会扼守一阵，为自己随后的调兵遣将赢得一段时间。可是令他没有想到的是，关羽用计斩杀了夏侯存，翟元被关平一刀劈为两半，吓得曹仁退守樊城，而关羽领军直捣黄龙占领了襄阳。

曹操为了挽救颓势，急忙派于禁为帅，领兵赴樊城救援。于禁的先锋官是个"狠人"，他的名字叫庞德。

为什么会说庞德"狠"呢？道理很简单，他曾经是马超手下的大将，因为年轻凶悍，被称为"白马将军"。这次他挂了先锋印，去迎战关羽，竟然抬着一口"吓人"的大棺材。

如果庞德一战成名，杀了关羽，这口棺材就装关羽的尸骸。一旦自己武功不敌，被关羽所杀，这口棺材就装自己的尸骨。

庞德为何这样自信？道理也很简单，因为当时的关羽已经年近花甲，而他一个年纪轻轻的小伙子，论力气，论功夫，论勇敢，都有战胜关羽的可能。

可是庞德毕竟年轻，他万万没有想到，除了武功之外，关羽的兵书战略完全要胜他一筹。庞德和关羽一场大战，关羽拼尽全力，凭借武功竟赢他不得。关羽这才知道，自己真的是遇到了劲敌。当然，关羽有一句话是打死也不会说的，那就是自己真的老了。

第二日，庞德又开始骂阵，关羽持刀上马要出战。关平苦劝父亲："您是蜀汉的五虎上将之首，庞德只是西羌的一个小卒，您和他对阵厮杀，完全就是明珠弹雀，一旦有个差池，也对不起伯父之托！"

关平作为关羽的儿子，话不能说得太重，他没言明的潜台词就是：您是60岁的老人，作为主帅，在战场上妄逞英雄主义，完全是二愣子行为，一旦有个闪失，我们这个仗就没法打了。

关羽根本不听关平的劝告，接下来，他在与庞德的大战中，被庞德一箭射中了左臂。关羽这才知道，自己真的老了，若不用巧计，怕是赢不了庞德。

麦城之厄

关羽左臂中箭，虽然箭伤不深，但十天半月内，他无法手持青龙偃月刀上阵杀敌了。关羽为了取下樊城，命手下截取襄江之水，然后在一个暗夜来了一个"水淹七军"。面对滚滚袭来的襄江之水，曹营成了"水上漂"。

于禁被擒，庞德被斩，关羽的威名，一时间传遍了神州大地。

曹操得到兵败的消息，一时间六神无主。他召集全部臣子，商量准备迁都，可是却被司马懿给劝阻了。司马懿讲道："迁都不可，关羽战樊城，荆州必然空虚，以孙权之智谋，东吴必将对关羽动手。只要荆州一丢，关羽必然会大败而归。"

曹操听到了这一番话，这才将喉咙眼的心"扑通"一声，放了下来。可是眼前必须要解决的事儿是，曹仁顶得住关羽的进攻吗？

在滔滔的洪水中，曹仁本想弃城逃走，却被手下给劝阻了。因为他一旦弃城，黄河以南，就将全部丢失，而且魏国的国都许昌就将万分危险了。

曹仁下定决心，死守樊城。时间不长，城外的洪水渐渐退去，关羽又一次率领荆州兵，在城下讨战。关羽被胜利冲昏了头脑。他穿了一件掩心甲，甲胄只能护住前心和后背，然后骑马立在了樊城的百步之内，而这个距离，完全就在曹营兵将弓箭的射程之内。

曹仁急调500名弓箭手，大家乱箭齐发，一支毒箭射中了关羽的右臂。虽然经过神医华佗的刮骨疗毒保住了性命，但关羽一条右臂基本半残废了。史书记载"右臂少力"，估计关羽的伤臂，不仅在力气，在灵活度，柔韧度等方面，都是大打折扣了。

关羽攻打樊城受挫，一条右臂受伤，正在他被一堆"烂事"缠身的时候，荆州又出事了。

东吴大都督吕蒙率兵三万，快船80余只，悄悄地直扑荆州而来。他选一队精兵扮作商人，让他们身穿白衣，并用钱财贿赂了沿江巡逻的关羽手下，准许他们把船停在荆州一侧的江岸之上。

晚上的时候，东吴这队精兵将一座烽火台上的荆州兵尽皆擒住，并好言劝其归降。借他们的力量，三万东吴将士，骗开了荆州的城门，一夜之间占领了荆州。

糜芳和傅士仁害怕关羽回来和他们算账，竟投降了吕蒙。关羽因为大意，荆襄九郡尽失，被东吴军队"端了老窝"，只得在樊城与曹军死战。

　　曹操得知东吴占领了荆州后，派大将徐晃领兵与关羽死战。关羽因为臂伤无法出战，虽然关平等人奋力拼杀。几场恶战过后，关羽率领的荆州军队接连失利，只得传令退兵。

　　可回到荆州，他最担心的事儿真的发生了，吕蒙暗中下手，早已经占领了荆州。

　　关羽大意失掉荆州，消息如晴天霹雳劈在了脑门之上。攻打樊城之战，失败也就罢了，荆襄九郡又丢了，让他该如何去蜀中见大哥刘备。关羽心急如焚，大吼一声，还没有好透的箭伤瞬间崩裂，人当即昏倒在了马下。

　　那些荆州兵一见关羽大势已去，很多都趁乱逃走。关平保着关羽，直奔弹丸之地麦城而去。可是来到麦城，关羽才发现这里没有粮草。他手下四五百名老弱伤兵，并不能守住这座小城，他想要活下去，只有拼尽全力突围一博。

忠义千秋

　　当初曹操想活擒关羽，为己所用。现在孙权派兵，将关羽围困在麦城，也想将其擒住，让他为东吴效劳。他派诸葛瑾上门劝降，但被关羽严词拒绝了。

　　孙权为了擒住关羽，设下了一条计策——命人攻打麦城的东南西三个城门，逼关羽走北门小路逃生。

　　为了报仇，为了收复荆襄九郡，关羽留下周仓和王甫守城，自己在关平等人的保护下，打开麦城北面城门，沿着山中小路，直奔蜀中的方向而去。

　　要知道，此时的关羽早已不是当年过五关斩六将时的关羽，现在他已经垂垂老矣，而且双臂都有箭伤，想当初他只要一挥青龙偃月刀，敌将就会落下一颗好大的头颅，可是现在他连挥动宝刀的力气都没有了。

如果战马是一名武将的双腿，他胯下的赤兔胭脂马也显得有些苍老了。这时候的关羽，已经是日暮穷途，可谓"叫天天不应，叫地地不灵"了。

关羽领人出城，最先遇到的是东吴将军朱然。换作平日，朱然之流哪有胆量敢挑战关羽？关羽大怒，挥刀来战，朱然吓得转身便跑。

朱然让关羽过去，不等于让关羽的手下过关，他随后领兵对关羽的手下就展开了截杀。关羽纵马前冲，又遇到了潘璋。

两人相遇，关羽挥刀和潘璋战在了一起。三个回合后，潘璋败走，这时候的关羽身边，只剩下十几个人了。关羽领人来到了决石山的深处，东吴的三流将军马忠杀了出来。

关羽还没等挥刀去战，只见马忠的手下扯起了绊马索，饿着肚子，身虚力竭的赤兔胭脂马已经全没了昔日的神骏，很快便被绊马索绊倒在地。关羽从马身上摔落地下，被东吴的兵将所擒。关平虽然想救关羽，可是人单势孤，最后也被东吴的兵将擒获。

孙权得到关羽被擒的消息，比捡到"狗头金"还高兴。他对绳捆索绑的关羽说道："孤仰慕关将军很久了，本来还想和将军结秦晋之好，却被你拒绝了，今日被擒，你还服气吗？"

关羽怒道："碧眼小儿，紫髯鼠辈，关某误中奸计被擒，只求一死，不要多说废话了！"

孙权不甘心，因为关羽是个人才，如果能为己所用，何愁霸业不成？他向谋士们询问劝说关羽投降的方法，可是主簿左咸告诉孙权，曹操"上马金，下马银，送美女，送良马"都没能留住关羽，大王还是省点力气吧！

孙权无奈，挥手下令斩之，一代名将关羽父子，就这样身首异处，用自己的鲜血，谱写了一篇忠义的诗篇。

关于关羽被杀，其实还有一个更靠谱的解释。1996年湖南省长沙市的走马楼，曾经发掘出一座古井，井内出土了大量的简牍。这些简牍全都来自吴国，内容包括政治、经济、文化和军事等方面，被誉为是"中国20世纪最重大的考古发现之一"。

在这些竹简中，有这样一段记载："建安二十四年（219年）时，都尉书给将军吕岱，力瑜所将士伐武陵、长沙叛众，叛众首尾关羽。"这几句话是什么意思呢？

如果通俗一下就是：建安二十四年，吴国都尉致信将军吕岱，让他率军讨伐武陵及长沙叛众，这些叛众大多都忠心地追随关羽。

关羽被东吴所擒，孙权不能放走关羽，一旦放虎归山，关羽必定会领兵回来抢夺荆州。关羽更不能被东吴囚禁，那样荆州的军民更会不停地反抗。

孙权只能将关羽杀掉，这样荆州军民失去关羽这个主心骨，荆州就长治久安了。至于刘备派兵前来复仇，那就是"兵来将挡，水来土掩"的后话了。果然不久，关羽被杀后，刘备派兵攻打东吴，陆逊将其打败，这就是孙权敢于杀掉关羽之谜比较靠谱的解答。

人都有一死，是轻如鸿毛，还是重比泰山，都需要自己好好地选择。关羽虽然面前有生的希望，可是他却毅然决然地选择了死，用自己一腔的鲜血，诠释了兄弟情和君臣谊，所以，关羽被后世尊为"武圣"，与"文圣"孔子地位等同，一世英名万世不朽。

传世名帖
《兰亭序》迷案

拾叁

　　《兰亭序》又名《兰亭集序》，是晋代书法家王羲之的代表书法作品。《兰亭序》通篇妩媚飘逸，字字皆精妙无比，其点画之处犹如舞蹈，又似有神人相助而成，被历代书画界奉为极品。宋代大书法大家米芾称赞该作品为"中国行书第一帖"。

　　《兰亭集序》真迹传于后世，曾被唐太宗李世民偶然获得。李世民驾崩后，《兰亭集序》便在历史中消失，从此成为传说。《兰亭集序》究竟流落到何处？到底是谁动了《兰亭集序》？

书法天成

　　晋永和九年三月初三日（353年4月22日），即《兰亭集序》中提到的"永和九年，岁在癸丑"，时任会稽内史的王羲之与友人谢安、孙绰等共41人，相聚于会稽山阴的兰亭雅集。一群文人饮酒赋诗，各自陶冶情操，可谓其乐融融。

在融洽的气氛中，王羲之与众人填词赋诗，在崇山峻岭中畅然而饮，于茂林修竹内直抒胸臆，实在是一幅人间得意的场景。面对如此良辰美景、名朋佳宴，王羲之心情大好，加之饮酒微醺，他随即命人取来笔墨纸砚，挥毫泼墨间一气呵成，写下传世名帖《兰亭集序》。

《兰亭集序》问世后，众人纷纷赞叹，将其视作亘古绝今的书法作品。这幅作品迅速成为书法神坛上高不可及的佳作。王羲之酒醒之后也对此十分诧异，随即又拿来纸笔重复书写多次，试图重新找到《兰亭集序》中的要旨，却发现无论自己如何努力，仍然无法重现《兰亭集序》的神韵。有时候，灵感的刹那闪现，令人微醺的美酒，让人感觉心仪的环境，也许正是最好的催化剂，是它们让王羲之定格了一幅最完美的书法巨作。

真假疑云

王羲之难以重现高光时刻，最根本原因可能是因为缺乏了当时的灵感。但在一些现代考古专家看来，此事可能存在蹊跷。唐代大诗人李白可以"斗酒诗百篇"，清醒时也能出口成章，为何王羲之却只能在酒醉时展现一时风采呢？难道这幅完美的行书作品是假的？该质疑一直充斥学界数年，几乎没有学者能够给出确切的答案。恰逢此时，一个惊人的消息传来，让关于王羲之这幅字的真伪研究，又向前走了一大步。

1965年，我国考古专家出于保护性目的，对象山附近的一座晋朝古墓进行发掘。该古墓墓主是一对夫妇，墓中出土少量随葬品以及一块墓志铭碑刻，令考古专家们为之侧目。从墓志铭上记载的文字可以确定，该墓男性墓主人名为"王兴之"，女墓主人则是他的妻子隋氏。

王兴之究竟是谁？此人身世并不简单，他与王羲之是堂兄弟的关系。王羲之的祖父王正，是晋朝的老臣，曾官拜尚书郎，官居六品衔。王正膝下共生有三子，分别是大儿子王旷、二儿子王翼、三儿子王彬。王羲之就是大儿子王旷的儿子，而王兴之则是三儿子王彬的儿子。王兴之曾官拜征西大将军行参军、赣令；而王羲之则任会稽内史，领右将军。史书中并没有记载王羲之与王兴之兄弟二人的关系，但从常理来看，二人之间应该交流不少，毕竟堂兄弟的关系仍算较为亲密的。

王兴之墓志铭长37.4厘米，宽28.5厘米，共刻有203字。碑上书法字体古朴典雅、凝重挺拔、文字之间错落有致，虽并非一流书法作品，但也不失为精品。正是这一块墓志铭，令学者提出了质疑，因为墓志铭上的文字字体为带有隶书风格的楷书，显然是一种文字演化过程中的"非成熟体"。

该学者随即在学界发表了一篇论文，名为《由王谢墓志的出土论到<兰亭序>的真伪》。论文中讲道："兰亭序上的墨字，明显属于成熟的行书书体，与墓志铭上带有隶书风格的楷体截然不同。由此可推测，在王羲之生活的年代，行书并未流行开来，所以从字体上推测，王羲之的《兰亭序》有做伪嫌疑。王羲之难以重现经典佳作，也就不难解释了。"

该观点在学界一经推出，犹如"一石激起千层浪"，顿时引来不少反对之声。反对者认为，仅凭一块墓志铭上的文字字体，就对《兰亭集序》的真实性进行否定，并不符合学术的严谨态度，同时证据也不充分。

双方之间你辩我论，谁也说服不了对方。直至1977年，该争论才有了确定的结果。

安徽亳县（今亳州市）出土的曹操宗室成员砖室墓中，出土了数块墓砖。

墓砖上刻有大量的字迹，而这些字迹绝大部分都是以楷行书所写。曹操宗室成员都生活在东汉末期，说明在东汉时代，楷行书就已经趋于成熟，200年后的王羲之，绝对可以用"行书"字体来书写《兰亭集序》之类的作品。换言之，王羲之的书法，应该是真迹。

巧骗《兰亭集序》

《兰亭集序》作为"天下第一行书"，自然会成为天下书法爱好者的共同收藏目标。然而，《兰亭集序》只有一幅，古代又没有先进的科学复制设备，因此几乎没有人亲眼见过该作品。

古今书法爱好者中，有一个特殊的群体——皇帝。

皇帝是封建王朝中的最高统治者，正所谓"普天之下，莫非王土，率土之滨，莫非王臣"。在古代，皇帝拥有天下的一切，只要皇权在手，就没有得不到手的奇珍异宝。众所周知，历史上著名的收藏家皇帝当属宋徽宗与乾隆帝，二人都是书画收藏界的专家，他们对我国古代珍宝的传承与保护做出了杰出的贡献。然而很少有人知道，号称"千古圣君"的唐太宗李世民，其实也是一位资深收藏爱好者，并且他口味很特别，最喜欢收藏名帖字画。

唐太宗李世民早就听说过《兰亭集序》的盛名，但从未有缘亲见，不免感到有些遗憾。久盼成瘾，李世民对《兰亭集序》的思念更加迫切，随即派人在民间多方打探。皇帝毕竟一手遮天，仅一个月之后，下属就前来禀报，称《兰亭集序》下落已经查清，原来它在一个名为辩才的和尚手中。

辩才之所以能得到稀世珍宝《兰亭集序》，完全是拜其师父所赐。辩才的师父是王羲之的七世孙，《兰亭集序》就是家族的祖传珍宝。王羲之七世孙早年出家为僧，并没有后代，因此在弥留之际将宝物传给徒弟辩才，嘱咐其好生保管，千万不能有任何闪失。辩才谨遵师命，生怕辜负师父的临终重托，便将《兰亭集序》小心包裹，放于篮中悬挂在房梁之上。

李世民得知《兰亭集序》下落后，顿时想将其据为己有，便命人召辩才入宫中讲经，并给予其相当优厚的待遇。一连数日，李世民都将辩才奉为上宾，并旁敲侧击试探辩才的态度，甚至故意试图将话题引到《兰亭集序》上。但辩才却对此三缄其口，总是在关键时刻岔开话题，显然是不想将《兰亭集序》献上。唐太宗李世民见辩才和尚油盐不进，顿感无可奈何，只能将其打发出宫。

李世民没有如愿得到《兰亭集序》，心中必然不甘，整日里无精打采，连处理朝政都有些懈怠。宰相房玄龄深知圣意，于是向太宗皇帝谏言道："臣听说监察御史萧翼对南方情况比较了解，并且此人足智多谋，何不令他前去试试？"太宗皇帝觉得这个办法对路，随即传唤萧翼。萧翼见到皇帝后，提出一个条件，要求太宗皇帝将大内珍藏的几幅王羲之真迹借给自己，太宗当即应允。

萧翼找来一套破烂的衣服，打扮成破落的书生，专程来到辩才出家的寺庙，在门口故意制造偶遇。萧翼能言善辩且颇具才学，很快便得到了辩才的信任，辩才随即将其引到房中就座，二人饮茶赋诗，颇有相见恨晚之意。久而久之，萧翼就成了辩才寺庙中的常客，二人形影不离，甚至吃饭、睡觉都在一起。

辩才学识渊博，尤其喜欢临摹古人的书法作品。萧翼见有机可乘，便说道："兄台有所不知，小生虽破落寒酸，其实却是捧着金饭碗乞讨，因为小生家中珍藏有几幅珍品。"辩才连忙询问，萧翼这才回到家中取出王羲之的字帖，摆在辩才和尚面前。

辩才一直浸淫在书画之中，自然一眼就看出是王羲之的真迹，不免连连摩挲赞叹，萧翼也故意表现得十分得意，似乎要飞上了天。辩才和尚有意攀比，随即笑道："贤弟此宝的确是书圣真迹，但无论从笔法还是神韵上来看，依然逊色几分，我也有一珍宝，还望贤弟观摩。"说罢便从房梁上取出《兰亭集序》，小心翼翼地铺在桌上。萧翼看到《兰亭集序》后顿时大惊失色，他对辩才盛赞不已，他内心欣喜终于找到了辩才的藏宝之处。

萧翼经常来往于辩才的住处，久而久之，寺庙中的人便对其见怪不怪了。这一日，辩才因事外出云游，萧翼抓住机会大摇大摆地进入辩才房中，将《兰亭集序》取出后，立即快马加鞭赶往京城，将绝世名作献给太宗皇帝。辩才和尚回到寺庙后，再也找不到萧翼的身影，心知不妙，去房梁一瞅，果然发现自己的《兰亭集序》被盗走了。他这才明白了事情的来龙去脉，当即大叫一声，吐血倒地，不久之后，便忧愤而死。

《兰亭集序》从此成为李唐皇室珍藏的至宝。

下落成谜

李世民对于《兰亭集序》的喜爱，完全是发自内心。史书曾记载，李世民自得到《兰亭集序》后，每次下朝归来，都要在书房临摹一番，久而久之，竟然真的练就了一手王派书法。为了能够让别人分享自己的喜悦，李世民甚至还专门挑选数位临摹大师，专门摹写《兰亭集序》，分发给众位臣子。从此，《兰亭集序》成为李世民的"心头肉"，终日被摆在龙榻床头，供自己睡前赏鉴。

贞观二十三年（649年），李世民驾崩，去世之前的李世民特意叮嘱后人，千万要将《兰亭集序》葬入昭陵为自己陪葬，否则的话，自己将死不瞑目。

《兰亭集序》是天下奇宝，世间不少人都对其垂涎已久，因此唐昭陵在后来面临着极大被盗掘的风险。昭陵与历代大多数帝王陵寝相同，都曾遭遇过大肆盗掘。因为有奇宝，昭陵的命运尤其悲惨，曾经被疯狂盗挖过三次。

昭陵第一次被盗掘，是在唐朝末年，主谋是唐末农民军起义首领黄巢。黄巢起义军建制不完整，士兵素质参差不齐，后勤补给较为困难。黄巢为维持军队开支，便仿效三国时期曹操的做法，将目光盯上了帝王陵寝。据史料记载称，黄巢曾派遣大军，对长安地区汉唐帝陵进行大肆盗掘，并恶意毁坏陵寝建筑。各代皇帝墓中所得金银珠宝车拉马载，几千名军士昼夜不停搬运，整整一个月才搬运完毕。昭陵地下部分虽免遭黄巢毒手，但是地表设施毁坏殆尽，破损程度十分严重。

昭陵第二次被盗掘，是在五代十国时期后梁开平二年（908年）十月，此时距离唐朝刚刚灭亡一年多。此次实施盗掘行为的主角，正是历史上著名的盗墓贼温韬。温韬是五代十国时期著名的节度使，在七年的为官生涯中，他利用职务之便多次盗掘帝陵，令关中地区的大小唐代皇陵无一幸免，堪称是"盗墓之王"。

一位名叫元素之人，曾经追随过温韬，并且还是昭陵盗掘现场的目击者。《江南余载》记载元素曾入昭陵，看到唐太宗李世民头发披散、腐烂不堪的躺在棺木中，头部有玉架作为支撑，身边石榻上有一宝匣，宝匣内全是珍宝，其中就有《兰亭集序》。但历史学家们对此并不认同，在他们看来，《江南余载》只是稗官野史，真实性难以考证，所以唐太宗墓中出现《兰亭集序》的说法并不靠谱。

昭陵被第三次盗掘，发生在20世纪20年代左右。此次盗掘行动虽然性质较为恶劣，但盗墓贼针对的目标，却是昭陵北侧祭殿庑廊所列的"昭陵六骏"石刻。因此第三次盗墓也并不存在太多关于《兰亭集序》的信息。所以《兰亭集序》究竟在哪里，似乎已经成为一个永久的谜团，显得扑朔迷离。

有历史学家猜测《兰亭集序》是一件至宝，唐太宗子孙可能并未遵奉遗命照办，而是偷偷私藏于宫中，历史上还有关于武则天以《兰亭集序》陪葬的说法，就是一个最好的证据。

但有些专家却消极地认为，《兰亭集序》虽贵为珍宝，终究是纸质书画作品，经年累月必然会腐朽破损，千年之后早已化为一抔尘土，泯然于世。除此之外还有一种猜测，很可能在盗墓过程中，因盗墓贼眼光短浅，不懂书画作品的珍贵，肆意对珍宝加以毁坏，已导致《兰亭集序》被彻底损毁。所以，存世的《兰亭集序》全都是勾描和临摹本。

可终是如此，专家还是确认，这些勾临本的《兰亭集序》的成就，还是超越了历史上所有的法帖，稳坐天下第一行书的宝座。

真正的《兰亭集序》是一件不属于人间的"神"品，它的消失虽称遗憾，但其实也是可以理解的。

至于几种说法孰是孰非？如今我们只能寄希望于武则天乾陵的发掘。或许历史传说并非空穴来风，或许我们会等来失望，但乾陵墓门开启的一刻，《兰亭集序》之谜终将尘埃落定。

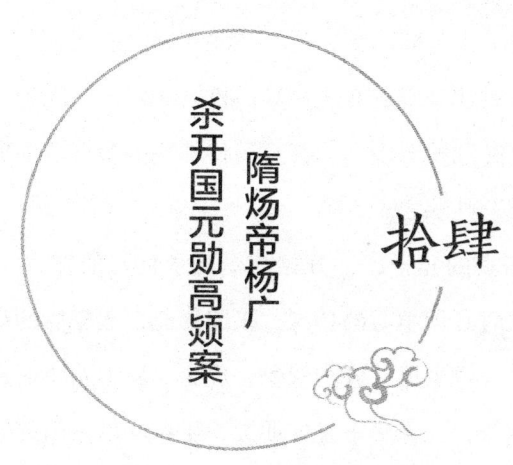

隋炀帝杨广
杀开国元勋高颍案

拾肆

　　隋炀帝杨广是有名的昏君，大隋的基业也在他的手上毁于一旦。不少人都纠结于他的穷奢极欲以及穷兵黩武，却少有人知道他还曾亲手制造出一桩"千古"冤案。在隋炀帝手中蒙冤受难之人，正是隋朝名将高颍。高颍的一生充满传奇色彩，甚至隋王朝的建立，都与其功绩密不可分，然而当天下平定，他同样难逃"兔死狗烹"的命运，令后世为之扼腕叹息不已。

出身显贵

　　"克服了东夏，平定了南国，参谋帷幄之中，决胜千里之外"这个评价，就是《隋书》作者为高颍所写。高颍，字昭玄，又名敏，祖籍河北景县。高氏家族是魏晋南北朝时期的名门望族，与北齐皇室同宗同源，属于已经被汉化的鲜卑族。高颎的父亲名叫高宾，曾经是北齐国内的高官，但因北齐几代皇帝都是暴君、昏君，致使其心灰意冷，转而投奔北周，并成为该国重要臣僚。北周大司马独孤信对高颎礼遇极高，甚至还将其拔擢为自己的僚佐，北周皇帝同样惜才，以"独孤"姓赐之。

高颎作为高宾的儿子，一开始就受到了良好的教育，经史子集、兵法、骑射，都是他儿时必须学习的功课，正因如此，成年后的高颎也文武双全。至十七岁时，就参与过平灭北齐的战争，成为北周将领中的重要一员。高颎与左丞相杨坚相识多年，二人私下是好朋友，更是同出一门的亲属，因为杨坚曾迎娶独孤伽罗，是独孤氏一门的女婿。

杨坚素有大志，他注重丰满自己的羽翼，搜罗各种有才能的人物。杨坚十分看重高颎，经常对其给予赏赐，并以十足的人格魅力，让高颎诚心归附自己。高颎曾对杨坚说过："高颎愿意听杨公调遣，纵使刀山火海也万死不辞。即使您的大业未能成功，高颎也会忠心跟随，甚至因此事株连九族，我也心甘情愿！"高颎能够向杨坚表明自己的态度，其实也是经过深思熟虑的。在高颎看来，杨坚地位虽不稳固，但是却一直在走"上坡路"，朝中的大臣们也多倾向于附庸此人。

助杨兴隋

578年，即北周宣政元年，周武帝宇文邕死后，太子宇文赟宣布正式即位，即周宣帝。与此同时，杨坚长女杨丽华也被封为皇后，作为皇帝岳父的他，也荣升为柱国大将军、大司马、丞相，可谓是权倾朝野。不过杨坚的迅速蹿升，引起了不少人的妒忌，其中就包括尉迟迥、司马消难以及王谦等人。朝廷之内暗流涌动，各方势力都在相互较劲，杨坚集团树大招风，很快便成了众矢之的。

尉迟迥占据原北齐国故地，拥有三州之地，兵马钱粮一应俱全，掌握全国人口的十分之六，可谓是实力雄厚，而杨坚执政初期立足未稳，果不其然，尉迟迥联合其他反对者，以"剿除国贼"的名义发起叛乱，矛头直指杨坚，意图将其置于死地。面对如此恶劣的局势，杨坚集团必须积极面对：胜，则万事大吉；败，则性命不保。

杨坚先是派大将韦孝宽率军前往镇压叛军，但是叛军声势浩大，且占据一定的合法性，导致军队中士兵人心思变，行至河阳地区后便逡巡不前，隐约有哗变之势。军情形势紧急，杨坚必须派一名心腹大将前往解决此事，否则一旦士兵哗变，后果将不堪设想。杨坚首先挑选了崔仲方前去作监军，但崔却以父亲在敌境为由，坚决推辞，不敢就任。杨坚无奈，只能又找到郑译与刘访，但二人早因杨坚封职过小而心存怨恨，同样以各种借口推辞不受。

正当杨坚临阵选将时，前线又传来一个更加十万火急的消息，军中大将梁士彦、宇文忻、崔宏度等人，纷纷接受尉迟迥的贿赂，军心骚乱，若是不立即加以震慑，恐怕形势有变。当此危急关头，高颎挺身而出："我愿领一哨人马，前往前线处理军情！"

杨坚见高颎胸有成竹，当即连声说好："一切就拜托高将军了！"

高颎接受任务后，星夜兼程赶往前线，甚至来不及回家向母亲大人道别，只能给家人捎一个口信。高颎本人在军队中威信甚高，他到达军营后，形势迅速有了改观，士兵士气大振。高颎一改韦孝宽胆怯、观望的做派，迅速改变军队列阵方式，向敌人展开了主动进攻。与此同时，高颎还根据地形的特殊性，提出军队应该造桥渡河，并且还早做打算，为防止敌人以火烧桥，故意将木桥建在低于水面的位置。当大军顺利过河后，高颎又仿照项羽的破釜沉舟之计，向水上泼洒桐油，把浮桥与辎重一并销毁，以此绝了将士们撤退的念头。

宇文忻、梁士彦等人见状，再不敢首鼠两端，只能拼死一战。高颎命令军队大呼"尉迟迥战败"，给尉迟迥军队士兵造成极大的心理压力。果不其然，敌军不明所以，以为周军果真势大，便纷纷丢下武器逃走。尉迟迥军大败，高颎、宇文忻等将领随即挥军乘势攻入敌城，彻底平息战乱。此次平叛之战，令杨坚对高颎刮目相看，将其视作心腹大将，并给予了高度的赞扬与表彰。

荡藩平陈

581年，即隋开皇元年，杨坚登上皇位，正式建立隋王朝。隋朝建立后，杨坚论功行赏，高颎被任命为尚书左仆射兼纳言，即相当于"宰相"一职。隋朝刚刚立国，百废待兴，高颎与苏威协力同心，共同处理朝内大小事务，隋文帝杨坚也对二人尤为倚重，凡事都与他们商量而后行。这三人"铁三角"般的合作，让朝廷内政治清明，军事、经济、文化得到有序发展，百姓生活逐步走上正轨。

隋朝的律法延续自北周，北周处于动乱时期，法令相对较严格，同时也有不少烦冗陈旧的条令，亟待改进。有鉴于此，隋文帝杨坚下诏，要求高颎、郑译、杨素、裴政等人修订律法，修订后的律法不仅有利于隋朝的统治，同时也为后世颁布法典提供了翔实的参考。与立法同时进行的，则是隋朝著名的减税养民制度，而这项制度的草拟者也是高颎。

隋朝既立，我国北部地区实现了大一统，然而南方地区却仍存在一个政权——南陈。南陈国虽然偏居一隅，却依仗境内物产富庶，实力强劲，军队众多，成为杨坚心中的大患。平陈计划早已经在他的腹中筹划多时，不过眼前还有一个问题需要解决，即北方突厥游牧民族的骚扰与入侵。游牧民族一直是中原王朝立国的困扰，秦汉有匈奴，隋唐有突厥。他们靠着战马强大的机动性，经常对中原边境进行骚扰，抢钱、抢粮、抢人，可谓是无恶不作。然而，中原王朝针对他们的军事行动却收效甚微，无法有效遏制其惯用的"游击战"。换句话说，游牧民族来去如风的骑兵，犹如是叮在黄牛背上的牛虻，虽不致命，却嗜血到令人烦不胜烦。

高颎担任丞相后，制定了一系列针对北境的防御措施，除加强边境防御工事与守城士兵战斗力外，还训练了一支机动灵活的游骑兵，专门"以快打快"，剿杀前来骚扰的突厥骑兵。经过一段时间的苦心经营，北境边疆逐渐安定下来，隋朝大后方隐患已除，平南陈的计划也被提上了日程。

高颎向杨坚提出，平定南陈最好的方略在于"伐谋"而非"伐兵"，具体措施如下：首先要瓦解南陈上下士气，其次根据水土特殊性对其进行袭扰，最后则是收买南陈人心。在对待两国邦交问题上，隋朝主动采取礼让态势，对南陈国使臣以礼相待，甚至捉到南陈间谍时，都要客客气气地将他们送回。

在军队部署方面，高颎认为江南气温较高，收割季节会较北方提前，而这一段时间差，正是隋军骚扰对方的良机，目的就是让其缺少粮食，并消耗南陈国内财力。不得不说，高颎的平陈方略果然奏效，每到南陈收粮的时候，大隋就派兵骚扰，让南陈的麦子来不及收割，便烂到地里。仅仅几年之后，南陈的国力下降，隋军就占据了极大的优势，开始在各方面碾压对方，终于掌握了战争的主动权。

开皇九年（589年），隋军兵分三路进攻南陈，分别由晋王杨广、秦王杨俊以及杨素为各路元帅，展开渡江大作战。隋军一路势如破竹，直逼南陈首都建康，迫使陈后主投降。南陈宣告覆灭，隋朝彻底统一了全国。在庆功宴上，隋文帝杨坚专门对高颎进行了嘉奖，说道："高颎平江南、定突厥，功勋卓著可昭日月，是朕的股肱之臣！"

渐失宠信

高颎对于隋朝而言，可谓是"擎天白玉柱，架海紫金梁"。他刚刚做宰相的时候，他母亲就曾经告诫他："你的富贵已经到了头了，如果大意就会被砍头，你可要小心谨慎啊！"

正所谓人无完人，高颎为人耿直，说话不喜欢躲闪，因此也得罪了不少人。一次，杨坚与独孤皇后因琐事争吵，气愤之下离宫出走，骑马在郊外狂奔。高颎见此不合礼仪规矩，随即派快马追上杨坚，并跪在马前道："陛下为万乘之尊，如何会因一妇人而轻易放开天下呢？"杨坚听罢觉得有理，随即驱马回宫。然而，高颎这句话却让独孤皇后十分恼火，自己是母仪天下的皇后，却被高颎信口说成是"妇人"，实在是有损身份。当然，仅仅是"妇人"两个字还不至于让独孤皇后记仇，真正触怒她的是另外一件大事。

众所周知，隋文帝杨坚开辟隋朝之后，即立长子杨勇为太子，而高颎为了与皇室成员搞好关系，主动将女儿嫁给了太子。但是杨勇本人却不争气，终日沉溺于酒色之中，杨坚与独孤皇后对他十分不满，便生出了废掉太子的想法。可是废长立幼历来是皇权交递过程中的大忌，独孤皇后便找来高颎商议此事。谁知高颎说道："长幼尊卑素来有序，擅行废立，恐大祸不远矣！"气得皇后一言不发，当场拂袖而去。

独孤皇后对高颎的印象越来越坏，但是隋文帝杨坚却不以为然，认为高颎也是忠心为国，只是"忠言逆耳"罢了。不过，一件事的发生，彻底令杨坚改变了当初的看法。高颎妻子因病去世，杨坚准备主动为其续弦，就找来高颎商量。高颎道："臣已老迈，是行将就木之人，退朝以后，只能坐于书斋里读些佛经，不敢有太多奢望。陛下爱惜老臣已经是天恩浩荡，老臣心中万分感谢，但娶妻之事就不必了！"隋文帝见状，也不好再说太多，只能顺其自然。

不久之后，高颎的一个爱妾诞下一名男婴，消息传到宫内，杨坚心中高兴，但皇后却不以为然。她对杨坚说道："你还信任高颎吗？你要为他娶妻，他却心存爱妾，当面欺骗你。现在他的欺诈手段已然败露，陛下怎么还能够信任他呢？"隋文帝杨坚听完皇后的这些话，顿时有些恼怒，从此开始刻意疏远高颎。

开皇八年（588年），隋文帝欲出兵辽东，高颎对此坚决表示反对，然而皇帝心意已决，并命高颎担当此次行动的主帅。也许是上天也不垂怜高颎，在行军过程中，因为天气的原因导致军中疾疫流行，士兵十之八九病死，造成了隋军难以为战的局面，高颎只能被迫带着军队无功而返。此事发生后，立即被独孤皇后抓住了把柄，她向杨坚吹枕边风："高颎根本就不愿意去，你强迫他出兵，我就知道准是无功而还。"话里话外的意思是说，高颎阳奉阴违、消极抗命，之所以会出兵失利，正是因为他这位统帅从心底厌恶这一场战争。

当时的汉王杨谅因为妒忌高颎，便杨坚面前诋毁高颎，说他忠心办事，险些被高颎所杀。隋文帝杨坚正好找到了理由，当即下令罢免高颎的官职，以一个"齐公"的虚衔将其打发回家闲居。不过高颎胸襟豁达，虽屡遭不幸，却可以处之泰然，安心在家中赋闲，并以种菜打发时光。

蒙冤身死

高颎被免职几年之后，隋文帝杨坚病逝，杨广登位，史称"隋炀帝"。俗话说"一朝天子一朝臣"，杨广继位之后，第一件事就是启用高颎，任命其为太常卿。隋炀帝杨广启用高颎，其实是存在一定原因的。俗话说"欲取之，必予之"，杨广对于高颎的恨，源自于之前两兄弟之间的争位风波。高颎是杨勇的岳父，是朝臣们眼中公认的"太子党"，他位高权重，在朝廷内具有很大的话语权，杨勇被废之后，高颖也自然而然地成为"东宫集团"中最具有威胁性的人。杨广让高颖重回朝廷，最终目的还是为了抓住其把柄，彻底除掉这一"祸根"。

"江山易改，禀性难移"，高颖直言不讳的性格，成功地让隋炀帝抓住了除掉他的机会。隋炀帝曾下诏收集北齐、北周以前的乐人及天下散乐，恢复古代各类适合在宫中演奏的乐曲。诸位大臣都纷纷附和，只有高颖出面谏止道："此乐早已废弃，如果现在收集，恐怕缺乏鉴别能力的人要丢掉原来的正宗，反而对劣曲趋之若鹜，继而造成有悖于礼法的现象，不利于礼乐的传播。"隋炀帝听罢十分不快，但是又不好出言训斥。针对此事，高颖仍不罢休，曾对太常丞李懿说："北周天元皇帝喜爱音乐，结果亡国灭种，前车之鉴尚且不远，陛下怎可如此不加以借鉴呢？"

几个月后，漠北突厥君主启民可汗至隋朝贡，隋炀帝为凸显中原富庶，特命人准备盛大的欢迎仪式，场面一度十分壮观。然而高颖、贺若弼等人却认为此事不妥，他们对太府卿何稠说道："启民可汗熟悉中原的物力虚实，甚至山川地势的状况也都铭刻于心，此人绝非善类，终将会成为我朝祸患，陛下何苦以肉侍奉豺狼呢？"这些话都传到了隋炀帝的耳朵里，隋炀帝气得七窍生烟，随即宣旨将高颖抓捕下狱，并以"毁谤朝廷"之罪将其下狱。

高颖触怒隋炀帝，令举朝为之震动，以贺若弼为首的官员集团，纷纷为其开脱罪名，乞求隋炀帝能看在其是老臣的分上饶他一命。但隋炀帝向来凶狠残暴，况且之前高颖又一力扶助太子杨勇，令其心生仇怨，他当朝痛骂上书的臣僚，并宣布将高颖立即处死，如果有人敢再为其辩护，则视作同党加以治罪。可怜高颖一生为隋朝恪尽职守，最终竟要面对杨家的屠刀。他来到刑场，望着观斩的百姓，四周的殿宇屋舍，他大声道："我是忠臣，我是大隋的忠臣，也许几十年，也许一百年，一定会有人为我平反昭雪的！"随着刑场上刽子手的手起刀落，高颎身首异处，也结束了他传奇而又悲惨的一生。

高颎作为隋朝的名臣、名将，以一腔热血报效尽忠，为隋朝基业起到了决定性的奠基作用。隋朝初期的文臣武将，大多数都是由他引荐的。他敢作敢为，心胸豁达开朗，从不推卸责任，也不为名利斤斤计较，体现了一代政治家、军事家的优秀品质与道德情操。如果高颎能生在吏政清明的年代，也许他会成为如房玄龄、魏征一样的诤臣。但可惜的是，隋炀帝并没能给予他一片发挥其才干的舞台。

不过从个人角度分析来看，高颎的悲剧与自己的性格存在很大的关系，秉忠直谏的确是臣子应该具有的品质，但凡事都应讲求方法，人与人之间的沟通也存在一定的技巧。高颎能力虽然出众，却用对待明君杨坚的办法，来对待昏君杨广，很显然，这叫"涝灾拜龙王"选错了对象。他对杨广直谏，就等于犯了一个不要命的大错误。他被冤杀的结局，实在令人感到唏嘘不已。

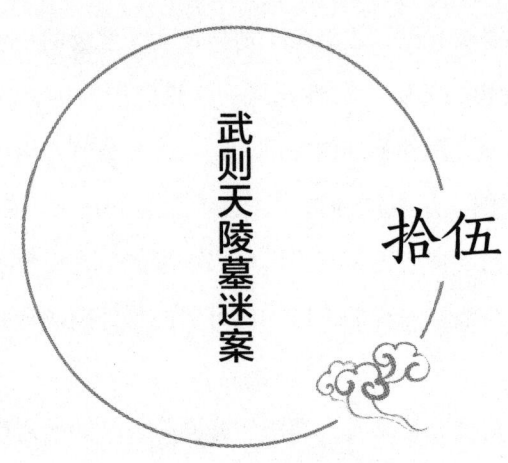

武则天是中国历史上第一位，也是唯一一位正统的封建女皇帝，她的一生充满传奇色彩，已成为一个"女性能顶半边天"的特殊符号。作为一位女性皇帝，武则天与其他男性皇帝有差别，但从政治成就而言，却丝毫不输于前者。

武则天去世后，与夫君李治合葬于乾陵，而正是这座陵寝，也成为我国唯一一座两代帝王共同合葬的皇家陵园。据传言称，武则天与李治的合葬陵内，藏有大量珍贵的宝贝，甚至有一些还是绝世珍品。俗话说"树大招风"，埋藏大量珍宝的乾陵，自然会被历代盗墓贼盯上。古往今来，究竟有哪些盗墓贼盯上了这块"大肥肉"？乾陵之内又藏有哪些宝贝呢？

女皇登位

武则天，又名武曌，并州文水（今山西省文水县）人，是唐代至武周时期著名的政治家，武周开国君主（690—705年），历史上唯一一位正统女皇帝，更是即位年龄最大（67岁）及寿命最长（82岁）的皇帝之一。

武则天是唐朝开国功臣武士彟次女，母亲杨氏出身于隋朝皇室，武家是当时屈指可数的名门望族之一。武士彟曾从事木材生意，李渊于太原起兵反隋后，武士彟通过多方考虑，资助过唐军不少钱粮衣物，所以在大唐建立以后，武士彟以"元从功臣"的身份官至工部尚书、荆州都督，封应国公。

贞观十一年（637年），唐太宗李世民驾幸洛阳宫，邂逅了年仅14岁的武则天，顿时心生爱慕，将其召入宫中，封其为五品才人，并赐号"武媚"，所以后世称武则天为"武媚娘"。作为帝王的李世民，向来有喜新厌旧的毛病，武则天入宫后也未能获得长久宠幸，她苦苦做了12年的才人。

再后来，太子李治对武则天倾慕有加，二人私下里居然相互生出情愫。贞观二十三年（649年），唐太宗李世民驾崩，太子李治登基称帝，即唐高宗。按照朝廷惯例，先皇驾崩之后，其部分未生育的嫔妃都会被送入感业寺出家为尼，武则天"不幸中奖"，从此在感业寺过着青灯黄卷的生活。

如果没有意外，武则天将会与其他妃嫔一样，在尼姑庵中，从青春花季到年老体衰，最后了却一生。但命运似乎相当关照这位非凡的女子，永徽元年（650年），李治为祭奠李世民，来到感业寺进香，与武则天不期而遇。二人相认之后互诉衷肠，倾吐多日的思念之情。此事被因无子而被排挤的王皇后看在眼中，她便主动要求李治将武则天纳入后宫，以此打击自己的情敌萧淑妃。李治见皇后如此贤惠，当即就坡下驴，将武则天接入宫中，封为二品昭仪。

武则天入宫之后，自然逃避不了后宫的纷争，但武则天颇具政治头脑，命运多舛令她看透了世间人心，内心早已经变得冷酷无情，甚至为了击败对手，不惜以掐死自己女儿为代价诬陷王皇后，以至于李治产生了"废后立武"的想法。李治虽然贵为天子，但却一直受到以长孙无忌为首的大臣们的制约，这让武则天成为皇后之路异常坎坷。永徽六年（655年），朝廷之中突然兴起了一波

"立武为后"的风潮，令局面扭转，同年十一月，武则天被正式册封为皇后。

李治身体羸弱，不能独立处理朝政，而武则天机敏过人且颇有见识，因此经常参与处理国家大事，甚至在朝堂上与李治同列而坐，两人并称为"二圣"。弘道元年（683年）十二月，唐高宗李治驾崩，太子李显继位，即唐中宗，武则天也被立为皇太后，成为朝堂内真正当家做主的主人，继续统御大唐帝国。

在此之后，唐中宗李显因犯错被武则天废掉，改立李旦为帝，即唐睿宗。唐睿宗懦弱无能，只能任凭武则天摆布，后者也只是将其作为一枚棋子。载初元年（689年），在武则天心腹的运作之下，朝廷内突然又出现一系列官民、宗亲、四夷首领、沙门、道士向武则天请求"改唐为周"的事件，就连李旦也主动要求改姓武姓，武则天"勉强"应允，于是改唐为周，改元天授，定都洛阳，自己加尊号为"圣神皇帝"。

合葬乾陵

武则天在位期间，注重吏制，提倡廉政，能够破格提拔有用的人才，虽然也重用酷吏、外戚、男宠，却最终仍能把控政治大局。武周朝廷之内，如狄仁杰、姚崇、宋璟等人，都成为开国贤相。武则天同样也重视民间农业生产，她颁布农书《兆人本业记》，推行均田制，并重视和提倡兴修水利，又鼓励采矿业、铸造业与纺织业的发展，促进了商业繁荣。更重要的是，武则天能够妥善处理西域各国之间的关系，对侵扰的外敌给予了严厉的打击，维护了边疆与国内的安全环境。

武则天也非神仙，执政时当然也有黑暗面，尤其是她步入老年后，更是令朝廷弊政渐生，杀戮之事也愈发严重。神龙元年（705年），武则天因年老体衰卧床不起，宰相张柬之等一众大臣发动政变，率领禁军500人冲入宫城，逼迫武则天交出皇位。武则天无奈，只能宣布退位，还政于李显，唐朝由此恢复。同年十一月，操了一辈子心的武则天于上阳宫病逝，享年82岁，至次年五月，与唐高宗李治合葬于乾陵。

历史上关于武则天与李治合葬原因的说法层出不穷，但是从理性角度分析来看，武则天死后进入乾陵，存在一定的考量。众所周知，武则天之所以能够成立武周王朝，从根本上来说是篡夺李氏天下，武则天与李氏宗室仇深似海，迫害手段也无所不用其极。

武则天生前曾大肆剪除李家宗室成员羽翼，以达到巩固个人政权的目的，致使李唐子孙无不对其切齿痛恨。然而在其死后，政权重归李氏，免不了要被"秋后算账"。如果按照古代旧制，武则天曾是一国之主，理应在驾崩后重新建起一座皇陵，以示身份尊贵。但其"屈尊"进入乾陵，与李治合葬于一处，却并非自降身份，而是生怕李家后人将自己挖坟掘墓、挫骨扬灰。

武则天驾崩后入乾陵，陪在李治的身边，就已经变相承认了自己的皇后身份。若是李家子孙准备将其坟墓掘开，则必然会打扰李治在地下的安宁，投鼠忌器之下，李家王朝也不敢对自己下狠手。换句话说，武则天之所以能陪葬于乾陵，无非是将李治作为自己死后的"保护伞"，防止别人打扰她在地下安息的亡魂。

值得一提的是，在乾陵的墓园中，还赫然立有一块无字石碑，该石碑高7.53米、宽2.61米、厚1.49米，碑侧镌刻有龙凤装饰，正面与反面都没有字迹。按照正常情况，帝王陵寝的石碑上，往往都会镌刻几千字歌功颂德的文字，以此夸赞自己，让自己流芳后世。但是武则天却不然，她所留石碑之上居然无一字迹，难免会令后世对此浮想联翩。

有人认为，武则天之所以立下无字石碑，完全是一种"此时无声胜有声"

的炫耀，在她看来，自己的一生功昭千秋，无法用有限的文字来表述，所以才取《论语》中"民无德而名焉"，立下无字石碑。还有人认为，武则天立下无字碑的目的，是出于对天下人的愧疚。晚年的武则天幡然醒悟，自知罪孽深重无法弥补，无颜面对后世，因此立下无字石碑，消除自己前世的业障。当然，还有一种较为折中的说法，认为武则天一生功过参半，自己无法堵住悠悠众口，只能留下无字石碑，任由后人盖棺定论，自由评说。

乾陵之劫

乾陵作为唐代两位帝王的合葬陵寝，无论是从形制还是规格上来讲，都在唐代帝王陵中堪称翘楚，加之武则天生前醉心于奢靡享受，因此墓葬之内也必然陪葬有大量的珍宝。纵观历代帝王陵寝，虽在本朝时享受后世香火，受到了极大的保护，可一旦天下板荡，改朝换代，前朝帝王陵寝便成为一个人人垂涎三尺的大宝藏，人人都想从中分得一杯羹。

三国时期的曹操，在举兵之时曾一度为粮饷发愁，后经人提醒，开始发掘汉代帝陵，取其中金银珍宝用于军队的花销。

唐朝末年，发生了一场声势浩大的农民起义——黄巢起义。黄巢起初只是一位落魄的书生，在多次科举不第的情况下，愤而加入到王仙芝的起义军中，并很快成为农民军领导者。黄巢生性残暴，且对唐王朝极度仇恨，在起义军进入陕西时，由于军饷极度匮乏，导致军士怨声四起。黄巢为防止兵变，随即将目光盯向了乾陵，共调离军队40万，开始了对乾陵的大肆发掘。

40万大军盗掘乾陵，其规模着实不小，然而令人诧异的是，即便如此，黄巢也未能找到乾陵的墓道口，只能留下一条纵深40余米的大沟悻悻离去。这是乾陵第一次被盗掘。虽然乾陵地宫尚未被损毁，但陵寝表面设施却遭受到了极大的破坏。

乾陵第二次遭遇大规模盗掘，是在五代时期。当时的后梁崇州节度使温韬，是著名的盗墓贼，他曾挖掘过数座汉唐帝王陵，获利甚丰。温韬绝非黄巢之流，黄巢只知道一味蛮干，从不考虑风水地势，但温韬却通晓风水堪舆之术，主张少挖、巧挖，利用最少的人力、物力，挖掘出最多的珍宝。

史书记载称："唐诸陵在其（温韬）境内者，悉发掘之，取之所藏金宝……惟乾陵风雨不可发。"

也就是说，凡是温韬所管辖内的唐代陵寝，几乎都被温韬劫掠一空，唯独乾陵能得以幸免。乾陵为何能够逃脱温韬的魔爪呢？其实也是有原因的。相传，温韬曾派军士对乾陵进行发掘，并已经确定好乾陵墓道口的正确方位，只要军士们继续努力挖掘下去，就能顺利打开墓门进入地宫。然而就在即将成功之时，天空突然由晴转阴，接着就是大风呼啸、飞沙走石，惊得温韬认为是武则天显灵，于是赶紧下令停止发掘，迅速撤兵离开，从此再也不敢打乾陵的歪主意。

自温韬以后千年以来，都无人敢觊觎乾陵内的宝物，生怕一不小心触怒女皇的魂灵惹祸上身。一转眼到了民国初年，此时各地军阀陷入混战，各类不法行为也大肆丛生，盗掘古墓的歪风再次"刮起"。一位孙姓军阀奉命在乾陵驻扎时，曾以保护乾陵为幌子，用真枪真炮演习的办法进行掩护，几乎动用了近一个师的兵力盗掘乾陵。士兵们不再使用锹镐进行发掘，而是利用现代炸药对乾陵进行爆破，但幸运的是，他们仍没有找到墓道口。

1958年，当地几个农民在放炮炸石时，无意间炸出了乾陵的墓道口。此后，陕西省成立了"乾陵发掘委员会"，通过发掘确认了被炸处为地宫墓道。据考古专家称，通过此次调查发现的乾陵墓道情况，与《旧唐书·严善思传》中"乾陵玄阙，其门以石闭塞，其石缝隙，铸铁以固其中"的记载完全相同。

我国上级部门对此极为重视，随即草拟了《乾陵发掘计划》，明确提出了对乾陵遗址的保护措施，力求发掘时，让古代文化遗产免遭破坏。

可是最后，发掘乾陵的计划还是搁浅了，专家经过研究，认为乾陵里的文物，还是存于地下比较安全，将其取出来，与之对应的保护措施并不完全。发掘乾隆的工作，还是等到条件具备时再说。

地宫珍宝

乾陵相较于昭陵而言建筑时间较晚，但却在乾陵的基础上发展与完善了昭陵的形制，陵园整体模仿唐都长安城的格局营建，分为皇城、宫城和外郭城。据史书记载，乾陵陵园外侧"周八十里"，原有城垣两重，内城置四门，东曰青龙门，南曰朱雀门，西曰白虎门，北曰玄武门。后经考古工作者仔细勘查得知，乾陵陵园内城整体为正方形，南北墙各长1450米，东墙长1582米，西墙长1438米，总面积约230万平方米。城内安置有献殿、偏房、回廊、阙楼、包含狄仁杰等六十余座朝臣像的祠堂、下宫等辉煌建筑群多处。

在此基础上，根据西安文保中心相关专家对乾陵地宫的探测，再结合目前已发掘的乾陵陪葬墓和有关文献，做出了以下推测。乾陵墓室整体应该由墓道、过洞、天井、甬道，以及前、中、后三个墓室组成，或有耳室。中室之内置有二圣棺床，以放置皇帝的棺椁。在棺椁底部位置，设置有防潮、防腐的物质，并以珍宝对其覆盖，上加象征帝王身份的"七星板"，板上有席、褥，旁置衣物及珪、璋、璧、琥、璜等"六玉"。地宫的后室部分设置有石床，其上放置有衣冠、剑佩、千味食等，是供墓主人在墓内享用之物。前室部分应该设有"宝帐"，帐内设置神座，周围以玉质的"宝绶"、"谥册"和"哀册"装饰陈列。在过洞两侧的耳室和甬道石门的前后，还可能放置有数量不菲的珍贵随葬明器。

武则天与李治合葬于一处，墓中宝贝灿若繁星，但究竟有哪些珍宝呢？我们不妨来推测一下：

木棉袈裟

木棉袈裟是佛教圣物，在魏晋南北朝时由达摩祖师带入中原。相传木棉袈裟在入中土后，经过数代传递，被供奉于宁国寺，后被惠能和尚献给武则天，由其供养在皇宫中。自武则天去世后，木棉袈裟不翼而飞，后世传言它很可能被陪葬于乾陵之内。

《垂拱集》与《金轮集》

武则天对文学相当感兴趣，其一生所著诗篇很多。虽然这些诗文绝大部分没有被收录于全唐诗中，但是在《垂拱集》与《金轮集》中有详细记载。一旦乾陵开启，两件文学作品很可能就会重见天日。

青泥珠

青泥珠源自于西蕃，是一位使者特意远来进贡给武则天的宝物。青泥珠如拇指大小，颜色发青，该宝珠有一个最奇妙的地方——可以"避泥"。避泥，即分开沼泽中的青泥，从而轻易取出埋藏在泥下蛤蚌体内的珍珠。其实，青泥珠早已经不知去向，但野史记载称，它很可能镶嵌在武则天的皇冠上。

皇帝玉玺

武则天一生视权力如命，在成为武周皇帝之后，凡是由武则天亲自下发的命令，均要印上武周皇帝玉玺。可惜武则天创下的王朝并没有延续，前后只有武则天一世，因此，武则天很可能会将玉玺带入地下，让皇权永远伴随在自己的身边。

《兰亭集序》

武则天一生崇尚文学，尤其喜欢收藏古董字画。《兰亭集序》作为"天下第一行书"，一直颇受文化界的追捧，唐太宗李世民曾在民间偶然得到《兰亭集序》，从此成为其掌上心爱之物。有传言称李世民以《兰亭集序》为自己陪葬，但是从后世发掘记载来看，《兰亭集序》并未被葬入昭陵。专家们推断，《兰亭集序》陪葬给李世民的说法传于市井，很可能是武则天放出的烟幕弹，其实她才是真正用《兰亭集序》陪葬之人。

武则天与李治的乾陵，是一座当之无愧的大宝藏，后世多少盗墓者对其觊觎，多少考古者对其有所希冀。新中国成立后，曾有考古专家建议将乾陵打开，取出其中珍宝加以保护。但大多数专家却对此表示反对，认为对文物最好的保护，并不是将其放在博物馆中，而是令其原封不动，这不仅是对历史的尊重，也是对后代子孙的负责。

北宋登州少女杀人案

拾陆

杀夫血案

北宋熙宁元年（1068年）夏，登州倒流河子镇。老光棍韦大醉醺醺地从酒馆回到了自己的茅屋。韦大今年52岁，家中只是略有薄田，因他生有朝天鼻、金鱼眼，脸上还有一些大麻子，被当地的人送了个绰号——韦蛤蟆。

韦蛤蟆今晚去酒馆喝酒，确实是有件高兴的事儿，因为他马上就要娶妻了。距离本镇两里地，有一个清河堡。清河堡是座一两百户的小村子，村中有一户人家，户主名叫沈二牛。

沈二牛的哥哥沈大牛死得早，只留下遗孀王氏拉扯着自己的女儿阿云过活。阿云13岁的时候，王氏因为操劳过度也去世了。

阿云一个孤零零的女孩子，自然无法自己生活，她就来到了沈二牛的家，过起了寄人篱下的日子。沈二牛的家也很贫寒，又凭空多了阿云一张嘴，这日子就变得更加艰难了。

倒流河子镇有一个媒婆，名叫刘快嘴，她早就收了韦蛤蟆的银子，可是半年的时间过去了，她也未给韦蛤蟆找到合适的媳妇。她去清河堡串亲的时候，听说了阿云姑娘的情况。刘快嘴眼珠一转，觉得机会到了，便来到了沈二牛家，拐弯抹角地说要给阿云提亲。沈二牛高兴地说："刘婆婆，这可是大好事儿！"

刘快嘴一见沈二牛急着想将侄女嫁出去，她便挑好听的，将韦蛤蟆的情况介绍了一遍。沈二牛点了点头："只要韦大能拿出二十吊钱的聘礼，我就同意这门亲事！"

刘快嘴当天中午，就回到了倒流河子镇。她找到韦蛤蟆一说情况，韦蛤蟆高兴得差点跳了起来。他急忙穿戴一新，跟在刘快嘴身后，一只手拎着20吊钱，另一只手拎着四彩礼物，就直接来到了邻村的沈二牛家。

沈二牛也没想到韦蛤蟆长得如此之丑，可是看着那20吊钱和四彩礼物，他咬了咬牙，便点头答应了这门亲事。

韦蛤蟆和媒婆刘快嘴高高兴兴地离开了清河堡。还没等沈二牛将聘礼收起来，厢房之中，就传来了阿云的哭声。阿云虽然不愿意在沈二牛家再住下去，可是沈二牛帮她找的夫婿，竟然是个又丑又老的男人，这不是将她推向火坑吗？

沈二牛推门走进东厢房，他用恼恨的目光瞪着阿云说："你嚎什么丧？"

阿云哭着说："二叔，这门亲事，我，我不愿意！"

沈二牛蛮横地道："男大当婚，女大当嫁，二叔给你选定的亲事，你同意也得同意，不同意也得同意！"

阿云又哭着央求了半天，沈二牛不耐烦地道："想退掉这门亲事，除非韦大死了！"

阿云可是个烈性的女子，听到沈二牛最后这句话，她擦干了泪花，一下子竟不哭了。当天晚上，她溜到了厨房，将菜刀拎到了手中，然后借着夜色的掩护，直奔倒流河子镇而去。

阿云虽然在白天记住了韦蛤蟆的模样，可是韦蛤蟆的家住在哪里，她却不知道。现在已经是夜深人静，她到哪里去找韦蛤蟆的家呢？

阿云正在发愁的时候，喝醉了的韦蛤蟆趔趄着，沿着镇中的土路一边往家走，一边还兴奋地嚷嚷着："我韦蛤蟆就要娶亲了，哈哈哈……"阿云手拿菜刀，跟在韦蛤蟆身后，一直来到了镇头的茅屋。韦蛤蟆走进屋内后，鞋还未脱，"咕咚"一声，便倒在散发着馊臭味的木床上。

阿云哆嗦着双手，高高举起了菜刀，"咔嚓"一声，正砍在了韦蛤蟆肩膀上。韦蛤蟆头昏脑涨，肩膀上突然挨了一刀，钻心的疼痛令他"哎哟"一声惨叫。他刚翻过身来，阿云的菜刀便雨点一样，落到韦蛤蟆的身上……

峰回路转

韦蛤蟆一身是血，他右手的小手指，遮挡阿云菜刀的时候，也被齐根砍掉了。万幸的是，阿云力气小，刀还钝，虽然韦蛤蟆身中多刀，可是命保住了。

清河村的里正得知血案的经过，他急忙骑着毛驴，赶到登州县报案去了。

登州县的刘县令得知情况，他乘坐着轿子来到了清河村。刘县令看着韦蛤蟆受伤后的惨样，对随行的捕快说："一定要严查血案，不能放过了凶手！"

登州县的捕快哪敢怠慢，经过现场勘查，他们在韦蛤蟆家的屋地上，提取到了一枚小巧的血脚印。经过查验伤者身上的创口的深度，最后捕快们推断，行凶者为女人，而且这个女人还是一个年岁不大的女人。

韦蛤蟆虽然相貌丑陋，可他却是一个非常本分的人，别说与人结仇，就是脸都没有和街坊四邻红过。这样的一个人，谁会拿刀来砍杀他呢？

韦蛤蟆和刘县令一讲自己在清河堡定亲的事儿，刘县令一拍桌子道："不用想，凶手十有八九便是阿云！"

刘县令命人直奔清河堡，可是阿云却不在沈二牛的家里，阿云在昨天晚上就已经失踪了。再找沈家的菜刀，也已经不见了踪影。

刘县令当即断定，昨夜的凶手一定是阿云，阿云砍伤了韦蛤蟆，现在已经畏罪潜逃了。可是捕快们将清河堡几乎翻了个底朝天，却连阿云的影子都没见到半个。

太阳快下山的时候，刘县令领着捕快们回到了县衙。他们在门口石狮子的旁边发现了一个女子，她就是衣襟上还沾着血点的阿云。

捕快们蜂拥而上，将身体弱小的阿云擒获。刘县令随后升堂，阿云倒也干脆，她对挥刀砍杀韦蛤蟆的事情供认不讳。刘县令瞧着阿云的口供，一拍惊堂木吼道："小小年纪，就敢持刀杀夫，你知道犯下的这是什么罪吗？……"

阿云一边抹泪，一边低声说："不知道呀！"

按照《宋刑统》的规定：阿云弑夫的罪行，属于十恶不赦的大罪。刘县令提起笔来，将拟判阿云死刑的文书写好，然后派快马送到了自己的顶头上司阳州知府许遵的手里。

许遵今年36岁，他是大理寺外派到地方的官员。他做一阵知府便要回大理寺，继续当他高高在上的京官了。

阿云弑夫一案证据确凿，定罪准确，并不需要他特别关心，可是当许遵拿起刘县令写好的文书，读到阿云父亡母丧，最后被叔父强行嫁给韦蛤蟆的时候，他心里不由得针扎似的痛了一下。许遵也是孤儿，自幼便在叔父家长大，那种寄人篱下的屈辱生活，他早就已经品尝过了。

许遵在同情阿云同时，心中不由萌生了一个想法，他要帮阿云减轻罪名。许遵打定主意后，他又将案卷从头到尾仔仔细细地看了一遍，当他读到阿云父亡母丧这一句的时候，他点了点头说："阿云，你命不该绝！"

北宋的《宋刑统》律中，有这样一条严苛的规定，那就是子女在守丧期内不许婚嫁。阿云母亲去世，她守孝期未过，便被沈二牛强行许配给韦蛤蟆，这事儿本身就违法。既然违法在先，就可以明确地说，韦蛤蟆和阿云的婚约无效，阿云并不是韦大的媳妇，现在阿云只是挥刀砍人，而暗夜杀夫这样的死罪就和她不挨边了。

许遵将请求改判的文书誊写了两份，一份上交刑部，一份上交大理寺。

一个月之后，两份批复的案宗就被公差送到了登州府，许遵打开案卷一看，只见上面全都写道——杀人以伤者绞！

这句话的意思是阿云即使不是韦大的媳妇，但她谋杀未遂砍人致伤也一定要判死罪，只是死罪由砍头变成了绞刑。

惊天动地

许遵天生便是个执拗的人，为了不让花季少女阿云变成冤魂怨鬼，他坐着大轿来到了登州县。刘县令一听自己的顶头上司驾临，他急忙身穿官服出衙迎接。

许遵走进县衙，拉着刘县令的手低声道："刘县令，本府台今日登门是有一事相求！"许遵今日是要给阿云脱罪，但为了搞明白案情，还是要请刘县令将阿云挥刀砍人，最后被捕的案情经过再仔细地讲一遍。刘县令连声说好。当他讲到捕快们在县衙门口擒获阿云的时候，许遵问道："刘县令，你说阿云行凶之后不选择逃亡，她来县衙干什么？"

刘县令踌躇地说："莫非她想自首？"

许遵点了点头说："我觉得她是那个意思！"

许遵命人将阿云从监牢中提了出来。经过询问，阿云迟疑地说："那日我确实是想自首，但刘大人的县衙无人，我就站在石头狮子底下等待，可是刘大人回来的时候，我就稀里糊涂地被捕快们抓起来了……"

宋神宗为了体现自己的仁慈，当年曾经颁布过这样一道圣旨——谋杀已伤，按问欲举，自首，从谋杀减二等论。那意思就是只要有自首的情节，罪行便可以减轻两级。

许遵刚刚写好替阿云减罪的文书，朝廷升任他为大理寺卿的旨意便发到了登州府。许遵回京后，便找到刑部的官员，他以阿云有自首情节为由，希望刑部重新斟酌对阿云的判决。

许遵和阿云非亲非故，他对此案的热心，明显有些不合常理，便有心怀叵测的官员推断：许遵一定是接受了阿云贿赂。

一时间谣言充斥朝野。当朝的御史便以许遵贪赃枉法的罪名，对他进行了弹劾。

许遵面对弹劾，一脸正色，他站在朝堂之上，面对神宗皇帝将案情的经过，仔仔细细地讲了一遍。宋神宗本就是"生于深宫之中，长于妇人之手"的皇帝，他的性格不仅软弱，而且常发恻隐之心，再说阿云的遭遇，也确实令人同情。

金殿之上，文武百官分成了两派：一派要严惩阿云，将其绞杀，以正律法；而另一派则支持许遵，请皇帝开恩，赦免阿云的死罪。

宋神宗左右为难，最后他只得采纳了许遵的建议，让王安石和司马光两位重臣来负责审问此案。

王安石和司马光在政见上是死对头，他们在阿云弑夫案的判决上更是水火不容，而且一开始就"你东我西"地走上了极端。王安石赞同许遵的建议，以阿云有自首为由，认为应判阿云监禁二十年。

而司马光却赞同刑部的判决，阿云被捕才提自首，此情节在事实上难于成立，当处以绞刑，以正国法。两人从大理寺，一直吵到了刑部，又从刑部吵到了金銮殿，而金殿上的文武百官，也加入了大论战。两三天的时间里，金銮殿就成了吵架的战场，国家大事在这几天也都被搁置了。

神宗皇帝的脑袋被吵得生疼，右仆射吕公著一见这样无休止地吵下去，实在不是办法，他就出班跪倒："万岁，老臣觉得阿云杀人案总得有个结局，是杀是囚，还是请陛下做个决断吧！"

神宗皇帝踌躇再三，他决定还是支持王安石，在许遵替阿云开罪的奏折上提起朱笔，御批了一个重若千钧的"可"字。

许遵的脸上终于露出了满意的微笑，阿云的性命因为这个"可"字，终于能够保住了。第二天，令许遵没有想到的事情却发生了，分管刑部的齐恢等人来到金銮殿之上，他们联名上奏，请皇帝收回成命，并要和许遵、王安石等人继续辩论阿云的案件。

神宗皇帝本想驳回这些奏折，可是齐恢等人却以碰柱而死相逼，神宗皇帝没有办法，只得同意了齐恢等人的要求。在接下来的五六天中，金銮殿上，文武百官议论的都是阿云这个卑微的女孩的名字。

阿云生死之争，最后竟演变为以王安石、司马光为首的改革派和守旧派的派系之争，最后，北宋最高的两个权力机关——枢密院和中书省也被搅了进来。面对纷乱的形势，宋神宗只得对自首的界定和量刑又重新颁布了一道新的旨意，阿云最后在神宗皇帝的坚持下，终于豁免死罪，变成了徒役。

阿云入狱不久，便遇上了天下大赦，她很快就恢复了自由身。17年后，宋哲宗继位，司马光又重新得势，他上台后旧事重提，再一次将嫁人生子的阿云逮捕，并以谋杀亲夫的罪名将其斩首示众。

阿云，这个普通的登州女孩，当她举起菜刀的那一刻，她真的没有想到，自己竟会卷入到北宋变法与守旧两党的权力之争中……纵然她的坟头草高逾三尺，但也没人记住她的名字，更没人知道她的死，是冤枉还是罪有应得，只能由她一个人默默承受——因为她太卑微渺小，卑微得就好像枝头的一片落叶，渺小得就好像是一点历史的尘埃。

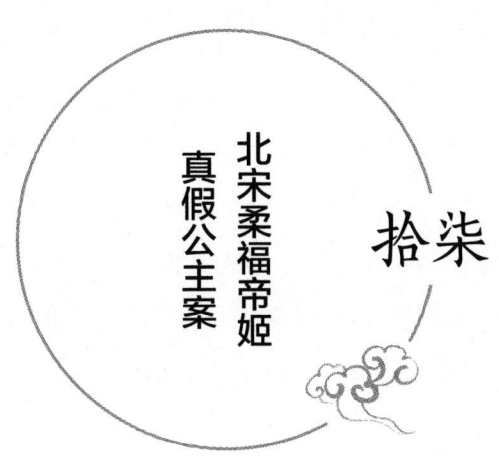

北宋柔福帝姬
真假公主案

拾柒

柔福帝姬

北宋宣和七年（1125年）冬，北方的金国兴兵南犯。擅精写词作画的宋徽宗赵佶哪里懂得领兵作战保国安民的道理，他仓皇无措间只得脱下皇袍交出了玉玺，让位于太子赵桓，而自己一头躲进龙德宫，做起了甩手的太上皇。

赵桓即历史上的宋钦宗。赵佶交到儿子赵桓手里的江山，是一个内忧外患风雨飘摇的社稷。人人都说不孝子"坑爹"，万没想到，还有不肖爹"坑儿子"的。

赵桓登基后，改元靖康元年（1126年）。这年冬天，金兵第二次围攻汴京（今河南省开封市），双方展开恶战。赵桓每天都会亲自登上城墙督战，皇后朱氏还亲率妃嫔赶制军衣，虽然这样，还是没能抵抗住如狼似虎的金兵。第二年的三月，金兵破城而入，经过数日的疯狂杀戮和抢劫，宋徽宗、宋钦宗、两宫后妃、皇子帝姬和宗室大臣等共计三千多人，皆都被俘往了金国。

这只庞大的俘虏的队伍中，妇女占了很大的比例，比较著名的有宋徽宗皇后郑氏、宋钦宗皇后朱氏、韦贵妃和柔福帝姬等。

柔福帝姬，小名嬛嬛，她是宋徽宗赵佶的第20个女儿，生母是极受宠爱的懿肃贵妃。此前在宋朝的历史上，皇帝的女儿一般都被称为公主。可是在北宋政和三年（1113年）因蔡京建议，宋朝廷仿照周代的"王姬"称号，宣布一律称"公主"为"帝姬"。这一制度维持了十多年，直到南宋初才恢复旧制。

柔福帝姬被掳北上时才17岁，她生在帝王家，从小穿锦缎吃珍馐，哪里受过这天寒地冻，万里跋涉之苦呢？宋国的这些俘虏一路行来，吃不饱穿不暖不说，受金兵的打骂更是常事。

这些俘虏历经千辛万苦，终于跋涉到了金国都城上京（今黑龙江省哈尔滨市阿城区），从此他们便与故国北宋彻底断绝了消息……

靖康二年（1127年），宋高宗赵构建立了南宋王朝。赵构是宋徽宗赵佶的第九子、宋钦宗赵恒的弟弟。赵构成为皇帝后，他对金朝采取的也是消极不抵抗的政策，其统治期间，打压岳飞，重用秦桧，以割地、纳贡、称臣等屈辱条件向金人求和。

建炎四年（1130年），蕲州知州甄采围剿土匪刘忠时，俘虏了一个土匪的女眷。甄采本想手起刀落杀掉这个女子，没想到这个娴静端庄的女子面对屠刀竟毫无惧色，她说道："将军勿鲁莽，我乃先皇之女——柔福帝姬！"

甄采听这个女子的话后十分意外，柔福帝姬可是当今天子的妹妹，她怎么会成为土匪的家眷呢？甄采只是一个小小的知州，如果他错杀了皇妹，那罪过可就大了。甄采踌躇再三，最后打定了主意，管她是真是假，将这个自称为柔福帝姬的女子送到京城再说，她的真实身份，还是由当今天子去判定吧。

甄采打定了主意后不敢怠慢，他一边向南宋朝廷报告这个消息，一边派兵把这个自称为柔福帝姬的女子护送到了京城。

宋高宗得到甄采的奏报，他也是一下子呆住了。

真真假假

宋高宗赵构的母亲是韦皇后，而柔福帝姬的母亲却是宋徽宗极为宠爱的懿肃贵妃。韦皇后和懿肃贵妃原本就不睦，赵构对于自己的那些兄弟姊妹也是鲜有亲情，多的只是猜忌和嫉恨。

宋高宗赵构只是依稀记得，自己当年在皇宫内的典礼上，曾经匆匆看过柔福帝姬几眼。对于他这个妹妹的真实容貌，赵构早就已经忘记了。

亲情的冷漠，还不是赵构讨厌柔福帝姬的最主要原因，要知道，柔福帝姬被金兵解往上京的时候，她还是个未许人的黄花女子。赵构早就听说，那些押解大宋俘虏的金兵根本就是一群禽兽，这群兽兵一路上拿俘虏中的女眷并不当人，奸淫和凌辱时有发生。

再加之柔福帝姬这些年又和土匪搅在一起，如果他大张旗鼓地认这个妹妹，北宋皇帝的颜面何在？

正在赵构犹豫不决的时候，那帮主战的大臣们纷纷上殿奏本，敦促赵构一定要尽快辨识出柔福帝姬的真假——徽钦二帝被囚金国，宋军力量薄弱，不能将其营救回来也就罢了，难道落难民间又回宫认亲的前朝公主，也要被赵构拒之门外吗？

赵构没有办法，他只得硬着头皮找到了宫内的大太监冯益："冯公公，辨识柔福帝姬真假的任务，就交给你了！"

大太监冯益一见这个费力不讨好的任务落在了自己的头上，心里虽然一百个不愿意，可是嘴里还是一个劲儿地连喊"接旨"！

冯益曾经在柔福生母的宫中当过差，他对柔福帝姬还是有一些印象的。可怎么能准确无误地完成任务呢？冯益思前想后终于有了主意，宗室女眷吴心儿当年和柔福帝姬颇熟悉，只要将她带着前往，相信就不会出现什么纰漏了。

大太监冯益找到吴心儿一说，吴心儿眼泪"唰"一下就流淌了下来。当年在皇宫中，吴心儿和柔福帝姬的关系确实是非同一般，听到故友回来，她焉有推辞不去的道理。

吴冯二人来到馆驿，见到了面带沧桑的柔福帝姬。眼前这个柔福帝姬的实际年龄只有21岁，可是她的脸上却是充满了疲惫与倦怠。吴心儿心中柔福帝姬的形象，还是那个4年前在皇宫中养尊处优、弱不禁风的公主，现在面前这个眼角已经有了鱼尾纹的柔福帝姬，确实已经成熟太多了！吴心儿还没等说话，柔福帝姬却露出了一脸惊喜的表情，说道："你，你可是吴心儿吗？"

吴心儿一听柔福帝姬唤出了自己的名字，她冲上前去跪在地上，抱着柔福帝姬的双腿，就只有痛哭的份儿了。

大太监冯益老谋深算，他在一旁陪着二人落了几点眼泪后，便开始拐弯抹角地询问柔福帝姬当年一些宫里的情景。令他惊奇的是，这个柔福帝姬不仅对宋宫旧事记忆如新，还对冯益的问题问一答十，甚至她反问的几个问题倒将冯益和吴心儿给难住了。

吴心儿抹去了眼泪，她正要告诉冯益自己断定眼前这个女人的确是柔福帝姬，可是她的目光最后却落在了柔福帝姬的一双脚上——如果她没记错，宫中的柔福帝姬应该是三寸金莲，可是眼前这个帝姬却是一双大大的天足。

柔福帝姬也发现了吴心儿眼中的怀疑，她用不堪回首的口气说道："当年北上之路逾越万里，金人驱逐我们如牛羊，我曾经在冰天雪地中赤脚走路，这一双脚哪还有当年三寸金莲的模样？"

母后回宫

大太监冯益回到宫中，他在赵构面前，还没把柔福帝姬心酸无比的话复述完毕，那同情的眼泪，就在冯益眼中流淌了下来。

赵构想起自己当年在金国被囚的岁月，他的鼻子一酸，也差点哭了出来。柔福帝姬的身份既然确定，那就不应该再有迟疑。赵构于是在建炎四年（1130年）八月戊寅日这一天，派出了声势浩大的迎接队伍，将这位妹妹迎进了行宫，并将柔福帝姬封为福国长公主。

柔福帝姬还宫不久，赵构便为她选定了永州防御史高世荣为驸马，并赐予嫁妆一万八千缗。从此，赵构对自己这个饱经磨难的妹妹宠渥有加，先后赏赐达四十七万九千缗。

按照宋宫的惯例，柔福帝姬出嫁以后，应该随着高世荣一起生活，因此她与赵构单独见面、谈论家事的机会也就少了许多。

其实赵构压根就不想跟金国开战，更不想迎徽宗、钦宗回来和自己争夺皇位。柔福帝姬被嫁出宫，对赵构来说，也是一种眼不见心不烦的好事。

可是两年后，也就是绍兴二年（1132年），又发生了一起"公主认亲"的事件。一个30来岁的女子，讲自己便是钦宗胞妹——荣德帝姬。

荣德帝姬，小字金奴，北宋亡之前就已经嫁给左卫将军曹晟为妻。后来俘往金国，驸马早逝，自己饱受凌辱后又再嫁他人。

赵构依葫芦画瓢，照样派人去检验真伪。可派去的人回奏，这位"荣德帝姬"非但相貌有异，而且回答问题也是牛头不对马嘴，最后惹得赵构起了疑心，将她送交大理寺审讯。

经过大理寺的严刑审讯，这个假荣德帝姬终于招供——她本名易氏，是一个商人之妻，金兵入侵后，她在南逃的路上与丈夫失散，易氏颠沛流离中，遇到了曾担任过荣德帝姬侍卫的人，从他们口中知道了不少深宫秘事和荣德帝姬的容貌举止。

易氏回到南方以后，饥寒交迫，她便打定了冒认皇亲的主意，可是这一场胆量换取荣耀、性命博取富贵的"大戏"却被她给演砸了。真相大白后，易氏被大理寺的差官，当场用乱杖打死。

其实这个易氏实在太愚蠢，她冒充的是一位已经出嫁皇宫多年的公主，焉有不被人识破的道理呢？

赵构被易氏冒认皇亲的事情搞得头痛欲裂，等他摆脱了这件事情的阴影后，便又开始与金国割地赔款的求和谈判。

绍兴十二年（1142年），议和终于取得了成果。在收了宋朝廷大片疆域和大笔金银之后，金熙宗同意和南宋小朝廷罢战，并且答应放回赵构的生母韦太后，送回徽宗赵佶和徽宗郑皇后等人的尸骨。

时间不久，赵构的生母韦太后真被金人放了回来。韦太后和儿子赵构一见面，免不了又是一场抱头痛哭，可是她听完柔福帝姬的事，万分惊诧地道："皇上，你上当了！"

最后真相

其实，真正的柔福帝姬，已经死在了金人的五国城中。韦太后自然不会欺骗赵构，因为可怜的柔福帝姬过世后，韦太后还亲眼看到过她孤零零的坟茔。

赵构听母后讲完，一时间也是被惊得目瞪口呆，柔福帝姬也是假的？这怎么可能？大太监冯益忠心耿耿，吴心儿也是皇室的宗亲，他们怎么会欺骗自己呢？

韦太后见儿子不信，便讲出了柔福帝姬亡命金国的全部经过——金兵在押解他们这队俘虏的时候，确实是对男人非打即骂，对女人更是动辄奸淫，无恶不作。可是这群金国兵将，却没有动柔福帝姬一根手指头，因为她还是个黄花闺女，他们要把最好的东西，当礼物献给他们的皇帝金太宗完颜晟，即完颜吴乞买。

可是完颜吴乞买却嫌弃柔福帝姬不漂亮，只将其纳为侍妾。不长时间后，柔福帝姬就被贬送到了上京洗衣院做女奴。洗衣院，即金人的官妓院。

最初和柔福帝姬一起被送到洗衣院的女俘中，就有赵构的生母韦皇后。但由于赵构在中原登基为帝，韦氏身份变得特殊，所以她很快就从洗衣院离开了，转送五国城，与她的丈夫徽宗关押在了一起。

柔福帝姬在浣衣院过了一段屈辱的生活，又被盖天大王完颜宗贤所得。完颜宗贤临幸了柔福帝姬后，便将她嫁给了五国城中一个名叫徐还的男人。柔福帝姬嫁给了徐还不久，终因病痛的折磨以致不治，在绍兴十一年（1141年）结束了31岁的生命。

赵构听罢韦太后所言不由得大怒，当即传下圣旨，将假的柔福帝姬捉拿起来，然后送交大理寺严加审讯。

这场骗局很快就搞清了，冒名顶替了12年的"柔福帝姬"，只是一个名叫静善的尼姑。静善原是汴京人，因生得颇为美貌，汴京攻破后，她被金兵掠为俘虏北上。在她逃亡的路上，遇到一个名叫张喜儿的宫女。这名宫女曾在王贵妃宫中侍奉，静善从张喜儿的嘴里，知道了许多宫闱秘事，更叫静善怦然心动的是，张喜儿竟说她相貌气质酷似柔福帝姬……

甄采剿匪之时，正巧抓住了已经沦为匪眷的静善。面对官军的屠刀，一种求生的本能，使她讲出了心中编织了很多年的骗局——她就是柔福帝姬。

富贵荣华，人人羡慕。静善像一辆疾奔的马车，在惯性的作用下，她已经是停不下来了。最后大太监冯益和吴心儿都被静善巧妙的谎言所蒙蔽，这两个赵构信任的人，也成了这桩假公主案的帮凶。

案情大白后，静善不久便被斩首于市。驸马高世荣莫名其妙地和一个假公主同床共枕12年，更是窝囊和郁闷得要死。

大宦官冯益，因为办差不力，被高宗赵构发配到昭州监管。吴心儿因为是皇室宗亲，法外开恩，免于处罚。

在宋人的历史笔记著作《四朝闻见录》等书中，还有截然不同的记载：北归的柔福其实是真正的公主，只是她在金国时，知道了许多韦太后难以启齿的隐情，韦后怕她走漏风声，所以硬说她是假的，逼着高宗杀掉了她。

这种说法是真是假，那就只有天知地知了。

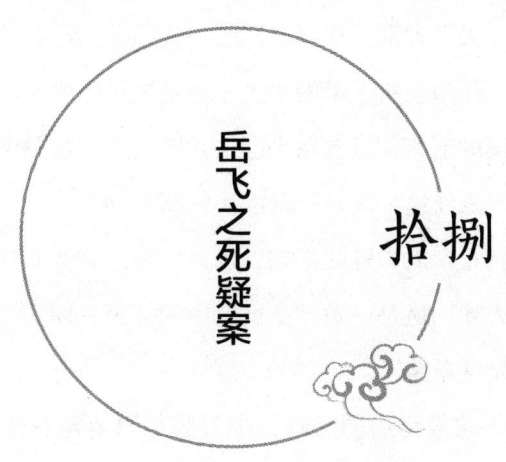

岳飞之死疑案

拾捌

　　"壮志饥餐胡虏肉，笑谈渴饮匈奴血。"《满江红·写怀》写尽了岳飞"壮怀激烈"的一生。岳飞在华夏历史上，一直是以"精忠报国"的代表人物而存在。可是让人不理解的是，他为了南宋的江山，为了实现"直捣黄龙，迎回二圣"的理想，身经百战，浴血拼杀。宋高宗用12面金牌调他回来，最后却在风波亭将其处死？岳飞之死，究竟有哪些我们不了解的真相？

精忠报国

　　岳飞字鹏举，生于北宋崇宁二年（1103年），他是河南省汤阴县人，父亲只不过是该县的一个普通农民，属于没有资源，没有金钱，没有前途的"三无"农家子弟。

在北宋末期，天下大乱，外有辽国强敌扰边，内有各路农民军起义，在这个乱糟糟的时代，作为躬耕子弟的岳飞，想要跳出"农"门，成为社稷栋梁，走出一条为国为民的道路，只有两个办法，第一个办法是学文，然后经过十年寒窗苦，走科举、入仕途，这是一条漫漫长路。

第二个办法就是学武。拜师学艺，练好一身过硬的武功，然后剿乱杀敌，成为匡扶天下的人才。这是一条"乱世"中的捷径，而岳飞和当时很多有志青年一样，走的都是这条路子。

岳飞年少时，曾经拜周同为师，学习骑射以及左右开弓之术。周同可是当时的一位奇人，他因为主张抗金，屡次遭到投降派的排挤。他曾收过弟子多人，比如玉麒麟卢俊义、豹子头林冲等，而他的所有徒弟在当时都取得了非凡的成绩。可是天不假年，1119年的时候，周同辞世了。当时的岳飞仅15岁。接下来，岳飞又拜师陈广，陈广是当时著名的枪手，岳飞学习了几年后，他的枪法在汤阴县就以无敌的状态存在了。

宣和四年（1122年），契丹入侵，年仅20岁的岳飞在真定府投军，因为枪法高明，可挽三百斤弓，而且熟悉兵法，他直接就成了"敢战士"的一名百长。

当时陶俊、贾进在相州作乱，岳飞领兵用计擒之，彰显了岳飞智勇双全的作战能力。

可是不久后，岳飞的父亲去世，他只能离开军队，回家守孝。直到宣和六年（1124年）岳飞守孝以毕，他到河东路平定军投军，因为有擒贼的战功，就直接担任了偏校。

靖康元年（1126年），金兵大举入侵，岳飞的平定军被打散了。他面对朝廷孱弱、金兵肆虐的局面，只得暂时回家务农。

同年，武翼大夫刘浩在相州城里，负责招募义士，以备勤王，岳飞本想去投军，可是想起老母年迈，踌躇之时，岳母这时候站了出来，义正词严地说：

"大丈夫当以国家为重，岂能贪恋小家！"

岳母为了勉励岳飞，要在儿子背上刺"精忠报国"四个大字。

岳母刺字的时候，心痛地说："想要刺好这四个字，至少也要一千针，娘下不去手！"

岳飞笑道："娘，岳飞以身许国，死亦不怕，何惧痛哉！"

在"身体发肤，受之父母"的宋代，刺青很多时候都是为彰显个性而存在，比如，九纹龙史进用刺青彰显自己的豪横，比如，花和尚鲁智深用刺青表现自己的凶悍等。

但在华夏历史上，最让人铭记的刺青，就是岳飞后背上的"精忠报国"。

岳飞就这样背负着"精忠报国"的理想，三次投戎，一个属于岳飞的时代，就这样徐徐地掀开了序幕。

灭敌口号

靖康二年（1127年）的五月初一，金兵俘虏宋徽宗和宋钦宗北去，即历史上的"靖康之变"。接下来，赵构在南京应天府即位，成为南宋的第一位皇帝。

南宋初建，为凝聚人心，赵构任命主战派李纲做了南宋的第一位宰相。而岳飞此时，已经成为宗泽的部将，并率领手下，与金军展开了13次战斗，每战皆胜，并被封为修武郎。

宋高宗继位后，25岁的岳飞不顾自己的官职低微，竟"上书数千言"，其内容主要有四个要点：黄潜善、汪伯彦等庸才不可用；可御驾亲征；直捣黄龙；迎二圣还朝！

宋高宗是一位什么样的皇帝呢？他并没有唐宗宋祖这样开国皇帝的神勇，属于一个胆小怕事，为了自己屁股下面的皇位，任何东西都可以交易的皇帝。有一次，他召见臣僚，曾经这样自我评价："朕在位，失德甚多，更赖卿等掩覆！"

宗泽曾经这样批评赵构："弃河东、河西、河北、京东、京西、淮南、陕右七路千百万生灵，如粪壤草芥，略不顾恤！"

清朝大思想家王船山这样评价赵构："高宗之畏女真也，窜身而不耻，屈膝而无惭，直不可谓有生人之气矣。"

当时的宋高宗一见岳飞的千言书，当即给了八字朱批"小臣越职，非所宜言"。岳飞随后便被革除了军职，他的热情被宋高宗兜头"一盆凉水"淋了下来，岳飞的从军报国之路，又被无情斩断。

南宋建炎元年（1127年）八月，岳飞投到招抚使张所名下，转战太行山区，生擒金将拓跋耶乌，斩杀敌首领奥敦扎鲁，曾让金人闻风丧胆。

宗泽惜才，后又将岳飞留在自己麾下听用。建炎元年十二月（1128年）金军南侵，岳飞在汜水关一带击败金军，宗泽升岳飞为统制。接下来，岳飞领军在滑州、竹芦渡、开封等地越战越勇，他还率领军队在建炎四年（1130年），收复建康。

当时，南宋军队多冠以主将的姓氏，比如韩世忠的韩家军，张俊手下称张家军，而岳飞的部下，就理所当然地成了岳家军。当时金兵曾经发出这样的感慨："撼山易，撼岳家军难。"岳家军共有十万大军，他们分别是由背嵬军、踏白军和游奕军等12支军队组成。

接下来，岳飞开始了第一次北伐。为了师出有名，岳飞提出了"直捣黄龙，迎回二圣"的口号，很显然，岳飞要洗雪靖康之耻。

有了行动目标的岳家军，果然如虎添翼，他们很快收复了襄阳等六郡，杀敌无数，高宗赵构接到捷报，心情激动地说："朕虽素闻岳飞行军极有纪律，未知能破敌如此。"

吏部尚书胡松年这样回答:"惟其有纪律,所以能破贼。"

接下来,岳飞又领兵参与了第二次和第三次北伐。在这两次北伐中,岳飞首先收复了商、虢等州,后又让伪齐刘豫陷入了一片慌乱之中,岳飞完成作战任务后,所携带的军粮已经有些供应不上了,他准备还师鄂州。

伪齐的将领误以为机不可失,他们借着岳家军撤退的机会开始追击。岳飞并不慌张,他挥兵一个反杀,将伪齐的军队打得大败,在历史上的记载是这样的:"擒获伪齐将领数十人,俘数千人,马三千匹,衣甲器仗无计其数。"

绍兴七年(1137年),岳飞奉诏回京觐见宋高宗。赵构这样对岳飞说:"中兴之事,朕一以委卿。"也就是说,在1137年之前,岳飞和宋高宗的关系,还处在了蜜月期,赵构也想当一个开疆扩土的中兴之主,而中兴的希望,就寄托在岳飞的身上。

宋高宗虽然对岳飞寄予厚望,可是他却从心里不喜欢"直捣黄龙,迎回二圣"的口号。这道理很简单,因为迎回二圣,他的皇位必然难保。即使宋徽宗和宋钦宗发扬风格,不与他争夺皇位,可是旧朝的势力,难道就会善罢甘休吗?他们一定会怂恿这两位废帝,在背后搞一些小动作,到时候,宋高宗的皇位,就会变成一条小船,在政权争斗的巨浪中飘摇,永远都无法安稳。

12道金牌

绍兴七年(1137年)九月,岳飞得到了一份金国要放归钦宗的太子赵谌回国的谍报。赵谌可是正宗的皇太子,他要回来,必然对赵构的皇位产生威胁。让赵构脱袍让位,很显然他心有不甘,如果将赵谌软禁起来,国内的舆论赵构也受不了。

岳飞再次入朝的时候，就干了一件冒失的事，他向赵构建议立赵瑗为太子，这样就显得高宗是正统的皇帝了。

赵构却对岳飞的提议，感到了不满。为何不满？首先，赵构立太子是他自己的事情，岳飞没有插嘴的必要。赵构最看重的东西，就是屁股底下的皇位，只要能保住这个位置，割地赔款可以，奴颜婢膝也可以。虽然太子要立，可是早立太子也不成，因为太子也是威胁，会对自己的皇位产生觊觎之心。

赵构将岳飞责备了一通，不满的态度表露无遗。有人说，岳飞和宋高宗之间出现了矛盾，就是从立太子之事儿开始的。

金太宗去世后，完颜亶接替了后金国皇帝的位置，他消灭了存在了八年的伪齐政权，并向宋高宗提出了和谈的主张。和谈的条件是：金熙宗归还黄河以南所占的原宋朝城池；归还宋徽宗的梓宫；高宗生母韦氏也一并放还。

可是宋朝必须取消国号，金人不称宋朝而称"江南"，宋朝作为金国的附属国，必须每年纳贡……这样委曲求全的合约条件，让宋朝所有主战的武将，一点脸面都没有。对于这样的和谈条件，岳飞和韩世忠等武将都表示反对。

岳飞反对的理由很现实：夷狄不可信，和好不可恃，相臣谋国不臧，恐贻后世讥议。这句话通俗说就是：金国反复无常，根本不可信，谈合的臣子眼光太短浅，这份合约一旦签订，后人一定会笑话我们。

赵构一心谋和，他满脑袋的想法是：一旦和金国签署了合约，那就万事太平了，自己屁股下面的皇位，就会千秋万代地坐下去。可是，事实真如岳飞所料，完颜兀术掌权不久，随后就废弃了宋金和议的条约并重燃战火，金兵的两路大军，直奔大宋杀了过来。

这次金兀术是有备而来，他破宋国最犀利的两种武器，便是"铁浮屠"和"拐子马"。这两种犀利的武器，一开始让岳家军受到了不小的损伤。敌变我变，岳飞命岳云领人用麻扎刀，上砍敌军，下砍马腿，让金兵的"铁浮屠""拐子马"全部失效，金军死伤无数，接连大败。

正当金兀术要兵败撤退，渡过黄河之时，一个宋朝的太学生来到了金营，他对金兀术说道："不然，自古未有权臣在内，而大将能立功于外者。以愚观之，岳少保祸且不免，况欲成功乎？"

这个太学生，让人怀疑就是秦桧等奸臣派来的奸细，他和金兀术讲的话就是："朝中有握有实权的大臣，怎么能让岳飞在外面立功？岳飞现在很危险，成功是不可能的，你们根本不用走！"

果然，秦桧为了逼岳飞撤军，他首先命令张俊从亳州退兵至寿春，韩世忠守住淮东，不得追敌前进；然后调刘锜到江南太平州，只剩下岳飞一路孤军。

秦桧对宋高宗陈述让岳飞撤兵的理由：我们的兵少，少钱少粮。岳飞一旦孤军深入，必定危险，还是让他撤兵吧。

宋高宗只想和金兵和谈，虽然和谈需要给金国纳币，但那些钱是百姓出，并不用他出一文。一旦岳飞出战失败，徽钦二帝就是宋高宗的榜样，他不仅屁股底下的皇位不保，荣华富贵不保，甚至是性命都不保。

想一想这里面的得失利弊，宋高宗便用12道金牌将岳飞调了回来。

岳飞不想回京，他作为一个武将，在保家卫国的道路上，早已经置个人生死于度外。他的生命只属于战场，只有战胜敌人，他的努力才有意义。岳飞在回京的路上，得知岳家军辛辛苦苦收回的地盘，重新又被金兀术复夺，他愤懑地道："十年之力，废于一旦！"

岳帅遇害

如果岳飞不听12道金牌的招呼，而是率领岳家军，渡过黄河，凭着骁勇善战的岳家军，真的有可能直捣黄龙府吗？

这事儿真的是不可能的。为何这样说？宋金交战，宋朝往往是挨打的一方，岳飞派出手下最精锐的背嵬军出战，这才有可能取得一定的胜利。这就说明了一个情况，金军的整体实力，还是超过宋军的。

金国和宋国交战，宋国想要取胜，必须要倾全国之兵，倾全国之粮，倾全国之力。如今张俊、韩世忠和刘锜的三路兵马，已经撤退的撤退，调防的调防，岳飞仅凭一路孤军，实在是难有什么大的作为。

岳飞被12道金牌调回京城，他心灰意冷，便向宋高宗辞官，可是宋高宗却以"未有息戈之期"为理由，拒绝了岳飞"撂挑子"的请求。

而"主战派"岳飞，现在完全站在了"投降派"宋高宗的对立面，他甚至用撂挑子威胁皇帝，根本不顾宋高宗屁股底下的皇位是否安稳。战字当头的岳飞就成了赵构的肉中钉，眼中刺。

金兀术面对失败，他觉得在战场上得不到的东西，应该能在谈判桌上得到，他就派出使臣，准备与宋朝和谈。

宋高宗最喜欢和谈，可是金兀术在给秦桧的信中，却提出了一个和谈的条件：必杀岳飞，而后和可成。

宋高宗为了让自己的皇位长治久安，别说岳飞，任何东西都可以舍弃。他指示秦桧，可遵照金人提出的和谈条件行事。

秦桧捏造理由，诬陷岳飞准备造反。随后，张宪、岳云和岳飞全都被押进了大理寺，准备接受大理寺的审理。

当时大理寺的主审官是何铸，何铸最恨乱臣贼子，他看着岳飞，厉声问道："你身受皇恩，不思回报，为何谋反！"

"十年征战，血雨腥风，马革裹尸，性命都可以不要，你说岳某能谋反吗？"岳飞冷笑道，"何大人，岳某后背上有一个谋反的证据，你要不要一观？"

岳飞脱下了衣裳，然后露出背后的刺青——精忠报国。

何铸看到这四个字，他的手抖了，心动了，泪水猛地冒了出来。哪有谋反的奸臣，背后会刺上精忠报国四个字？何铸发现，这是一起天大的冤案，他禀告秦桧的时候，秦桧道："此上（赵构）意也。"

韩世忠来到了京城，质问秦桧："飞父子所犯何罪？"

秦桧道："岳云和张宪虽然没有口供，但事体莫须有！"

韩世忠怒道："相公，莫须有三字，何以服天下？"

不管秦桧等人用什么办法，也无法得到岳飞父子谋反的口供，最后，只能以莫须有之罪，对岳飞父子等三人实施陷害。岳飞在被害之前，在状纸上写下了"天日昭昭，天日昭昭"八个大字。

秦桧在风波亭害死了岳飞父子，一代将星就这样陨落了。

狱卒隗顺对岳飞仰慕已久，岳飞被害后，他冒着生命危险，将岳飞的遗体背到了城外，埋在九曲丛祠旁。

宋高宗驾崩后，宋孝宗继位，为了给宋高宗留个体面，竟假称"仰承"高宗圣意，为岳飞平反。隗顺的后人献出了岳飞的遗体，岳飞的遗骨，最后才得以迁葬在杭州西子湖畔栖霞岭，久而久之，这里便被称为"岳墓栖霞"，成了杭州的十景之一。

在岳飞的墓前，不仅有石虎、石羊、石马和石翁仲，而且在墓阙下还跪着四个铁人——秦桧、王氏、张俊和万俟卨。

其中墓阙上有一副对联："青山有幸埋忠骨，白铁无辜铸佞臣。"而另外一副问答对联，更有意思："唉！仆本丧心，有贤妻何至若是？啐！妇虽长舌，非老贼不到今朝！"

这副对联的意思是：秦桧说，我要是有贤妻，不会是现在下跪千年的样子；王氏说，我虽是个长舌妇，但不是因为你这个老贼，也不会千年之后，还要受人唾骂！

岳飞去世之时，才仅仅39岁，他的被害，成为中国古代历史上最著名的冤案之一。

月有云遮，花有风吹。但风偃云消，月亮还是月亮，鲜花还是鲜花，岳帅"精忠报国"的精神，永远值得我们学习和景仰。

宋太祖离奇暴毙疑案

拾玖

　　秦皇汉武，唐宗宋祖。这四位杰出的皇帝中的宋祖，指的就是宋太祖赵匡胤。赵匡胤不愧是一位伟大的皇帝，他陈桥兵变，黄袍加身后，不仅解决了荆南、武平、后蜀、南汉及南唐等地方割据政权，还"杯酒释兵权"，结束了地方节度使拥兵自重的纷乱局面。

　　太平兴国元年（976年）十一月十四日晚，发生了一桩令人震惊的"斧声烛影"疑案。是赵光义杀死了赵匡胤，谋夺了兄长的皇位，还是赵匡胤天寿已尽，自然死亡？这桩历史疑案的传说有太多个版本，可是靠谱的真相只有一个。

黄袍加身

　　华夏历史上，一共有83个王朝，559个帝王。除去秦始皇、李世民、汉武帝这些伟大的皇帝外，其实还有不少的"狠角色"，比如，杨坚，比如，后周的柴荣……

柴荣厉害到什么程度？举个例子，当时后周国内缺少两种东西，第一是缺少兵员和劳动力；第二是缺少制作铜钱的铜材。柴荣手一挥，周世宗灭佛开始，这两件事立马解决，6万多僧侣还俗，庙内的青铜像全被砸烂，入炉融化，变成了可以流通的铜钱。他励精图治，致力统一，并立下了"以十年开拓天下，十年养百姓，十年致太平"的宏图大志。史家称赞他"神武雄略，乃一代之英主也"。

显德六年（959年）柴荣兴兵北伐契丹，准备收复燕云十六州。在灯下批阅军情公文的时候，他在公文中意外发现了一个锦囊，锦囊中藏有一个木牌，木牌很平常，可木牌上的五个字"点检做天子"却让他心里一惊。

历朝历代的天子，都有一个"死穴"，那就是害怕拥兵自重的手下臣僚谋反篡位。

柴荣虽称雄主，可是手下也有几个手握重兵、身居要职的臣僚，他们会对自己的皇帝宝座产生威胁，而第一个有可能对柴荣产生威胁的人就是李重进。

周太祖郭威驾崩之前，为了避免李重进和柴荣争夺皇位，郭威命李重进对柴荣施了三拜九叩的大礼，定了君臣名分。

柴荣继位后，任命郭威的女婿张永德，为指挥殿前亲军的殿前都点检；任命李重进掌管侍卫亲军，官拜马步军都虞侯。

殿前都点检可谓位高权重，而且压了李重进一头，这也是柴荣分权牵制，令李重进不敢轻举妄动的一个"得力"举措。

木牌上的五个字"点检做天子"目的是提醒柴荣，一定要小心张永德谋反篡位。

这个木牌是谁写的呢？只有两个人，一个是李重进，另一个就是赵匡胤。赵匡胤目前官拜殿前都指挥使，职位相当于张永德的副手。虽然在李重进和张永德面前，赵匡胤还略显稚嫩，可却是后周朝最具升值空间的"潜力股"。

北伐之战还未开始，柴荣就病倒了，他回到了都城汴京（今河南省开封市）后，便撤了张永德的军职，而殿前都点检的大印，就落在了赵匡胤的手中。

可是天妒英才，柴荣39岁便早早去世了。这时候，年仅7岁的太子柴宗训继位。

雄才大略的柴荣在位时，群臣在朝为官，心服口服。一个7岁的娃娃成了皇帝，这个事儿估计没有人心服，心里有的只是"不臣"的想法。

北宋建隆元年（960年），辽国和北汉联兵入侵后周的边境，柴宗训传旨，命赵匡胤领兵直奔边境御敌。赵匡胤率领队伍行到开封城外的陈桥驿，赵匡胤传令扎营，因为鞍马劳累，赵匡胤多喝了几杯酒，就沉沉睡去了。

赵光义和谋士赵普一起商议："皇帝年幼，我们拼死拼活地打仗，他也不会念我们的功劳，不如推赵匡胤当皇帝，大家以后都有好日子过！"

赵光义和赵普商量的办法，很快得到了军中将士们的赞同。第二日清晨，赵匡胤刚刚起床，赵光义等人率领将士们一拥而入，将一袭象征着帝王之位的黄袍，披在了赵匡胤的身上。

赵匡胤被将士们强按在椅子里，接受了大家的朝拜。他问道："你们逼着我当皇帝，可我的话你们听吗？"

赵光义抢着回答："你是我们认定的皇帝，谁敢不听话，我们就一起杀掉他！"

赵匡胤就这样被将士们簇拥着，回到了汴京。他的两名手下，打开了城门，赵匡胤兵不血刃，便占领了京城。周恭帝禅让了皇位，赵匡胤经过"黄袍加身"，就成了名正言顺的皇帝。

功高日月

赵匡胤是一位伟大的皇帝，这个众所周知，可是要说他是一个武术家，恐怕知道的人却不多。赵匡胤其实是一位武术大家，他不仅首创了太祖长拳，而且还是独门兵刃"连枷棍"的发明者。

赵匡胤是一位马上皇帝，如果不是他跟随柴荣南征北战，立下了太多的战功，后周的将士们，怎么能都对他心服口服，拥护他当皇帝呢？

赵匡胤成为宋太祖后，赵普就成了宰相。可是天下藩镇势力割据，让朝廷的政令，一直处在不出京城的状态。

这天赵匡胤将宰相赵普找到宫中，忧心忡忡地道："我夜晚睡不着觉，好像除了我的卧榻之外，全都是人家的地盘。"

赵普是个聪明人，他觉得赵匡胤要对藩镇下手了。果然不久之后，赵匡胤相继平定了昭义节度使李筠，还有淮南节度使李重进发动的叛乱。接下来，他用"假道灭虢"之计，又收回了衡州刺史张文表和武平军节度使周保权手中的权力。

时间不久，平定后蜀的战役打响。宋军兵分两路，北路由忠武军节度使王全斌率领，沿嘉陵江南下，攻打后蜀。

东路由侍卫马军都指挥使刘廷让率领，溯长江西进，剑锋直指后蜀都城。孟昶急忙派兵迎战，可是在剑门一场激战，北路军大败蜀军，夺得了这座重要的关隘。

乾德三年（965年）正月，后蜀国国王孟昶投降，代表着后蜀国灭亡。

宋军还在孟昶的皇宫中，发现了一把由珊瑚，明珠、翡翠等宝贝镶嵌的七宝壶。宋太祖得到了这把壶后，也觉得这把壶很不一般，便将孟昶宣上殿来，问道："这把壶是做什么用的？"

一开始，孟昶并不回答，宋太祖问急了，这才说道："皇上，这件宝贝的名字叫"七宝壶"，是一件溺器……"

宋太祖大怒道："七宝如此珍贵，你竟然用其制作溺器，后蜀国不亡，真是天理难容啊！"

后蜀国灭亡后，接着灭亡的国家是南汉。南汉皇帝刘鋹一开始拒绝降宋，开宝三年（970年）赵匡胤命潭州防御使潘美领兵攻打贺州，向南汉国发起了进攻。

南汉都统李承渥奉命出征，他亲自率兵十万布阵在莲花峰下，并准备用象阵打退宋国的进攻。宋军根本不畏大象，最后以强弓硬弩杀退象阵，并攻陷了韶州。

开宝四年（971年）正月，宋军攻陷兴王府，刘鋹没有办法，只得投降，南汉政权彻底灭亡了。

南汉灭亡后，南唐后主李煜表面上是投降自保，其实是在积蓄力量，抵抗宋军的进攻。开宝七年（974年），赵匡胤拜宣徽南院使曹彬为帅，水陆齐进，攻破池州，并占领了战略要地采石矶。

开宝八年（975年）宋军攻破了溧水，并在秦淮河大破南唐军，李煜投降，南唐国亦宣告灭亡了。

现在的赵匡胤的卧榻旁边，再无影响他"安眠"的势力，他终于能睡个好觉了。只是他安睡了不长时间，便觉得不对劲，因为他的手下有不少手握兵权的将军，如果他们联合起来反对自己，赵家天子的皇位，还是坐得不安稳！

杯酒释兵权

如何从武将手中，收回兵权？开国皇帝都有一个让人心寒的办法，那就是对功臣屠戮殆尽。

赵匡胤也想过这个办法，但他觉得"高举屠刀"有些下不去手，要知道，没有这一帮武将的"抛头颅，洒热血"，就没有今天赵匡胤"黄袍加身"的地位。

有没有一个不杀人，却能让武将们放弃兵权的好办法？建隆二年（961年）七月初九，宋太祖下朝后，他将石守信等一干将领留下喝酒，酒至半酣，宋太祖连声叹气，讲起了自己现在做皇帝，其实还没有节度使快乐的话。

石守信等人忙问缘由，宋太祖道出了心中的症结："我这个皇帝的位置，很多人都想做呀！"

石守信急忙跪在地上，带头表忠心。宋太祖告诉他们，有时候，做皇帝也是情非得已的事情，以他自己黄袍加身为例，当初我也是不想做的，在大家的"逼迫"之下，最后不得已才做的。

石守信等人这才明白，是自己手中的权力过大，引起宋太祖的猜疑了。他们流着眼泪，向其问计。毕竟是君臣一场，赵匡胤用商量的口气，给他们指出了一条明路。

赵匡胤可以给石守信等人金钱、田产，甚至他们的子嗣还可以和自己的女儿结亲，但有个"交换"条件，在座的这帮将军们，必须要交出手中的权力。

权力换富贵，别说合理不合理，总比权力换脑袋合理。再说宋太祖说的话就是圣旨，他说合理那就是合理。

石守信和一众权臣回去后，第二天一早，纷纷递上辞呈，赵匡胤说话算话，他收回这些人的权力之后，便都对其给予了丰厚的赏赐。

宋太祖的"杯酒释兵权"，就是和平交权，在封建皇帝执政，动不动就刀光飘舞，血影漫天的时代，想一想，赵匡胤的做法，确实可以说是仁君的典范。

如果杯酒释兵权，让宋太祖的高大形象为世人所熟知；而太祖誓碑，就将赵匡胤的形象塑造成了一位千古明君。

宋朝不仅是历史上著名的富庶王朝，还是知识分子扬眉吐气的王朝。因为当地有一个不成文的规矩，叫"不杀士大夫"。这个甩其他王朝三条街的规矩，就来自"太祖誓碑"。

"太祖誓碑"是什么宝贝？赵匡胤是一位深知"创业难，守业更难"的开国皇帝，他唯恐自己的后世子孙，将守江山当儿戏，便在太庙立下了一块石碑，上面写道："柴氏（周世宗）子孙有罪不得加刑，纵犯谋逆，止于狱中赐尽，不得市曹行戮，亦不得连坐支属；不得杀士大夫，及上书言事人；子孙有渝此誓者，天必殛之。"

这是赵匡胤给子孙留下的遗训，意思是：姓柴（周世宗）的子孙即使有罪也不能施以刑罚，即使犯了谋逆罪也只能在监狱里赐他自尽，不能到刑场上杀头，他家里人不能牵连；不能杀士族贵族和上书说事情的人。我的子孙当中有违背我的誓言的，老天一定会惩罚他！

这块石碑立在太庙寝殿的夹室中，平常用金色的幔帐遮盖。祭祀时节，或者新天子即位的时候，才可以用钥匙打开房门上的锁头。然后，天子来到夹室，在这座碑前跪拜，默念碑文内容。

皇帝身边，只有一个不认识字的小太监伺候，群臣都不知道这块石碑上的内容。直到靖康之变，这块石碑的内容才泄露了出去。宋太祖的英明，确实是出类拔萃，令很多皇帝都无法企及。

烛影斧声

宋太祖赵匡胤杯酒释兵权，虽然解除石守信等人的兵权，却没有解除赵光义的兵权。其中的原因有三点：首先，赵光义是他的弟弟，可谓是心腹中的心腹；第二，赵光义官拜开封府尹，东都留守，别赐门戟，封晋王，位列宰相之上，负有监督群臣之责；第三，赵光义有干才，是赵匡胤的左右手。

北宋僧文莹的《续湘山野录》里记载了《烛影斧声》的传说，在这个传说中，宋太祖赵匡胤雪夜驾崩，充满着诡异和谜团。

宋太祖觉得自己身体不佳，便找来终南山道士张守真，请他测一下，自己的寿命几何。

道士说："今年十月二十日夜晴，皇帝的寿命还可以多延续12年，如果那天是个阴天，皇帝就需要早做准备了！"

宋太祖对道士的话很上心，到了十月二十日夜，天气果然大晴，月明星耀，是一个难得的好天气。宋太祖刚刚高兴了一会儿，天气突变，阴云四起，大雪飘飘，天气恶劣的不能再恶劣。

宋太祖心里觉得郁闷，为了让心情好起来，便召赵光义进宫饮酒。宫娥和太监都被退下，很显然，两个人有机密之事需要商议。

《烛影斧声》原文是这样写的："酌酒对饮。宦官宫妾悉屏之，但遥见烛影下，太宗时或避席，有不可胜之状。饮讫，禁漏三鼓，殿下雪已数寸。太祖引柱斧戳雪，顾太宗曰：'好做，好做。'遂解带就寝，鼻息如雷。是夕，太宗留宿禁内，将五鼓，伺庐者寂无所闻，太祖已崩矣。太宗受遗诏，于枢前即位。"

意思是：太监们远远地看过去，只见透过烛光，赵匡胤和赵光义的人影，映照在窗户纸上，赵光义有时候，好像不胜酒力，需要避开酒席，有醉后的状态。三更过后，赵匡胤喝得兴奋，他手拿柱斧（相当于拐杖）来到殿前，一边戳雪，一边还对赵光义说："好好做，好好做！"第二日凌晨，太监们去看赵匡胤，发现他身体僵硬，已经驾崩多时了。赵光义继位，是为宋太宗。

赵光义是否杀掉了赵匡胤？关键是柱斧的斧字"惹的祸"，人们一看到这个斧字，就会认为它就是杀人的凶器。其实，柱斧在《隐居通议》中曾记载得很明白：玉斧非刀斧也，乃金杖子，约长四五尺，以片玉冠其首。人主闲步则持之，犹今之柱杖等类。

这个柱斧就是一件礼器，根本就没有杀伤力，也即是说，赵光义用柱斧杀人，这个事有些不太现实。

下面，我们看一看赵光义当皇帝的合理性。当时的大宋并没有完全一统中原，赵匡胤从7岁的柴宗训手中，抢过江山，如果他将江山，传给自己年幼的儿子，势必会引发再一次"黄袍加身"的改朝换代。

而赵光义虽然论治国的能力，没有赵匡胤强大，但也算是一位贤德的好皇帝。所以，由他接手大宋江山，他还是放心的。赵匡胤一边用柱斧戳雪，一边说"好做"应该就是指的传位的这件事。

建隆二年（961年），还有一个这样的记载，当时的赵匡胤的母亲病危，临终对其留下了遗言："百岁后当传位于汝弟（即赵光义）。"同时她命赵普"于榻前为约誓书，并藏之金匮"，这就是著名的"金匮之盟"的来历。

如果赵匡胤百年之后，准备将皇位传给赵光义，赵光义就没有"谋逆"的理由。即使赵光义等不及了，准备对赵匡胤下手，但那个只能作为礼器的柱斧也做不了凶器。

除了被谋逆身亡，赵匡胤的诡异去世，还有一个说法，是因身患心脑血管病而没了性命。

赵匡胤嗜酒、肥胖、疑虑，勤劳邦国以至于心力交瘁，最后在酒后，患心脑血管病猝死，也在情理之中。

明朝方孝孺『诛灭十族』案

贰拾

为子留才

朱元璋是一位伟大的皇帝。我们暂且不说他从"乞食和尚"成为一代帝王的励志传奇，也不说他以霹雳手段整治大明官场，让大明朝成为一个"万国共尊"的强大王朝，单说是他"为子留才"一事，便能让后代君主帝王，学习三年五载了。

方孝孺字希直，台州府宁海人，父亲是朱元璋手下的一名官吏，家道尚可，可称小康，因此获得了追随宋濂求学的机会。宋濂是明代的大儒，门下弟子众多，可是论文采和学问，方孝孺称第二，估计当时没人敢称第一，他的绰号"小韩愈"。

可是不管走仕途，还是走推荐，方孝孺想要入职官场，只能用"生不逢时"来形容，因为朱元璋文有李善长、朱升、刘伯温，武有徐达、常遇春、李文忠，明朝刚刚建国之时，文臣武将甚至比"日月星辰"还要闪耀。

换句更明白的话就是：朱元璋手下不缺人。

如果将方孝孺在朝中安排一个小官，对朝廷来说，叫大材小用；对方孝孺来说，叫才华难展。这对双方都不利。

当吴沉和揭枢二人，将方孝孺举荐给朱元璋的时候，朱元璋思前想后，最终决定将其礼送回家。送走了方孝孺，他提醒太子朱标道："这是一个品行端正的人才，你应当一直用他到老。"

朱元璋为了顺利地让朱标登基，他"名正言顺"地除掉了汪广洋、李善长、胡惟庸、蓝玉、周德兴等这些功臣，算是为儿子扫清了所有的即位障碍。

为了让朱标登基后，当一个好皇帝，朱元璋还为他特意安排了三个老师：宋濂、张紞、董伦。而宋濂的弟子中，属方孝孺最厉害，方孝孺和朱标，名义上也成了师兄弟的关系。

当代有一句关于"铁"关系的顺口溜："一起扛过枪，一起同过窗。"同学情义，堪称世界上最真的情义。朱标一旦当皇帝，方孝孺一定会得到重用。

可是月有云遮，花有风吹，世事难料。朱标做太子时，上面有父皇朱元璋"罩着"，天下太平，轻松便获得了臣民的拥护。再加上他性格仁慈宽厚，弟弟们有了过错，他在父亲面前代为协调，也获得了弟弟们的爱戴。

洪武二十五年（1392年），37岁的朱标视察陕西回来，还没等施展他"德被天下"的理想和"仁义至上"抱负，便因风寒病逝。太子英年早逝给明朝的社稷江山，留下了一个深深的遗憾。

按照道理来说，朱元璋如果这时候立太子，除了立朱标的儿子，皇太孙朱允炆外，他还可以在自己的儿子中，选一位德才兼备者的太子，继承朱家的事业。当时，朱元璋的次子朱樉（秦王）、三子朱棡（晋王）都已经去世，朱棣是朱元璋名正言顺的"长子"，而朱棣在诸王中实力最强，政治经验也最成熟，原则上他理应是朱元璋立太子的最佳人选。

可是朱元璋认为，朱棣生性嗜杀，心狠手辣，为了避免明朝的皇帝，出现一位暴君，不宜立他当太子。洪武二十五年，朱元璋决定立朱允炆为皇太孙。

如果朱元璋去世，太子朱标登基做皇帝，燕王朱棣服气；而朱标儿子朱允炆要坐朱元璋的皇帝位置，燕王的心里那可是一万个不服气呀！

洪武三十一年（1398年）六月二十四日，朱元璋驾崩，朱允炆继承大统，成了建文帝。朱棣在燕京除了气得直咬牙，真的没有第二个办法。

我们现在回过头来，看一看方孝孺做什么去了。

朱元璋为了给朱标"留才"，他准备雪藏方孝孺十年（从洪武十五年至洪武二十五年），然后让朱标起用他。

方孝孺用这十年"坐冷板凳"的时间干了一件大事——用心读书，终于成为闻名遐迩的大儒。洪武二十五年（1392年）方孝孺第二次被人推荐到了京城，朱元璋这一次召见他后，便授予他汉中教授的小官，然后命他远离京城，去遥远的四川讲课。

为何朱元璋让方孝孺去四川？

目的只有一个：还是让他继续坐冷板凳！

方孝孺在蜀地，用了六年的时间，不敢说桃李遍天下，但至少是桃李遍四川。建文元年（1398年）六月三十日朱允炆即位。他当皇帝后，干的第一件事，就是派快马将方孝孺接进京来。

朱允炆为何会首先将方孝孺接到京城？因为朱元璋驾崩前，曾经留下了这样一条遗言：方孝孺老成持重，刚正不阿，可辅佐皇太孙成就一番事业。

建文帝首先任命方孝孺为翰林博士，然后又升为侍讲学士。每当书中有疑难不解之事，建文帝就让方孝孺为之讲解；每当朝中有悬而未决的国家大事，建文帝都会向方孝孺咨询；甚至群臣上奏的文书，朱允炆也会委托方孝孺代为批复。

方孝孺和建文帝"仁政"和"德治"的观念相同，他们可以心往一块儿想，劲儿往一处使。方孝孺作为建文帝的"首席秘书"以及"高参团团长"，除了感激涕零之外，满脑袋都是誓死报效的决心。

朱元璋让其坐冷板凳的效果达到了。

削藩过急

建文帝朱允炆是一个有想法的皇帝，他想恢复儒家圣王之治，让明朝真正成为历史上最仁德、最强大的王朝。朱允炆的计划，获得了朝中大臣和天下士子们的拥护，如果用天下归心来形容，可以负责地说，一点都不为过。

《资治策疏》曾经这样形容建文帝登基："今皇帝陛下缵承大统……四海之内，若臣若民，罔不欢庆。万姓一辞，咸谓圣明在上，唐虞雍熙之治，可以复见于今日。天下之心，莫不期陛下为尧舜。"

由此可见，建文帝执政的基础，还是很不错的。

朱元璋病入膏肓之时，他也怕建文帝年纪轻轻，身无寸功，万一继承皇位，他的几位藩王叔叔可能会不甘臣服。因为他的儿子们都镇守一方，手里都握有兵权，一旦扯旗造反，建文帝的位置就岌岌可危了。

朱元璋去世之前，代替建文帝下了一道圣旨：为稳定大局，令各位守土有责的藩王不得来金陵奔丧。

朱元璋去世，不准儿子们进京奔丧，这事儿真说不过去。可是皇命难违，藩王们也没办法。但儿子们不可来金陵，派孙子们为代表来金陵奔丧，应该是可以的。最后，燕王朱棣派了自己的三个儿子朱高炽、朱高煦、朱高燧，全部到金陵给朱元璋奔丧。丧事很快办完，可藩王儿子来金陵，让建文帝更清醒意识到——自己的皇位要坐得稳当，必须要立刻削藩。朱允炆对自己的叔叔们不能再客气了，再客气，自己的皇帝宝座可能就没有了。

建文帝和手下的兵部尚书齐泰、太常寺卿黄子澄、文学博士方孝孺一商量，大家想出了一个"高明"的削藩办法——将这些进京奔丧的孙辈们全都扣下，当成人质软禁起来。

人质在手，不怕削藩时候，那些藩王叔叔们不听话。削藩有两种方案：第一种是先削实力最强的燕王，可是建文帝的提议，遭到了臣子们的反对，因为朱棣有功无错，削他的藩会让天下的百姓人心不服的；第二种，就是软柿子好捏，先削其他实力稍弱的诸王。最后，第二方案占据了上风。

建文帝想睡觉，便有人送枕头，就在这个关键时候，周王次子朱有爋竟告发自己的父亲周王谋反。建文帝很快决定先削周王的藩，周王全家被押回金陵，废为庶人，随后迁往云南蒙化，当边外的小民去了。接下来，建文帝在一个月之内，连削齐王、湘王和代王三位亲王，并把他们全都变成了庶人。最悲催的湘王，为了怕被建文帝加害，竟阖宫自焚而死。

按照当时的情况看来，朱棣并不想造反，试想，朱棣如果想造反，他怎么会将自己的三个儿子，全都送到京城，让建文帝将自己的儿子当了人质？还有一个更重要的原因是，在朱棣之前，不管是哪朝哪代，从来都没有藩王造反成功的先例。

朱棣面对削藩的危机，为了自保，先装病后扮疯，可谓手段用尽。建文帝也怕朱棣铤而走险，便在诸位谋臣的建议之下，将朱棣的三个儿子放回，美其名曰：施恩安抚。其实是麻痹燕王，让他静等着削藩的大棒，落在了自己的脑袋上。

朱棣等三个儿子回来之后，他随后便开始了自救之路，他援引《皇明祖训》上的文字："朝无正臣，内有奸逆，必举兵诛讨，以清君侧。"朱棣要"清君侧"，他要铲除建文帝身边的奸臣齐泰和黄子澄。所谓的"清君侧"说得很动听，其实就是——造反。

朱棣"清君侧"，要铲除的奸臣名单，里面有齐泰和黄子澄，但真的没有方孝孺。方孝孺当时在建文帝身边任文学博士，属于一个高级秘书的角色，朱棣甚至想都没想到，他能给自己带来多大的伤害。很显然，朱棣大意了，方孝孺的骨头很硬，当他开始反击的时候，朱棣一下子乱了阵脚。

　　齐泰、黄子澄和方孝孺等人，全都是满口之乎者也和伦理道德的文臣，如果用计策，他们一个顶两个，可是讲武力，真刀真枪地上战场，他们就是两个不顶一个了。

　　建文帝为了师出有名，命方孝孺起草了一系列征讨燕王的诏书和檄文。在这些诏书和檄文里，方孝孺不仅将朱棣名为"清君之侧"，实为"乱国之臣"的嘴脸，揭露得一清二楚，而且还将建文帝兴天兵，征讨朱棣，写得非常正义，而朱棣起兵乱国，堪称"贼逆"，燕王的贼军，在朝廷大军的打击之下，必将如汤泼雪，很快便被消灭。

　　朱棣通过诏书，见识到了什么叫"铁笔如刀"，而方孝孺的名字，也被朱棣深深地记在了心里。

　　建文帝面对来势汹汹的朱棣大军也毫不示弱，他任用耿炳文、李景隆和盛庸等大将率军北伐，对朱棣大军进行迎头痛击。当时，朱棣的燕军约30万人，而建文帝的南方大军超过100万，因此二者实力上差距明显。

　　建文二年（1400年）十二月，燕军与南方军在东昌（今山东省聊城市）交战，朱棣在盛庸的引诱下误入埋伏，结果燕军的主将张玉阵亡，最后朱棣只好率燕军北退。次年，朱棣燕军又卷土南下，在夹河（今河北省衡水市武邑县）遭遇盛庸的伏击，虽然此次朱棣燕军险胜，但损失惨重。总而言之，朱棣第一次发动靖难之役并没占到多大便宜。

攻占京城

虽然朱棣大军气势凶猛，但是将士们在数量上差了南方军一大截，再加上多次战败也在一定程度上削弱了整体实力。于是，朱棣北退之后，开始在燕京休养生息，一方面制定新的南下策略，另一方面开始大力扩充军队。然而，朱棣此时却犯难了，因为他南下讨伐建文帝道义上不合乎"礼"，他要推翻朝廷的目的谁都知道，所以很长时间都招不到新兵。后来，朱棣日思夜想有了个好点子——祭奠阵亡将士。

建文四年（1402年）二月，朱棣下令修建祭坛，还请了很多得道高僧作法，为阵亡将士超度亡灵。在此之前，还没有哪位藩王祭奠阵亡将士，因此祭奠现场来了很多人，不仅有阵亡将士的家属，还有很多百姓也都来观祭。祭后，朱棣又亲自诵读了自己写的祭文，当他读到一半时声泪俱下，读完后便瘫坐在地上泣不成声。

朱棣的行为令现场的人大为震惊，他们纷纷被朱棣的深情所感动。紧接着，朱棣站起来之后又做出了很反常的举动，他竟然脱下自己的战袍一把扔到火盆中。当时正值二月，天气还异常寒冷，朱棣脱下战袍只穿单衣，在寒风中瑟瑟发抖。朱棣说："将士于予，深情厚谊，予岂能忘。吾焚衣以示同生死，死者有知，鉴予此意。"听完朱棣的一番话，众将士和家属们也都恸哭不已，就连一旁的百姓都忍不住流下了眼泪。

事实证明朱棣焚袍起到了显著的作用，一方面鼓舞了士气，另一方面又招募到了大量的士兵，因为很多人有感于朱棣的深情，便毫无条件地愿意跟随朱棣南下。

朱棣领兵攻占大名府后，为了修整军队，准备粮草，朱棣派人给建文帝上了一道奏书，再次阐明自己的目的——燕军就是清君侧，只要铲除齐泰和黄子澄，他就可以退兵。

建文帝拿到朱棣的奏书，向方孝孺问计，方孝孺说："燕兵来自北方，大名暑天雨多，他们就会不战而疲惫。现在我们正好借他们的奏书定计，要知道回复诏书来往超过一个月，他们就会人困马乏，我们正好调兵遣将，对其形成合围之势，我们就不难取胜了。"

建文帝认为方孝孺的计策甚妙，当即"假装"地解除了齐泰和黄子澄的官职，但是却悄悄地留他们在京师，仍参与密议。

燕王朱棣接到建文帝的书信，得知齐泰和黄子澄已经被罢免了，可是朱棣对于朝廷息兵的请求，却当成了耳旁风。开弓没有回头箭，造反就要造到底，奏书上可以写明，只要齐黄二人被罢免，他就可以修兵，但事实上，造反是砍头的大罪，哪有造反一半，就修兵罢战的道理？

建文四年三月，朱棣继续南下，此次战况开始逆转，建文帝的军队节节败退。建文帝和方孝孺商量，方孝孺想出了一个釜底抽薪之计，暗中给留守燕京的朱高炽传了一道圣旨，命他接替父亲的燕王之位。这一招真够毒辣！如果朱高炽接受了燕王之位，必然要和朱棣决裂。燕京一旦不允许朱棣退回，朱棣的军队，就会成为一只孤军。如果建文帝的军队再加一把力气，朱棣造反的军队，很快就会被消灭。

可是朱高炽却将建文帝的密旨，送给了朱棣，并向朱棣表达了父子一心的想法。方孝孺的计策，彻底失败了。

朱棣大军经过四个多月的征战便直达金陵城下，最后南方的守军不得不开城投降拥立朱棣——靖难之役，以朱棣的胜利作为结束。

最后，建文帝在战乱中下落不明。有人说他自焚而死，也有人说，他穿着明太祖留下的僧衣逃跑，最终剃度出家，割断了尘世之缘。

总之，他的下落，直到现在都还是历史学界的一大谜团。

建文帝失败了。当时，方孝孺脚下的路有三条：

第一，战死在金陵。但这好像是武将该做的事儿，有道是"文死谏，武死战"，战死不是方孝孺的选择。

第二，自杀。随同火焚而死的建文帝一同而去。这种死法太低端，对于一代学儒，读书人的榜样，方孝孺还是觉得不可取，也不符合自己的身份。

第三，投降朱棣，换得荣华富贵。这个更不要想，方孝孺推行的是仁政，而朱棣继承了朱元璋的衣钵。如果朱元璋实施的是暴政的话，朱棣就是更大的暴政！

方孝孺最后做出了一个惊天动地、彪炳史册的选择，那就是死得有目的，死得有记载。他要轰轰烈烈地去金銮殿上赴死。因为只有那个堂皇的地方，才是自己最值得献身的地方。

以身殉道

朱棣靖难之役这段世道太乱，可是真正看明白时局的人只有一个——黑衣宰相姚广孝。

燕王朱棣发动靖难之役，姚广孝将其送出燕京城时，曾经跪地道："王爷取得了天下，方孝孺作为读书的种子，一定不肯归降，请您一定不要杀他！"

当时的朱棣糊里糊涂地就答应了姚广孝的请求，因为朱棣并不知道，自己是否能够推翻建文帝的宝座，并取得大明的政权。当时在朱棣的心中，他一定是这样想的，如果自己取得大明政权，而方孝孺只不过是一个微不足道的文臣，只要他不公然反对我，方孝孺便可以不杀。

可朱棣取得了大明的江山后，他发现方孝孺并非一介书生，而是噬向他帝位的一只大老虎。

在方孝孺的眼中，朱棣就是一个谋夺帝位的乱臣贼子，朱棣让他投降，方孝孺当然拒绝；朱棣让他起草自己继位的诏书，他在纸上竟写出了"燕贼篡位"四个大逆不道的字。

朱棣眼冒凶光，咬牙切齿地道："你不怕我诛你九族？"

方孝孺冷笑道："诛我十族也不怕！"

方孝孺为何如此不惧怕朱棣的屠刀，这原因是多方面的：

首先，他作为宁海人，天生就有一种英勇和壮烈的性格，方孝孺忠为了"忠君"理想可以不惜一切。

第二，宋濂曾教导方孝孺"鞠躬尽瘁以报国""以忠贞之志辅佐国家"等观念，而这些观念，已经成了方孝孺毕生追求的目标。

第三，朱元璋多次让其坐冷板凳，建文帝启用方孝孺后，他除了感激涕零之外，满脑袋都是誓死报效的决心。

士可杀不可辱。面对朱棣的屠刀，方孝孺终于要向世人证明读书人的骨气了。

方孝孺不想被朱棣一刀杀死，他只有让朱棣五马分尸，千刀万剐，惨绝人寰地杀死，才能悲壮地记载在历史书上，才可以更加彰显自己忠臣的名声。

当时，朱棣每杀方孝孺一个亲人，都会当面问方孝孺有没有后悔。面对辱骂不止的方孝孺，朱棣最后命人用刀子割开了他的嘴角。

方孝孺的亲人、学生等，是否会因为受到连累，而对他心存怨恨，又或者大家慷慨赴死，舍生取义，对其心存感激？这个历史上没有记载，但方孝孺的弟弟方孝友被杀，方孝孺流下了眼泪，方孝友口中念诵出了这样一首慷慨的诗："吾兄何必泪潸潸，取义成仁当此间。华表柱头千载鹤，旅魂依旧到家山。"

方孝孺被诛杀十族，总共873条"无辜"的生命倒在了血泊之中，方孝孺最后被凌迟处死。方孝孺用近千条人命的鲜血，铺就了一条血腥的"忠臣"

之路。

朱棣最终取得了明朝的政权，可以说是一个胜利者，可是在处理方孝孺这件事上，却是一个彻头彻尾的失败者。他手中的刀子很锋利，可以割断反抗者的脖子，但却割不断反抗者的精神。他可以杀掉873条"无辜"性命，但却杀不掉满天下读书人的反抗之心。

方孝孺被杀冤案，让朱棣背上了"残忍""嗜杀"等恶名声。这事儿值不值，就需要朱棣本人来回答了。

永乐大典正本下落疑案

贰拾壹

《永乐大典》是明代初期由朱棣主持编纂的一部书籍，它是一部集中国古代典籍于大成的类书。《永乐大典》卷帙浩繁，全书汇集古今图书共七八千种，堪称是当时文化界的一项"大工程"，对后世影响极大。

然而可惜的是，在经历了几百年的动乱与变革后，《永乐大典》却散失殆尽，如今只剩下八百余本。经典的缺失，令人遗憾。有人曾提出不同的看法，认为《永乐大典》其实并未损毁，而是被藏在某些不为人知的地方，等待着有心人去发现。这种说法是否为空穴来风？永乐大典究竟会藏在哪里呢？

《永乐大典》的由来

洪武元年（1368年），朱元璋宣布正式定都应天府南京城，建立大明王朝，由此开启了276年国祚的新王朝。朱元璋一生养育子女众多，可他最看重的儿子，当属大儿子朱标，理所当然地将其册立为太子。然而朱标体弱多病，还没来得及即位就因病去世，令朱元璋遭遇到重大的打击。如果按照"父死子继，兄终弟及"的皇权传承理念来说，朱标的弟弟们应该最具有继承权的，而在诸位藩王之中，无论是功绩、能力、威望，任何人都不能与燕王朱棣相比。

然而令人想不到的是，朱元璋平生最敌视四子朱棣，认为其生性残暴、杀戮心过重，无法成为有德行的君主，于是打破先例将皇位隔辈传给自己的孙子朱允炆，朱允炆就是历史中颇具谜团色彩的"建文帝"。建文元年（1399年），燕王朱棣因不满皇帝削藩，遂打出"清君侧"的旗号发动"靖难之役"，南下攻取应天府南京城，致使建文帝朱允炆失踪，朱棣顺利登基称帝，史称"永乐皇帝"。

朱棣成功登上皇位后，很多人都觉得他的皇位来路不正，为打击异己、集中皇权，他实施了一系列的改革措施，目的是促进国内社会文化、经济的稳步发展。朱棣也亟待一项伟大的政绩巩固自己的统治，他思来想去，最后决定编纂一部集成性大典，铸就万世不朽的文化之功。

朱棣当即下旨，令解缙等一众学士修编书籍，书籍的编撰宗旨为："凡书契以来经史子集百家之书，至于天文、地志、阴阳、医卜、僧道、技艺之言，备辑为一书，毋厌浩繁！"意思是说，编修大典的目的，就是要将古今图书全部辑录为一部书，甚至连天文、地理、阴阳、医药、卜卦等类型的书籍也要编纂入内。

解缙领旨后立即照办，当即在各部门选拔优秀人才共147人，加班加点赶工编制，仅用一年时间就将大典编纂完成，取名为《文献大成》。明成祖朱棣亲自赏阅，却认为"所纂尚多未备"，不甚满意，下令继续广增编纂者，重新修订一部更完备的大典。

朱棣的表态，说明了他本人对于编纂大典的重视程度，表达了自己"为天地立心，为生民请命，为往圣继绝学，为万世开太平"的决心。永乐三年

（1405年），朱棣专命太子少师姚广孝、礼部尚书郑赐监修以及刘季篪等人参与到编修大典项目中，并从朝廷内选拔学者2169人，设立监修、总裁、副总裁、都总裁等职位，分别负责修书立典的各方面工作。

这些编修官们将南京文渊阁中藏书全部搬出来，对其加以区分与甄选。时隔两年，大典定稿初步进呈至朝廷，明成祖朱棣看罢十分满意，并亲自执笔为其作序，正式命名其为《永乐大典》。

据皇宫档案《进永乐大典表》称，《永乐大典》全书共写成22877卷，目录60卷，成书11095册。其中内容涵盖广泛，包括经、史、子、集，涉及天文地理、阴阳医术、占卜、释藏道经、戏剧、工艺、农艺等各个领域，几乎囊括了中华民族数千年来积累的知识财富。英国《不列颠百科全书》记载，明代《永乐大典》是"世界有史以来最大的百科全书"。

经历曲折

《永乐大典》被纂修完成后，由于其文字浩繁，且抄录工作需要消耗大量人力物力，所以朝廷下令只抄录一部，命名为"永乐正本"，藏于文渊阁之中，同时向朝廷官员开放，方便详查其中的文献资料。永乐十九年（1421年），明成祖朱棣力排众议，决定将王朝都城迁移至顺天府北京城，在迁移过程中命人精心挑选了一部分藏书，放置在文楼中。

然而令人痛心的是，明成祖朱棣在迁都时虽然将部分《永乐大典》转移，但原本却仍留在陪都南京。正是此次滞留，令《永乐大典》原稿被付诸一炬。正统十四年（1449年），南京文渊阁发生一起火灾，阁中大部分书籍被焚毁，损失十分惨重。《永乐大典》悲惨的命运并未结束，嘉靖三十六年（1557年）

四月，皇宫之中又再次失火，奉天门及三大殿均在此次火灾中被焚毁，《永乐大典》正本又差点毁于大火。

嘉靖四十一年（1562年），明世宗也就是嘉靖皇帝，认为《永乐大典》意义重大，应该重新被辑录成册，以保祖宗传下的经典不会被埋没。明世宗随即任命高拱、瞿景淳、张居正等人负责重录《永乐大典》的工作。

嘉靖皇帝为保证编修工作的顺利进行，专门在内府调拨了画匠、砑光匠、纸匠，充当编修辅助人员，此次辑录工作漫长而又艰辛，通过众多学者们的不断努力，终于在隆庆初年彻底大功告成，共编修《永乐大典》三部，即"原本"、"正本"及"副本"。原本仍然归还于南京，其正本部分贮藏于文渊阁内，而副本则别贮于皇史宬。

近代流传

清军入关之后，从顺治皇帝开始，汉家文化就已经深深影响清王朝的统治，历任统治者也将修订"百科全书"列为文化界头等大事。在康熙、雍正朝时，清廷曾命人纂修过一部大型类书，名曰《古今图书集成》。但是从规模及组成来看，该书却仍以罗列为主，不能完美展现辑录性典籍的要旨。

乾隆皇帝对此也抱有自己独特的看法，他认为（《古今图书集成》）虽能够兼收并录，极方策大观，但"因类取裁未能窥各书全貌"。正因如此，他决定要做前人未做之事，溯本清源，修纂一部大型丛书《四库全书》，以此来弥补类书的缺失。

乾隆皇帝谕旨修订《四库全书》的消息传遍全国后，时任安徽学政的朱筠与四库总裁于敏中全部上表奏事，建议乾隆皇帝在修书时，最好以《永乐大典》为依据，如此才能做到尽善尽美。可是《永乐大典》早已经在战乱动荡中大量遗失，想要一观全貌，必须要从民间大量搜集。有鉴于此，乾隆皇帝前后颁布两道圣旨，下令在全国范围内不惜重金大量搜集散佚古籍，经过千万人数年的不懈努力，才最终汇订成清代《永乐大典》中的古书善本。

乾隆皇帝修订《永乐大典》期间，除从民间搜集其散失本之外，还依赖于一本名为《抄永乐大典记》的书籍。该书作者分别为全祖望和李绂，他们都是清代康雍时期著名的大学者。雍正年间曾设置有三礼馆，全祖望、李绂二人供职于翰林院，因此能够时常接触阅览《永乐大典》。

二人在《永乐大典》中发现许多世上未见之书，连连惊呼其为"宇宙之鸿宝"。二人欣喜之余，认为经典不能被埋没，因此决定将书中的精华部分辑录出来。两人每日看书二十余卷，由全祖望及另外四人负责抄写，二人认为《永乐大典》中最需要辑录的共有五类书，包括经、史、志乘、氏族、艺文，先后整理出王安石《周官新义》、高氏《春秋义宗》等十多种书籍。

然而卷帙浩繁的《永乐大典》怎么会被两人全部看尽？久而久之，长期的辑佚工作令二人身心俱疲。第二年时，全祖望就因身体原因罢官回乡，辑佚工作只好彻底作罢。不过全、李二人的辑佚成果却十分巨大，引起了后世学者们的普遍关注，并为以后《四库全书》馆臣系统辑佚《永乐大典》奠定了基础。

乾隆皇帝命人修《四库全书》时，发现《永乐大典》已遗失缺失2422卷，大概几千册。四库全书馆校勘《永乐大典》过程中，参加辑佚的学者有戴震、邵晋涵、周永年等共39人。其中，以周永年在宋、元人诗文集上的搜录编辑最为用力勤勉。其余作者如戴震等人也分别涵辑《旧五代史》《九国志》《算经》等，都各有成就。

这些人在辑佚《永乐大典》过程中，一直秉承着儒家正统观念，注重将书中"菁华已尽，糟粕可弃"。佛道典籍、戏曲剧本、小说孤本等都属于糟粕之流，不该出现于书内，一概不予辑录，对于前朝一些牵涉到政治敏感的言辞也悉数删去。

删除一些科技方面的著作，无疑是科学界的 一大损失，例如邓御夫的《农历》（200卷）《兼金合璧》《晋史挥尘》等，其中最主要的原因居然是"恐为洋夷所得"，也就是怕洋人偷偷学去。

几番波折

咸丰十年（1860年），英法联军侵占北京，咸丰皇帝出逃，致使京城翰林院遭到大肆劫掠，丢失典籍无数，其中就包括大量的《永乐大典》。光绪元年（1875年），修缮翰林院建筑时，相关人员在对翰林院清查时，发现其内《永乐大典》不足5000册。据传言称，《永乐大典》丢失的主要责任，在于官员监守自盗，当时一位名叫文廷式的官员，就曾以一己之力盗走其中百余册。

光绪二十年（1894年）六月翁同龢再次入翰林院清查时，发现所余大典仅剩800册。然而《永乐大典》的厄运并未就此停止，光绪二十六年（1900年），翰林院再次遭到厄难，所剩《永乐大典》中的300余册也尽数被义和拳焚毁，令人扼腕叹息。次年，英使馆又交回《永乐大典》330册，却又遭到监守者瓜分，鸿篇巨著又一次经历了前所未有的浩劫。

《永乐大典》的散失，无疑是我国文化界的巨大损失，能够利用的只有区区400册。1912年民国政府成立，在当时教育部第一科科长周树人建议和努力下，教育部向国务院申请，将翰林院所存《永乐大典》残本64册送归教育部，其中60册交由京师图书馆储藏，这是国家图书馆入藏的第一批《永乐大典》。

此后，京师图书馆更名为国立北平图书馆，对于搜集《永乐大典》的工作，副馆长袁同礼和考订组组长赵万里等人都付出了巨大的努力。国立北平图书馆的赵万里一直从事对《永乐大典》的辑录工作，他独自辑录了《陈了翁年谱》，还从各种载籍中搜求逸佚，编纂成《校辑宋金元人词》73卷，都是《永乐大典》中佚失的部分。

陈恩惠也同样如此，在抗战时期，他在困苦的条件下坚持辑录工作，并发现了《四库全书》中《永乐大典》与现存《永乐大典》原本文字之间的出入，通过前后多次校对，用了整整6年的时间，才辑录出史部、子部、集部、方志、文集等总数达213种。

1931年以后，华北局势动荡不安。国民政府为防不测，下令将古物南迁。北平图书馆随即将《永乐大典》等善本典籍运往上海，存放在公共租界仓库中。但因为上海沦陷，局势再次恶化，代理馆长袁同礼和上海办事处钱存训才通过驻美国使馆与美国联系，决定将这批善本精挑细选后运往美国寄存。选取的3000种书中有60册《永乐大典》，此后这一批文化瑰宝又辗转运回国内，后存于台北故宫博物院。

《永乐大典》藏身何处

自嘉靖朝大火之后，《永乐大典》只剩下藏于北京的正本一部，算上由嘉靖四十一年到隆庆初年才抄完的另外一部，历史上应该流传下来两部《永乐大典》，即《永乐大典》正本与《永乐大典》副本。可现今存世的一部，仅仅只有嘉靖年间的抄本，即《永乐大典》副本，《永乐大典》正本却不知所终。它究竟流落至何处？历史并没有明确的记载。

目前来看，关于《永乐大典》的去向共有三种说法，即夹墙说、损毁说、陪葬说。

夹墙说

　　不少专家都认为，《永乐大典》的正本可能被藏于北京皇史宬的夹墙里。众所周知，北京皇史宬是我国明清两代的皇家档案馆，《永乐大典》的正本，完全具备入驻皇史宬的资格。皇史宬的墙壁奇特，东西墙厚3.5米，南北墙厚6.1米，如果其中是中空结构，似乎完全可以轻松藏下全部的《永乐大典》。

　　然而皇史宬城墙完全是由石头建成，想将其彻底掏空也绝非易事。虽然皇史宬的墙壁不会被拆开考察，但如果运用高科技技术手段对其勘测，也很容易探测其中的奥秘。鉴于考古学界至今未传出此类消息，说明该推测可能性并不大。

损毁说

　　有专家认为，《永乐大典》正本很可能毁于明末清初的战火。根据史料记载，在明朝万历年间，《永乐大典》的正本依然无恙，可在此之后，《永乐大典》正本记载彻底消失。所以《永乐大典》的正本有很大可能性被入侵的清军所毁。

陪葬说

　　国内有学者对《永乐大典》的下落，还提出一个有趣的说法，即《永乐大典》正本极有可能是被带进了明世宗的陵墓——永陵。明世宗在位期间，对于《永乐大典》的喜爱程度超出了所有人的想象，他甚至命人时刻搬运《永乐大典》，以供自己随时阅览。更重要的是，明世宗去世时间与《永乐大典》消失的时间基本吻合，因此明世宗以《永乐大典》陪葬的说法存在可能性。

《永乐大典》正本是否还存于世间？我们并不能给出确切的回答。专家们的推断是否合理？我们也不能确定。但我们依然相信，随着文化工作者的不懈努力，这一部凝萃着华夏文明的宝典，终将会再次重现于世间，继续绽放着璀璨的光芒。

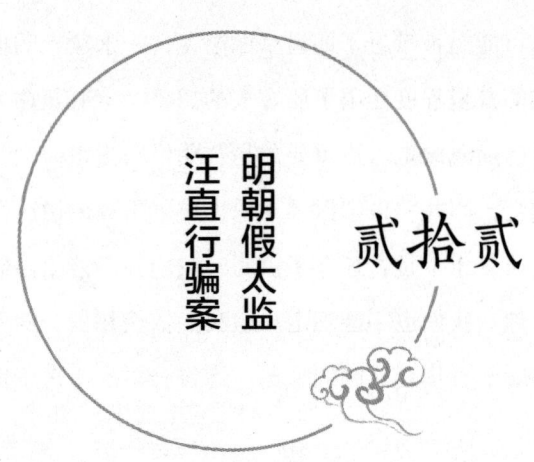

明朝假太监
汪直行骗案

贰拾贰

汪直驾临

明朝成化十三年（1477年），丹阳县令张瑞正在县衙办公，就见牛师爷急匆匆地跑了进来。

张瑞责怪地道："牛师爷，慌什么？"

牛师爷抹了一把汗，他见桌子上有半杯残茶便端起茶杯，将茶水"咕咚咚"几声喝下了喉咙，然后惊慌地道："张大人，大事不好了，提督西厂大太监汪直已经到了邻县！"

牛师爷的话刚说完，张县令吓得胳膊一哆嗦，手里的毛笔"啪嗒"一声，落到了公案之上。

从明成祖朱棣开始，朝廷便设有东厂，东厂是当朝天子的耳目，探子众多。普天之下，不管是文武百官、富豪乡绅还是贩夫走卒，一旦有个不利于朝廷的风吹草动，那消息便会直接通过探子，传到东厂厂公的耳朵里，东厂的厂公再将消息报告给当今的皇帝。

明宪宗的疑心特别重，他当政以后，为了制衡东厂，便设立了西厂，而他最宠信的太监汪直，便被他任命为总督西厂官校办事太监，也就是厂公。

西厂不仅能侦察百姓，也能监视东厂，而且厂探的数量比东厂还要多。汪直不仅能够左右皇帝的想法，还拥有炙手可热的权力，因此各级官员甚至朝中大佬，都以能结交汪公公为幸。因此，对汪直的到来，张县令怎么能不害怕呢？

张县令用衣袖擦了一把额头的冷汗："牛师爷，你说厂公大人到咱这个偏僻的小县来干什么？"

牛师爷不愧是老江湖，他沉吟了半晌："如果没料错的话，厂公大人光临丹阳，无非有两个目的，一是访官查案，二是为了金子银子！"

丹阳的百姓不能说安居乐业，但至少这几年也没发生什么大案子，更没有反抗朝廷的势力出现。张县令表面上道貌岸然，一副清官的模样，可背地里上下其手、中饱私囊的事儿也没少干。

汪直领人突然在邻县现身，看他下一步的行进路线，很有可能要来丹阳。古话说得好：再结实的篱笆，也有透风的缝隙。张县令的屁股不干净，一旦被汪直抓到把柄，别说他头顶的官帽子，就是吃饭的家伙，恐怕也保不住了。

张县令现在真的有点六神无主了："牛师爷，你说我们下一步该怎么办？"

牛师爷在房间里踱了一阵子步："办法只有一个，那就是赶快通知镇江府的府台大人。"

镇江府的赵府台原本是京官，后因得罪了首辅商大人，这才被贬到了镇江。他不仅见过汪直，而且极有迎来送往的经验。张县令每年搂足了银子，一多半都孝敬给了赵府台。现在情势紧急，他也只能拿顶头上司当主心骨，求他给自己拿主意了！

张县令正想让牛师爷备马，然后趁着夜色，准备直奔一百多里外的镇江府……可是门口的两名差人却气喘吁吁地跑了进来："赵府台，赵府台领着人，已经到了县衙的外面了！"

张县令一听赵府台大驾光临，他急忙一溜小跑，迎接了出去。赵府台身高六尺，一张圆脸，看似和善，可是那一双细眼睛，顾盼之间流露出的都是奸邪的光芒。

张县令和赵府台一边寒暄，一边走进了县衙。赵府台来到内室，他压低了声音说："张县令，你可听说厂公汪大人来到了邻县吗？"

赵府台来到丹阳县，就是为了迎候汪直之事。

改路妙计

张县令急忙点头，赵府台见他知道消息也就不解释了，便直接入题："为今之计，就是让厂公汪大人进不了丹阳县，更到不了镇江府！"

张县令听赵府台讲完话，他也愣住了。汪直一路行来，按照他的出行路线，必然是先到丹阳县，接着再进镇江府，不让汪直到这两个地方，恐怕只有一个人能办到，那就是当朝的天子。

赵府台听罢张县令的担忧，嘿嘿一笑："本府台倒有个计策，只要按计施为，一定可以达到我们的目的！"

丹阳县境内有一条官路，这条官路在水镜山下分为了东西两条大路，东面的路是去往镇江府，而另外的一条路便是直奔福州府。

赵府台的意思是——他要和张县令两个人联手在水镜山庄迎候汪直的大驾，然后想个办法让他直奔福州而去。只要汪直到不了丹阳和镇江，体察不到民情，他自然也就找不到赵张两人的错处，张县令和赵府台的官帽子也就安全了。

张县令竖起了大拇指，连声说妙！可是什么高明的办法，能让汪直改道福州呢？

赵府台呵呵笑道："我自有让他改道福州的妙计，只不过打点的礼物，恐怕张县令要破费了！"

张县令抹了一把额头的汗珠，急忙道："钱财乃是身外之物，只要送走了厂公汪大人，那可就万事大吉了！"

三天后，张县令将水镜山庄收拾一新，他和赵府台一起，早早地迎候在了水镜山庄旁边的官路上。

张县令早就派出去了十几个骑着快马的探报。根据探报不断传回的消息，汪直将会在今日辰时（早上七点到九点）进入丹阳县境，并在巳时（早上九点到十一点）左右，经过水镜山庄。

张县令和赵府台来到庄外等了一个多时辰，只见官道上徐徐地行来了一支十多人的队伍。赵府台伸长了脖子，很快在马队中间发现了一个白面无须、鹰鼻鹞眼的中年人。赵府台一扯张县令的袍袖，两个人急忙迎了上去。

鹰鼻鹞眼、骑着大白马的中年人，便是西厂的厂公汪直。汪直看着张县令和赵府台跪地，对着自己连连叩头，他眉头一皱，用尖细的嗓音斥道："本厂公奉皇命秘密出京办差，你们这样大张旗鼓地迎接，岂不是让天下人都知道本厂公的行踪吗？"

赵府台和张县令一听汪直责怪的口气，吓得他们一个劲儿地口称死罪。汪直看着两个人诚惶诚恐的样子，缓和了一下口气："赵大人，这几年不见，你可有些发福了！"

赵府台一听汪直还惦记着他，只感动得两眼流泪。他用手指着披红挂彩的水镜山庄的庄门："厂公大人一心为国，不顾鞍马劳累，千里奔波，实在让下官钦佩至极。我和张县令在山庄里备下清茶一杯，请厂公大人还是歇歇再走吧！"

汪直斜眼看了一眼金碧辉煌的水镜山庄的庄门，点了点头："歇歇脚也好，正好可以听二位大人讲讲治下的风土人情！"

赵府台和张县令急忙站起，他们众星捧月似的将汪直让到了山庄中，一行人来到大厅内的太师椅上坐定。汪直喝罢了丹阳产的罗汉茶，众人又讲了一阵话，这时已经到中午了。

暗中收钱

赵府台一拱手说道："下官听说汪厂公要路过本地，特意命人在福州骑着快马，购来了十几种美味的海鲜，也不知道合不合您的口味？"

汪直一听说有海鲜，点了点头："早就听说福州的海鲜天下闻名，那就尝尝吧！"

赵府台一见汪直点头，回头对张县令一使眼色，张县令急忙转身到下面准备去了。一会工夫，几名下人走马灯似的端上来了整席成套的银盘子，盘子里面装的全是福州的海鲜——三味鲨鱼，水晶明虾，飘香醉蟹……这些福州的名海产虽然样式很多，但每样的菜量却很少。毕竟丹阳县离着福州不近，骑马最少也得两天，还要保证每样海产的鲜活，确实是一件非常难的事情。

赵府台在京城为官的时候，早就听说过汪直偏爱海鲜，便不惜高价从福州请来了一位手段最高明的海鲜厨子，可是每样海鲜他都只做了一点，其目的就是想勾起汪直的馋虫。

张县令也是聪明人，他看到银盘子里的菜量，很快就明白了赵府台的意思。可是为了吃海鲜，汪直会取道福州吗？这件事儿，张县令看着确实有些不靠谱。

赵府台久在官场，遇事不慌，让汪直改道福州，他另有妙计：吃到一半的时候，一个模样妖艳的歌姬被赵府台唤了进来。歌姬对着汪直先放歌喉再展舞姿，汪直的眼睛立刻露出了色眯眯的光芒。

这个妖艳的歌姬可谓倾国倾城，惊为天人！汪直在京城都没有见过如此出众的尤物。赵府台和张县令识趣地退下。果然一场海鲜宴席吃罢，汪直便传出了话来，他要取道福州，暂时不到丹阳和镇江府巡视了。

张县令纳闷地问道："赵大人，这是怎么一回事？"

赵府台低声说道："我让那名歌姬拐弯抹角地告诉汪直汪大人，福州还有一个名叫翠云的歌姬，比她还要娇嫩，比她还要妩媚，比她还要惹人疼呢！"

张县令听赵府台讲完话，心里也是纳闷：汪直一个太监，他能和歌姬发生什么关系呢？管他能不能，反正送走了"汪瘟神"，可就万事大吉了！

张县令在汪直离开的时候，偷偷献上了一个红木的小方盒，小方盒中放着一沓价值五万两的银票。汪直见到银票，一甩袖子假装斥道："本厂公为皇上办差，拿的是皇家的俸禄，张县令你这是要干什么？"

赵府台看着汪直转身离开，他急忙从发愣的张县令手里抢过方盒子，然后来到了汪直一个贴身的侍卫身边苦求了半天，最后又给了侍卫一千两银票，侍卫才答应将红木盒子转交给汪直。

张县令看着汪直一行人，径直上了通往福州的官路，他冲着赵府台一个劲儿地竖大拇指，连声说："高！"

从丹阳到福州，中间还隔着五六个小县。这些小县的县令一听汪直驾到，一个个吓得屁滚尿流，他们无不诚惶诚恐地迎接招待。汪直走时，还要再送上丰厚的银两。

七天后，汪直就来到了福州，福州布政司王大人早在十里长亭迎候着汪直。站在布政司王大人身边的人，便是福州镇守太监卢胜。

原形毕露

明朝的时候，皇帝对各地的封疆大吏和官员们不放心，因此在各个地方，都派了自己的耳目，也就是镇守太监。本地的镇守太监卢胜是东厂的人，他对西厂的飞扬跋扈的作风早就看不顺眼，今日他和布政司王大人一起迎接西厂的厂公汪直，心里早就一百个不愿意了。

时近中午，汪直的马队来到福州城外的十里长亭。跪拜迎接，一番官场上的客套后，汪直重新上马，领着手下直向福州城而去。

王大人看了一眼卢胜，他低声道："汪大人好生奇怪，既然是奉旨出巡，他首先应当宣读圣旨啊！"

卢胜在京城的时候，曾经见到过汪直。眼前这个汪直虽然模样不差，可是却差了一样东西，那就是杀气。汪直在京城的时候，被人称为笑面虎。他任用锦衣卫百户韦瑛为心腹，每次外出，皆前呼后拥，随从众多，公卿大夫都要绕道回避。三品以上的京官大臣，汪直都敢擅自抄家审问。他最厉害的一次，竟将携带私盐的南京镇守太监覃力朋都抓了起来。这样"穷凶极恶"的一个人，身上怎么能没有杀气呢。

卢胜跟在王大人身后，来到了为汪直特意安排的驿馆，接风宴开始后，卢胜就开始拐弯抹角地盘问汪直宫里的情景。

汪直一开始讲对了几个事情，可是面对更隐秘的问题，就开始闪烁其词，对卢胜的问题敷衍应付，避而不答。卢胜越问越怀疑，最后道："汪大人总督西厂，那面西厂的令牌真的是威风八面，令人万分的敬仰，不知道可否让卢某一饱眼福呢？"

汪直尴尬地咳嗽了两声："不巧得很，那面令牌被我放到了衣箱里，等改日再让卢公公观赏吧！"

卢胜站起身来，然后猛地一拍桌子叫道："西厂厂公的腰牌干系重大，怎敢片刻离身？不用想，你一定是假货！"

布政司王大人一见汪直被吓得脸色煞白，觉得情况有异。他猛地上前，用手一把抓住了汪直的下部。这个汪直果真是假的，他竟是一个未净身的正常人。

王大人高吼一声，他手下的侍卫冲了进来。假汪直和他的手下全部被侍卫掀翻在地，接着绳捆索绑地抓了起来，还未等大刑伺候，假汪直就竹筒倒豆子，老老实实地招供了。

这个假汪直真名叫杨福，江西人，他曾经在崇王府里当过内使，是半个北京通。因为杨福长得很像汪直，又对朝廷礼数甚为熟悉，于是他便领人来到了远离京城的福建等地，演出了一幕扯虎皮拉大旗到处骗钱的闹剧。

假汪直案事发后，朝野为之轰动，杨福自然是罪不容赦。成化十四年（1478年）七月，杨福被押赴刑场，以绞刑处死。

一个假太监汪直，便可引起福建等地官场的一次大地震，如果是真的汪直呢？明宪帝朱见深也不笨，他隐隐地感觉到了汪直对社稷安全的威胁。

内阁首辅商大人决定对汪直发难，他和朝廷上的大臣一起，网罗了汪直的十几条大罪，并写了一份弹劾的奏折交给明宪宗，要求废除西厂，罢免汪直，其中有一句非常厉害的话——不驱逐汪直，天下迟早大乱！

宪宗皇帝朱见深思考再三，最后下谕，解散西厂，罢免了汪直。汪直被放逐到南京御马监，成了御马监的太监。商辂也怕打蛇不死，反被蛇咬，不久之后，他又领着朝臣再次发难，汪直很多新的罪行又被揭露了出来。

宪宗皇帝大怒，汪直在南京御马监中的地位一落千丈，最后成了一个小小的奉御。他又操起了当年刚进宫时候的大扫帚，干起了起早贪黑顶风冒雪打扫庭院和街道的杂务。

根据历史记载，汪直生年不详，曾经总督西厂，权倾朝野于一时的他最后死于1559年一个冰冷的冬天。

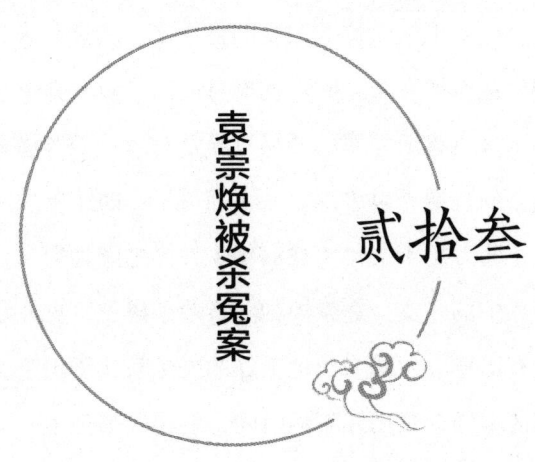

袁崇焕被杀冤案

贰拾叁

一生事业总成空，半世功名在梦中。

死后不愁无勇将，忠魂依旧守辽东。

这首诗就是明末的抗清将领袁崇焕临刑前吟诵的。袁崇焕含冤被杀，崇祯皇帝自毁长城，这一段"悲壮"的前尘往事，具体是什么内容？崇祯皇帝，又是如何中了皇太极的反间计？这就需要我们厘清袁将军的出身、入仕、抗清轨迹以及英勇就义的经过。

报国有我

袁崇焕祖籍广东广州东莞县，字元素，号自如，他是我国明代末期著名的抗清将领，也是历史上被人称颂的爱国将领之一。袁崇焕的一生充满了传奇，在明王朝受到后金军鲸吞蚕食时，他挺身而出，以一介书生之躯，挽救了整个辽东的危局。不过袁崇焕将军的结局也异常悲惨，他含冤蒙难，被凌迟处死，遭到了极其不公的待遇，以忠臣之血，书写了一曲明末战争风云的悲歌。

袁崇焕生于明万历十二年（1584年），家中颇为殷实，属于当时广州东莞县地区较大宗族中的一支。袁崇焕的父亲望子成龙，见儿子从小聪明伶俐，料定日后肯定大有出息，便找来当地最好的先生教儿子识字。袁崇焕天赋异禀，并有过目不忘的本领，只用几年的时间，就将教书先生肚子里的墨水掏空，父亲也只能再继续花钱请其他的先生。袁崇焕小时候似乎并不喜欢读书，当先生讲到四书五经时，他总是昏昏欲睡，而先生在解读《孙子兵法》或《太公兵法》时，袁崇焕却听得异常认真。袁父见此总是感叹："吾儿当是王佐将才也！"

万历四十七年（1619年），袁崇焕在科举考试中高中进士，被委任为福建邵武知县。袁崇焕在任期间，曾多次为民请命，深受当地百姓爱戴。不过袁崇焕在任时仍未忘记自己的报国志向，他多次走访民间，探访退伍兵卒，与其讨论边塞的战事。多年以来，袁崇焕对边塞之事十分了解，自认为可以率领一只精兵，独镇一方边关。

天启二年（1622年），袁崇焕前往京城觐见明熹宗朱由校，相当于接受当时朝廷的"绩效考核"。在京城居住期间，袁崇焕与宫廷臣僚们商讨边关防务，并提出了很多自己犀利的见解。袁崇焕说："若与后金军交战，必须要抛弃速胜的主张，应固守城池以挫敌锐气，待敌惰归时，再予以出兵歼之……"侃侃而谈的袁崇焕，引起了当时御史大人侯恂的注意，在侯恂看来，眼前的这位年轻人虽长相清瘦，目光中却透露出一股坚韧和执着。更重要的是，袁崇焕的观点处处击中要害，将边塞防御体系内的关键环节，以及攻敌的时机全部纳入自己的理论中，具有相当强的逻辑性、理论性和可操作性。

侯恂是一个热心肠，在他看来，国家之所以会危亡，正是缺少了像袁崇焕这样的青年才俊。于是他向明熹宗举荐袁崇焕。几天后，袁崇焕见到了木匠皇帝朱由校。两个人一番谈话后，木匠皇帝朱由校便破格提拔袁崇焕为兵部职方主事。在明朝的官制中，兵部设有尚书一人，左右侍郎各一人，以下依次是武选、职方、车驾与武库四司。知县属于文官中的七品，而职方却是武官中的六品，如此看来，袁崇焕的确是被朝廷破格提拔。

袁崇焕不是长平之战中只会纸上谈兵的赵括。他身为儒生文人，虽然手无缚鸡之力，但是报国的拳拳之心却异常火热。此时的辽东战事不断，崛起于白山黑水之间的努尔哈赤，率领后金军不断骚扰明廷边境。辽东守将怯懦无能，致使明朝在战争中处于被动地位，皇帝对此十分着急，朝臣们也议论纷纷，都处在了"火上房"的状态。众所周知，山海关是天下第一雄关，只有以山海关为屏障，中原才得保无虞。后金军在关外横冲直撞，一旦突破山海关，则北京城将会面临后金军铁蹄的践踏，甚至国家的根本都会产生动摇。

面临眼前的窘境，朝内的大臣们束手无策，只能在朝堂上争得面红耳赤。然而他们却没有发现，刚刚被破格提拔的袁崇焕却不见了踪影。此时的袁崇焕早已孤身一人骑马前往山海关，并对关内外的地形进行了详细的考察。当袁崇焕风尘仆仆归来时，他眼中充满自信向皇帝保证道："陛下予我钱粮马匹，臣一人可镇辽东！"正是袁崇焕这句看似吹牛的大话，让明熹宗喜出望外。这位小皇帝当即又提拔其为兵部检事，负责指挥关外的部队，并由府库拨银20万两交由袁崇焕招募新兵。

经营辽东

当时关外的大部分地区，都被科尔沁各部落占领，袁崇焕也只能驻守在关内。不久之后，科尔沁各部落族长迫于压力，又纷纷归附明朝，全部由当时的督师王在晋统辖。王在晋对袁崇焕很赏识，命他管理前屯卫事务，后又安置被迫失业的辽东难民。袁崇焕十分感激王在晋，但是二人之间也有嫌隙，袁崇焕认为王在晋毫无战略眼光，在防御后金军的策略上屡出昏招。

在如何防卫宁远城时，二人进行了十分激烈的争论。袁崇焕官小职低难以说服王在晋，便越级上报给当时的首辅大人叶向高。不得不说，袁崇焕此举实在是官场中的大忌，而正是这种官场上的"低情商"，也为其日后的悲剧埋下了很大的伏笔。

事情的结果很出人意料，叶向高将此事禀明皇帝之后，朝廷也派出相关人员进行巡察，确定了袁崇焕观点的正确性。木匠皇帝随即在朝臣的弹劾之下，免去了王在晋的职务，委任孙承宗为督师，统领辽东军务。孙承宗认为袁崇焕是一位难得的人才，对其加以重用，正是这一决定，也让袁崇焕的军事才能有机会凸显出来。

距离山海关二百里处，有一座名为宁远的城池，位于在锦州与山海关之间，牢牢扼住了辽西走廊的咽喉。早在明前中期，辽东地区的军事重镇以广宁为主，但是自广宁、辽阳相继失陷后，宁远的战略地位就被凸显出来。新到任的孙承宗与袁崇焕二人，对宁远城进行了大改造，令其成为一座固若金汤的关外重镇。据史书记载，宁远城城池"高三丈二尺，雉高六尺，址广三丈，上二丈四尺"，整体上易守难攻。与此同时，袁崇焕又以宁远城为依托，在其周围先后筑城数十座，招募新兵十余万，并着力打造甲胄兵器、开垦农田，屯田五千顷，以此保证了后方的物资供给。孙、袁的一系列改革，令辽东边防防务态势焕然一新，明朝的东北国防线也向北推移了二百多里。为此，朝廷也特意嘉奖袁崇焕，将其提拔为兵备副使。

天启六年（1626年）正月，辽东地区正处于冰天雪地的季节，关外后金军也结束了一年的渔猎生活，转而将眼光投向了侵略与掠夺。努尔哈赤统兵13万人，对外宣称20万，率军南下，直扑宁远城，数日之后抵达宁远城下。面对气势汹汹的后金军，宁远城守军胆战心惊，辽东关内守军更是吓得魂飞天外，连忙下令关闭山海关城门，不准任何军队驰援宁远城。如果照此情形发展下去，宁远城势必会被后金军攻克。消息传到朝廷之后，朝野上下一片震惊，就连兵部尚书王永光都连连感叹："袁崇焕就是三头六臂，宁远城也是凶多吉少了。"

然而谁也没有想到，袁崇焕面对强敌，他丝毫不惧，毅然挺身而出，慷慨激昂地在白绢上写下血书："区区宁远，中国存亡系之，失此不守，数年后吾族皆左衽矣。"意思是说，宁远城虽小，却关系着大明王朝的存亡安危。如果任凭其失守，数年之后，我等族人都会穿着"左衽"的衣服。"左衽"是指少数民族服装的传统样式，汉族穿衣方式为"右衽"。袁崇焕下令，将宁远城外的所有居民撤入城内，实施坚壁清野的防御战略，军民一心共同抵抗后金军的侵略。

宁远大捷

同月二十四日，努尔哈赤派使者前来向袁崇焕劝降，但被袁崇焕骂出。努尔哈赤认为袁崇焕不知好歹，随即下令猛攻宁远城。后金军向来骁勇善战，又精于骑射，在平原野战方面的优势更是突出，明军毫无克制办法，不过袁崇焕却有妙计。袁崇焕下令将重金购置的西洋红衣大炮抬出，架在城门之上，待后金军进入射程之后立即猛轰。红衣大炮威力巨大，硕大的弹丸爆炸之后仍能造成不小的杀伤力。正是靠着这种守城利器，明军抵御住了后金军的多次进攻，城下堆满了敌方士兵累累的尸体。

在战斗进行到最激烈的时候，双方主将都曾负伤，袁崇焕被后金军箭矢所伤，血流如注。将士们都劝其归营休养。谁知袁崇焕竟挥剑割破战袍，以袍拭血，并裹住伤口，执意带领士兵进行战斗。将士们见主帅誓死抗敌，也纷纷誓死效命，与后金军展开激烈搏斗。后金军主帅努尔哈赤在指挥战斗时，不慎被红衣大炮所伤，因其年老体衰，加之大炮威力巨大，致使其当场昏厥，被手下连忙送归大营。

努尔哈赤身负重伤，将士们的士气也极为受挫，后金军匆匆撤退，留下满地的尸体与军械。宁远之战最终以明军胜利、后金军惨败而告终。不得不说，明王朝此次在关外久违的胜利，无疑是一剂强心针，让朝廷有了坚决抗击后金的决心。

努尔哈赤自25岁起兵以来，曾大大小小经历数百战，可谓是"攻无不胜，战无不克"，关外势力无人能阻挡其兵锋。然而他万万没有想到，自己却败在一个白面书生的手里。区区一座宁远城，竟成为他毕生的遗憾。努尔哈赤羞愤难当，加上老迈的身体已无法承受严重的伤痛，最终不治身亡，时年68岁。

袁崇焕弃笔从戎，以一介书生的身份带领兵民击退后金军，并于首战就击毙敌酋，在当时明朝人的眼中，堪称是传奇。袁崇焕打破了后金军不可战胜的神话，也击碎了努尔哈赤常胜不败的传说，辽东局势的天平开始向大明倾斜。

袁崇焕因宁远大捷之功，特被朝廷升任右检都御史、辽东巡抚，在辽东地区的影响力日渐大增。后金军因丧失主帅，一时间军心动摇，努尔哈赤诸子暗中争夺汗位，几方局势颇为紧张。最终，皇太极成功继位，力压诸王成为父亲的继任者。他广安军心、镇抚贵族，算是勉强稳定下了局势。努尔哈赤的惨死，令皇太极十分悲伤，加上自己初登大位，必须要做出一件大事立威，于是他决定，再度组织军兵攻打宁远城。不过值得一提的是，此次皇太极的目标不仅是宁远城，还有其外围的要塞锦州。

天启七年（1627年）五月，这时候明朝的天子已经是崇祯皇帝。皇太极率兵南下围攻锦州城，并采用围点打援的战法，将前去支援锦州的祖大寿精锐骑兵拦截。不过皇太极显然是低估了锦州城内守军的守城决心，数十日之间，后金军组织兵力攻城近30余次，全部被一一击退。守军利用火油、滚石、弓箭等守城武器，再一次向对方诠释了死守不降的精神。皇太极见进攻锦州无望，便转而攻打宁远城，然而宁远城也异常坚固。明军守城将士不惜与后金军同归于尽，也誓死不让半分。皇太极屡战屡挫，一时间竟没有了对策，只能带着军队在两城之间疲于奔命，最后不得不下令撤军。此次宁远城与锦州城的联防战，被誉为是"宁锦大捷"。"宁锦大捷"是明朝末期对抗后金军的经典战例，明金两军从此进入了一段较长时间的和平状态。

在辽东地区，令后金军头痛之人并非只有袁崇焕，皮岛的毛文龙也同样是一个重要角色。早年的毛文龙只是一个泼皮无赖，但是其舅舅却在军中为官，毛文龙因此从军。毛文龙为人机警，曾多次立下战功，受到朝廷的不断嘉奖。自辽东失陷以来，毛文龙不断带领小股军队袭扰后金军，极大地牵制了对方。天启元年（1621年）七月，毛文龙因偷袭后金有功，打了一次漂亮的胜仗，从此被朝廷重视，并被授予东江总兵之职，挂将军印，赐尚方宝剑。

毛文龙在辽东势力根深蒂固，与袁崇焕遥相呼应，形成了针对后金军的掎角之势。不过袁崇焕对毛文龙的印象并不好，毛曾依仗自己的功劳多次向朝廷索要钱粮，甚至还借战争之机与后金进行贸易往来，至于冒功领赏、贿赂拉拢朝廷大臣之事，更是家常便饭。袁崇焕虽总领辽东地区，毛文龙却倚老卖老，屡次不服从袁的调遣。二人之间渐生嫌隙，致使袁崇焕暗生杀机。

自毁长城

崇祯二年（1629年）五月，袁崇焕以检阅军队的名义前往皮岛，要求毛文龙前来接见。袁崇焕试图劝说毛文龙，但是他提出的条件都涉及对方的根本利益，全部遭到了拒绝。袁崇焕与毛文龙一连谈判三日，双方都没有让步的打算，二人矛盾激化，袁崇焕只得祭出尚方宝剑，以皇帝的名义宣布毛文龙20条罪状，命人以尚方宝剑将其斩杀。

袁崇焕擅杀朝廷大将的消息迅速传至京城，满朝文武大惊失色，连崇祯皇帝也吃惊非小。不过朱由检权衡利弊，认为毛文龙虽是辽东一柱，但已经身死，如今只能依靠袁崇焕镇守辽东。无奈之下，崇祯皇帝只能忍痛承认毛文龙的"罪状"属实，并对袁崇焕进行了嘉奖。然而，袁崇焕却不知道，此时崇祯皇帝的心中，早已经埋下了一颗猜忌的种子。

毛文龙死后三个月，皇太极认为后患已经解除，再无牵制骚扰的部队袭扰自己后方，便倾全国之力率军绕道蒙古，直插北京城而来。皇太极的这一步棋，是明朝所有人都未预料到的，不得不说，皇太极也是在进行一次大胆的冒险。后金军长途奔袭，速度奇快，明京师告急，崇祯皇帝急忙提拔大臣积极守城，以防后金军逼近京城。远在辽东的袁崇焕听到消息后，也迅速组织兵力飞马驰援北京，并在城下与后金军进行了激烈的厮杀。后金军孤军深入，粮草问题本来就没有得到解决，多日来又损兵折将，只能鸣金收兵，延缓了进攻的步伐。

皇太极感叹袁崇焕是"数年未见之劲敌"，对其感到颇为棘手。谋士范文程此时献计，称崇祯皇帝多疑，倒不如使用反间计，令明廷君臣反目，借崇祯皇帝的"刀"杀死袁崇焕。皇太极采纳了反间计，命人绑架崇祯皇帝身旁的两个小太监，令他们"偷听"袁崇焕反叛的计划，接着又故意放其逃走，完美的重现了一次"蒋干盗书"。崇祯皇帝最信任太监，通过太监的告密，他对袁崇焕多年的疑虑也终于得到了"验证"，当即下令将袁崇焕逮捕下狱。

崇祯三年（1630年），崇祯皇帝下令刑部立即审讯袁崇焕，并将其判为"凌迟"之刑。"凌迟"即千刀万剐，是一种残忍至极的刑罚。行刑当时，北京街头百姓人头攒动，人人都争相观看"叛贼"受刑，袁崇焕被绑在行刑柱上，他的眼中没有惧怕，只有镇定与从容，当然还有一种担忧。他可以蒙受巨大的痛苦和冤屈，甚至朝廷可以用凌迟的方式，结束自己的生命，他亦不放在心上。可是大明王朝该怎么办，外有强敌，内有战乱，他真的想对苍天，高呼一声："大明，我的大明啊！"

现代著名小说作家金庸曾经这样评价袁崇焕："袁崇焕真像是一个古希腊的悲剧英雄，他有巨大的勇气，和敌人作战的勇气，道德上的勇气。他冲天的干劲，执拗的蛮劲，刚烈的狠劲，在当时猥琐萎靡的明末朝廷中，加倍地显得突出。"

袁崇焕的确是明王朝即将覆灭前的一束灿烂烟火，但是其本人性格也存在一定的缺陷。不谙为官之道的袁崇焕，在军事上展现出了自己天才的一面，却在政治上显得略微幼稚。而正是这致命的弱点，触发了崇祯皇帝最敏感的神经，酿成了他的人生悲剧。不过从历史角度来看，袁崇焕是一位民族尊严、领土主权的捍卫者，他以顽强的意志、出色的能力，延缓了明朝覆灭的脚步，也让自己成了青史留名的大英雄！

一生许婚七次的满蒙

第一美女东哥之死迷案

贰拾肆

东哥全名叫叶赫那拉·布喜娅玛拉，她是女真叶赫部的公主，叶赫布扬古的妹妹。东哥出生时，叶赫部的萨满（巫师）曾信誓旦旦地说："此女可兴天下，亦可亡天下。"可是真的如此吗？

东哥一生，嫁人七次，幸福不幸福，相信只有她自己知道。可是这样一个"媚"动天下的女人，却在三十四岁香消玉殒。她去世的背后，究竟藏有什么曲折，这其中到底有如何难解的谜团？

九岁"寡妇"

明朝时，女真分为建州、海西和野人三部分。永乐元年（1403年）明成祖朱棣在绥芬河流域设置建州卫，任阿哈出（明代赐名李城善）为建州卫指挥使。紧接着，明成祖纳李诚善之女进宫为妃。建州卫也由原地不断向西南迁徙，成为女真各部中发展最快的一支。后来明朝廷又任命猛哥帖木儿（建州女真部落首领之一，努尔哈赤的先祖），为建州左卫都指挥使。两卫辗转迁徙，最后都迁到了如今物产丰富，水草肥美的新宾老城。

如果想要搞清叶赫族的来历，首先要说一下海西四部：叶赫、哈达、乌拉和辉发部。叶赫族后来改姓那拉氏。到了明朝时，叶赫部依险筑城，开始称雄于海西女真。

随着叶赫族和爱新觉罗氏族的不断壮大，两大部为了争夺地盘，终于爆发了一场战争。当时，爱新觉罗家族的头领为了使叶赫那拉氏臣服，他指着大地说："我们是大地上最尊贵的金子（爱新觉罗就是金子的意思）！"

叶赫族的首领听了一阵大笑，他指着天上的太阳说："金子算什么，我们的姓氏比它还要耀眼（叶赫那拉就是太阳的意思）。"

一场激战，兵强马壮的叶赫族最后打败了爱新觉罗氏，成为当时女真族最大的一支部落。

明初时，满洲各部并未统一，女真各部落之间经常互相算计，明争暗斗。而明朝政府对女真也是尽力维持各部落的平衡，防止其中某个部落做大，并成为独霸北方的势力。努尔哈赤的建州部从实力上比不得叶赫部族，但在朝廷"抑强扶弱"的大背景之下，悄悄地壮大了起来。

万历十九年（1591年），叶赫部的东哥九岁，海西四部中的哈达部首领岱善得知东哥美貌，派人拿着丰厚的聘礼来到叶赫部，向东哥父亲布寨求婚。

东哥虽然才九岁，却已出落得和小仙女一样。她穿着女真长裙，在草原上翩翩起舞的时候，开在路边的鲜花，都会为之失色；天空中的百灵鸟，都会忘记了歌唱；寂静的草原，也会充满了生机和活力。

布寨看着丰厚的聘礼，心中已经应下了一半女儿的亲事。他在自己的蒙古包中，摆上了丰盛的家宴，宴请哈达部的婚使。岱善派来的使者坐在火炕上，他一边喝着辣辣的烧酒，一边啃着香香的狍子肉。布寨的酒肉和盛情，更让他敞开了话匣子。

岱善派来的婚使用吹捧的口气说："布寨族长，如果您能和我们的岱善族长结亲，不仅在海西，即使在整个女真部族中，您的势力也将是最强大的！"

布寨端着酒杯，已经有些醉了，他听罢岱善婚使讲完结亲好处，当即一拍桌子，欣然地叫道："好，我就应了这门亲事，不过，我有一个条件，如果岱善真想娶我女儿的话，他必须亲自前来迎亲！"

岱善得到使者的回话，早已被东哥的美色所迷，他根本顾不得手下人关于危险的警告，亲自率领着迎亲队伍，直奔叶赫部去了。在半路上，叶赫部早已经设好了伏兵，岱善还没明白是怎么回事，便被一支利箭射中咽喉，他惨叫一声，跌落马下，死于非命。

岱善被杀，哈达部群雄激愤，他们立刻向叶赫部族索要凶手。布寨随便杀了个囚犯当替罪羊，便让哈达部族吃了个哑巴亏。而忙于争族长位子的实力派们，更是无暇顾及给岱善报仇，这件事儿也就不了了之了。

岱善死后，哈达部各派开始争权夺势，随着内讧连连，刀枪并举，哈达部族的势力也开始迅速衰落。而巧施美人计的叶赫部在该地区的强势地位则越发稳固，俨然已成为海西四部的盟主。

东哥在还不知婚姻是怎么回事的年纪，年仅九岁的她，就成了一个悲催的"寡妇"。但是东哥凄惨的命运才刚刚开始。

夫婿被俘

哈达部在海西四部族中渐衰后，乌拉部的势力慢慢地开始崛起。乌拉部族的首领布占泰能征惯战，彪悍异常。随着布占泰的羽翼渐丰，他对叶赫部族的指手画脚，也渐渐地置之不理起来。

而同时，努尔哈赤统治的建州部更是蒸蒸日上，他的势力不仅赶上了叶赫部族，而且大有反超之势。叶赫部的首领布寨面对危机四伏的形势，如坐针毡。经过深思熟虑，他又心生一计：以努尔哈赤意欲吞并女真部为借口，联合女真其他的部族，发动了讨伐建州的"九部之战"。

万历二十一年（1593年）九月，布寨为让布占泰能为自己卖命，他又是重施故伎，将自己的女儿东哥许配给了布占泰。布占泰一下子成了叶赫部的乘龙快婿，哪有还退缩的道理？布占泰率领着乌拉雄兵，冲锋在了讨伐建州的最前面。

九部联军共计三万余人，兵分三路，杀向了努尔哈赤的建州女真。一时间，辽东大地上旌旗蔽日，铁骑纵横。九部大军在浑河之岸和努尔哈赤两军对峙，一场血雨腥风的大战随即拉开了序幕。

努尔哈赤的建州军队和九部联军比起来，明显的兵少将寡。激战展开，努尔哈赤深知擒贼擒王道理，他领着一支精兵向九部联军的首领布寨杀来，布寨挥刀迎战，却不想坐骑撞在树木上，战马轰然跌倒，布寨一声惊叫，翻身落马，摔成了滚地的葫芦。

努尔哈赤一见机会难得，他纵马猛扑而上，挥刀就砍，布寨顿时血流如注，身首异处，命丧黄泉。

九部联军群龙无首，立刻大乱。努尔哈赤抓住时机，大喝一声，冲向敌阵。九部联军兵败如山倒，被努尔哈赤领兵杀得尸横遍野，溃不成军，四散奔逃。

乌拉部首领布占泰在逃跑时，被建州兵将擒获，他没有当上布寨的乘龙快婿，却反而成了努尔哈赤的俘虏。

努尔哈赤恨布寨阴险毒辣，处处与自己为敌，他命人将布寨的尸体一劈为二，然后将其血肉模糊的上半身尸体还给了叶赫部。

东哥看见父亲残缺不全的尸身，跪倒在地，失声痛哭。东哥的兄长布扬古为避免灭族之祸，急忙派使者来到建州，他愿将自己妹妹东哥许配给努尔哈赤为妃。

努尔哈赤早闻东哥的美貌，他对布扬古的许婚要求，欣然同意。可是东哥性情刚烈，誓死不嫁杀父仇人努尔哈赤，并扬言："努尔哈赤是我的杀父仇人，谁能够杀了他，我就嫁给谁！"

布扬古万般无奈，他只得说服了自己的姑姑，代替东哥嫁给了努尔哈赤。

布占泰成了俘虏后，他被押在建州都城赫图阿拉三年之久。努尔哈赤为了拉拢布占泰，在关押期间，他还将自己的侄女许给布占泰为妻。

布占泰突然有了妻子，自然不能娶东哥了，东哥第二次婚姻就这样又化成了虚幻的泡影。

最后，东哥的哥哥布扬古没能成为叶赫部的族长，叶赫部族的族长由布寨的兄弟金台吉继承了。

前仆后继

万历二十七年（1599年）五月，金台吉为了称霸海西，他领兵进攻不肯对叶赫部臣服的哈达部。

哈达部现任的首领是孟格布禄。一场恶战后，孟格布禄战败，他为了保住自己的族长之位，便把三个儿子送到建州为人质，并向努尔哈赤借兵求助。

努尔哈赤得到消息，立即派兵两千，前去援助哈达部。金台吉得知努尔哈赤派兵的情报后，十分惊慌，急忙修书一封，派使者将信送给了孟格布禄。

金台吉用的还是老办法，他在信中说，哈达和叶赫部一向和平共处，若你能撤回送往建州的人质，并杀了建州兵将，叶赫就将和哈达结盟，共主海西。金台吉还写道：他将主婚，将东哥公主嫁给孟格布禄为妻，哈达和叶赫部将世世代代永远友好下去。

孟格布禄早就垂涎东哥的美色，他竟鬼使神差地同意了金台吉开出的条件。金台吉不仅立马撤回人质，还杀了前来增援的建州兵将，随后立即向努尔哈赤宣战。

孟格布禄的反复无常激怒了努尔哈赤，努尔哈赤挥起腰刀"咔嚓"一声，砍去了一个桌子角，吼道："孟格布禄，实在是可杀不可留！"

努尔哈赤何尝不是对女真第一美人东哥日思夜念？孟格布禄竟敢抢他心仪的女人，这实在是欺人太甚，努尔哈赤当即亲领建州兵，讨伐哈达部。

大战进行了七日，哈达城最后被攻破。孟格布禄被努尔哈赤擒获，保证永不背叛建州后，被努尔哈赤释放。万历二十八年（1600年）四月，努尔哈赤又以孟格布禄图谋汗位等罪名，逐将其处死，哈达部随后便被努尔哈赤所吞并。

哈达部灭亡后，辉发部的部族首领王机努受到惊吓，一下子就病倒了，不久后，便得病而死。王机努的孙子拜音达理成了辉发部的首领，拜音达理为了使自己的首领位置稳固，先后杀死了争夺汗位的七个叔叔，致使辉发部到处飘散着腥风血雨。

拜音达理杀人如麻的手段，令很多部众旧臣心灰意冷，大家都叛离了他，这帮旧臣们都纷纷逃到了叶赫部避祸。拜音达理为了立足海西，他决定向努尔哈赤寻求帮助。努尔哈赤一见机会难得，便欣然答应了与辉发部结盟的请求。

叶赫部的金台吉闻讯大惊，他当然知道，辉发部与建州结盟绝不是好事。为了打破这种不利的局面，他又一次玩起了老套路，提出了与拜音达理结亲，并归还辉发旧部的请求。当然下嫁的女人又是万人迷——东哥。

英雄难过美人关，更何况是拜音达理这样的莽汉？拜音达理接到东哥的婚书后，立即与努尔哈赤翻脸断交。

金台吉利用东哥，达到使拜音达理和努尔哈赤断交的目的后，他不仅没将东哥嫁到辉发部，而且那帮叛逃的辉发部众，金台吉也没有给拜音达理送回去。丢弃诺言，在金台吉看来，比丢弃一只旧马鞭还容易。

拜音达理只气七窍生烟，既然东哥成了不了自己的老婆，他和努尔哈赤结盟的事必须尽快完成。他就又一次派结盟使者来到了建州部。

努尔哈赤确实是帝王之才，他并没有因为违约而责怪拜音达理，反而爽快地答应再次出兵，并将自己的女儿许配给了拜音达理。

叶赫一见形势不妙，他急忙将东哥的嫁妆送到了辉发部族，并信誓旦旦地保证，不日东哥就将到辉发部完婚。东哥的石榴裙果真是万夫不当的武器，拜音达理刚得到东哥嫁给自己的承诺后，背弃努尔哈赤的事情便又一次上演了。

万历三十五年（1607年），努尔哈赤恼拜音达理抢了自己心爱的女人，他率军攻占了辉发部，拜音达理血战而死，辉发部重蹈了哈达部亡族的覆辙。

东哥之死

海西四部族，辉发和哈达被努尔哈赤先后所灭后，现在只剩下了乌拉和叶赫部。

布占泰在建州都城赫图阿拉被囚三年之后，努尔哈赤不但释放了布占泰，他还把自己的侄女、女儿先后嫁给了布占泰。乌拉部借建州后台，不断扩展势力范围，在海西一时间威名大震。

金台吉的叶赫部在海西虽然势力最大，但这时候，他已经不是努尔哈赤的对手了，金台吉为了拉笼络布占泰，共抗虎视眈眈的建州部，他又一次打出了东哥这张百用百灵的王牌。他派婚使再一次来到乌拉部，并告诉布占泰，东哥之所以年近30岁还未真正嫁人，就是在一直等着"大英雄"布占泰。

布占泰面对金台吉漏洞百出的"允婚"谎言，竟失去了理智。布占泰为了得到令自己魂牵梦萦的挚爱——东哥，他再一次倒向了叶赫的怀抱。

布占泰为了表示迎娶东哥的诚意，他甚至以苍头箭（无头之箭，带有侮辱性质），频频射向了努尔哈赤女儿娥恩哲的后背。娥恩哲受尽污辱，她只得回到建州，向努尔哈赤哭诉自己悲惨的遭遇。

努尔哈赤大怒，他立刻带兵来到乌拉部。布占泰看着努尔哈赤手下的虎狼之兵，吓得急忙叩头求饶。努尔哈赤训斥道："布占泰，如果你再敢违背盟誓，对不起我的女儿，辉发和哈达部就是你的下场！"

努尔哈赤罢兵回营。可是随后传来的消息气得努尔哈赤几乎吐血，布占泰不仅视他的警告为耳边风，他竟将迎娶东哥的新房都准备好了。

努尔哈赤再次率领大军亲征乌拉。乌拉部自然不是建州雄兵的对手，一经交战，当即全军崩溃。

乌拉部灭亡后，布占泰就成了亡命天涯的丧家之犬，叶赫部自然不会履行承诺的婚约。布占泰又气又羞，他最终在对东哥的相思煎熬中悲惨死去。

万历四十三年（1615年），东哥已经33岁了。蒙古暖兔部（喀尔喀五部之一）首领之子吉赛看中了她，便派婚使来到叶赫部，向东哥求婚求娶。

蒙古暖兔部实力雄厚，叶赫部如果想在海西生存下去，必须有如此强有力的靠山。虽然叶赫部的金台吉想极力促成这段婚事，可是东哥却根本看不上粗鲁的吉赛。

吉赛求婚被拒绝，他恼羞成怒，便领着本部的重兵，前来进攻叶赫部。

叶赫部当然不愿意与暖兔部的重兵开战，金台吉只得答应了吉赛和东哥的婚事。就在这时候，又有两方势力站出来争夺东哥：一方是始终对东哥没有死心的努尔哈赤，另一方是蒙古喀尔喀部达尔罕之子莽古尔岱。

叶赫部一见出现了"重大利好"的形势，他们利用东哥，又定了一个计策——将东哥嫁给莽古尔岱。如果吉赛和努尔哈赤恼羞成怒，他们三方混战一场，坐收渔利的还将是叶赫部。

东哥远嫁莽古尔岱时，已经是33岁。这个年龄，在当时已经是祖母级别了，因此，东哥在史书上被称为"叶赫老女"。

努尔哈赤听到东哥出嫁的消息后，真的十分气愤，他本想出兵灭掉叶赫部。可是大明朝廷唯恐努尔哈赤势力做大，便开始与叶赫结盟，努尔哈赤投鼠忌器，也只有眼巴巴地看着心爱的女人远嫁他乡。

努尔哈赤得不到东哥，竟由爱转恨，他便对天空发下了一个狠毒的诅咒："此女生不祥，哈达、辉发、乌拉三部以此女构怨，相继覆亡。今明助叶赫，不与我而与蒙古，殆天欲亡叶赫，以激其怒也。我知此女流祸将尽，死不远矣！"

东哥出嫁后一年后，也许是远嫁他乡，水土不服；也许是婚姻并不幸福，忧愁成疾。东哥得病后，百药不愈，努尔哈赤的诅咒果然应验，东哥最后客死他乡，成为一缕漂泊在外的香魂……

万历四十七年（1619年）八月，建州军借萨尔浒大捷的余威，出师围住了叶赫都城。经过此场激战，叶赫都城告破，曾经不可一世的叶赫一族灭亡。

美丽的东哥从九岁便开始嫁人。她先后被许给岱善、布占泰、努尔哈赤、孟格布禄、拜音达理、吉赛、莽古尔岱七人。这些人有的为之意乱情迷，有的为之灭族亡身。

东哥经过一系列的许婚后，最终在死前，嫁给了蒙古的莽古尔岱……她幸福吗？快乐吗？没人知道。莽古尔岱的家族墓地如今早已物是人非，成为荒地，但愿在那里，东哥的灵魂能够安息，让她继续做一个未完的女人之梦吧。

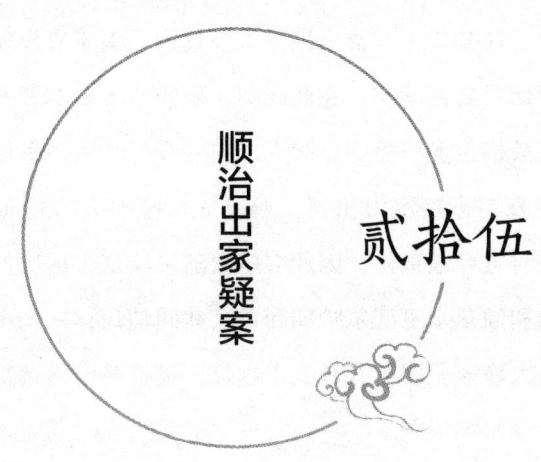

顺治出家疑案

贰拾伍

皇帝号称是"真龙天子"，享有至高无上的权力。皇帝宝座的吸引力之大，完全令人无法抗拒。然而凡事都有例外，有的人非要削尖脑袋做皇帝，可有一些人已经成为皇帝，反倒是想着剃度出家。这位幻想着剃度出家的皇帝，正是清朝顺治皇帝。顺治皇帝究竟是怎样的人？他究竟有没有出家？这段历史如何会让人如坠五里云雾？

顺治一生

顺治皇帝，原名爱新觉罗·福临，为清太宗爱新觉罗·皇太极第九子，其生母是孝庄文皇后博尔济吉特氏。他出生于沈阳故宫永福宫。福临六岁即位，是清军入关之后的第一位皇帝。

崇德八年（1643年），清太宗皇太极驾崩，由于事发突然，皇太极并未立下遗诏，致使储君之位落空。在此期间，硕睿亲王多尔衮开始觊觎皇位，皇太极长子肃亲王豪格也参与争夺，两人之间展开了激烈的皇位之争。

然而多尔衮与豪格实力相当，形成了相持不下的局面，二人不想两败俱伤，又不甘心对方夺取皇位，因此多尔衮随机应变，提出拥立皇太极第九子福临为帝，并由和硕郑亲王济尔哈朗和自己共同辅政，一场皇权之争，年仅六岁的福临成为最大赢家。同年八月二十六日，福临登上盛京笃恭殿的鹿角宝座即皇帝位，次年改元顺治。

年仅六岁的顺治皇帝，虽然不谙世事，但却在父亲尚武精神的熏陶下，也表现出不一般的气质。福临在举行登位大典前，出宫乘辇前往笃恭殿，其乳母因顺治皇帝年幼，准备登上车辇陪坐，顺治皇帝却严词拒绝称"此非汝所宜乘"，显示出不可冒犯的帝王尊严。

随着年龄的不断增长，福临越来越感觉自己的皇权威严被触犯，而拿他这个皇帝不当回事的人，正是自己的叔父多尔衮。清军入主中原后，多尔衮就开始大权独揽，不仅不将小皇帝放在眼里，而且还在朝廷内排除异己，让年幼的顺治皇帝敢怒不敢言。

顺治八年（1651年）正月，顺治皇帝开始亲政，当时的他只有14岁，并于同年八月举行大婚。多尔衮病逝以后，顺治不仅摆脱了傀儡地位，还对多尔衮进行了可怕的报复。他不仅削除了多尔衮的封号与爵位，还罢撤了其庙享、谥号，将其家财予以没收。更极端的是，顺治皇帝还宣布了多尔衮多条罪状，将他的尸身从棺中拽出来进行鞭挞，发泄内心的恨意。

亲政后的顺治皇帝，懂得了手握皇权的重要性，开始着手进行政治改革。他先是废除了诸王贝勒管理各部事务的旧例，又采取停止圈地、放宽逃人法等一系列缓和矛盾的措施。不过顺治皇帝却并未料到，自己虽然有雄心壮志，却难以将命令完整执行下去，皇亲贵胄们的反抗异常激烈，而他自己的皇权构建尚未成熟，所以话语权并不大，改革措施也只能暂时性搁浅。

顺治皇帝虽然年少，但经历过人生的大苦大难，心情一直处于压抑的状态，致使其形成了城府极深、不善言辞的性格。顺治十四年（1657年），福临开始接触僧人，并正式成为佛教信徒，他曾多次在宫中召见僧侣，与其深入讨论佛法。顺治皇帝对出家人十分向往，羡慕他们一生无烦忧的清净生活。

顺治十七年（1660年）八月十九日，顺治皇帝心爱的董鄂妃病逝于承乾宫，福临也陷入了极度痛苦之中，此时的他更想逃避现实，便对佛法心心念念，时刻准备出家为僧。

同年十月，顺治皇帝决心出家，由茆溪森和尚为其剃度。几天之后，茆溪森的本师玉林通琇奉诏到京，他听说自己的徒弟已为皇帝剃发，顿时勃然大怒，立即命众人堆积柴火将茆溪森烧死，并对福临进行了劝说，福临听罢才暂时断绝了出家的念头。

顺治十八年（1661年）元月，顺治皇帝安排吴良辅出家为自己的替僧，他亲临悯忠寺现场，全程观看了吴良辅的出家仪式。可就在归来的当天晚上，顺治皇帝就病倒在床榻，经过太医们的诊断，发现他所染病症为"天花"。在当时的医疗条件下，天花无异于是绝症，根本不能治愈。于是一个让人真假难辨的事情出现了，年仅24岁的顺治皇帝也在"天花"的折磨中与世长辞。

顺治皇帝去世时仅有24岁，正值人生的盛年阶段，身体素质与精神状态也处于巅峰时期，如何会被一场天花轻易夺去性命呢？况且，康熙皇帝年幼时也患有天花症，却能奇迹般地挺过来，顺治皇帝怎么会如此孱弱？有鉴于此，史学界便开始流传出一种说法，即顺治皇帝并没有去世，而是用驾崩为幌子偷偷遁入空门，从此了无牵挂，青灯黄卷度过一生。

想法雷人

顺治皇帝"不爱江山爱美人"的说法由来已久。相比于历代帝王而言，顺治皇帝完全可以被称为"情痴"，而他迷恋一生的女人，正是董鄂妃。董鄂妃的身世很离奇，目前共有两种说法，第一种说法称董鄂妃就是当时的名妓董小宛，她与顺治皇帝邂逅于花船之上。然而这种说法很快就被历史学家们否决，原因是董小宛年岁较顺治皇帝大，并且她去世的时间也在董鄂妃入宫之前。

另外一个版本则出自于《清史稿》，真实程度较高，据该书《后妃传》记载，董鄂氏（即董鄂妃）是内大臣鄂硕的女儿。

顺治皇帝已有过两位皇后，但都是皇家包办，毫无幸福可言，所以顺治皇帝在见到董鄂氏时能与其一见倾心。

顺治皇帝对于董鄂妃的爱无以言表。他甚至主张废掉皇后，册封董鄂妃为后。但是由于皇太后与大臣们坚决反对，此事才作罢。根据史书记载，顺治皇帝曾经在举行册封皇贵妃典礼时，宣布大赦天下，毫不夸张地说，这是清代历史上绝无仅有的一次。顺治皇帝此举很简单，就是要让天下人共同分享自己的喜悦，也是在为董鄂妃积聚阴德。

董鄂妃虽然成了皇贵妃，可是一直体弱多病，她与顺治皇帝所生四皇子夭折后，更是愁苦忧虑一病不起，最终病逝于承乾宫，此时的她才仅仅22岁。董鄂妃的病逝，令顺治皇帝痛不欲生，他在景山大建水陆道场，请求僧道前来为董鄂妃的亡魂超度，并令全国挂起白幡服丧。与此同时，他一改往日的仁爱与慈善，下令将宫中太监与宫女30人赐死，让他们在阴间侍候好自己的爱妃。

顺治帝命学士为董鄂妃撰拟祭文，组织朝中大臣、皇亲国戚前去哭陵，甚至还亲手撰写了饱含深情，长达四千字的《端敬皇后行状》悼文，以此来悼念爱妻，并追封其为"孝献庄和至德宣仁温惠端敬皇后"。

董鄂妃是顺治皇帝人生最大的精神支柱，也是他在尘世唯一的留恋。如今伊人已逝，自己再没有任何理由眷恋红尘往事，而帝王功业千古不朽，却只如滚滚长江中的一片树叶，在浊浪的拍打下随波逐流。最后爱飘向何方，就飘向何方吧。

在董鄂妃去世的当月，顺治皇帝就为自己举行了剃度仪式，取了法号为"行痴"，一门心思想遁入空门。毫无疑问，佛法成了他内心的唯一安慰，他的心彻底"死"了。但顺治皇帝毕竟是一国之君，身上还肩负着王朝的使命与责任，即使他已经看破红尘，但现实却不容许他这样做。最后，在孝庄太后与朝臣们的反对声中，顺治皇帝只能被迫做皇帝，继续被捆绑在帝王宝座上，硬着头皮前行。

皇帝出家？

山西五台山被誉为是当地的"避暑胜地"，此地气温适宜，悠远空静，是一处僧侣修行的好去处。五台山有一座庙宇就是传说中清朝顺治皇帝出家的地方，现今寺庙山墙上仍存有顺治书写的《归山词》墨迹。

顺治皇帝《归山词》原文是这样写的："天下丛林饭似山，钵盂到处任君餐。黄金白玉非为贵，惟有袈裟披最难。朕乃大帝山河主，忧国忧民事转烦。百年三万六千天，不及僧家半日闲。悔恨当初一念差，黄袍换却紫袈裟。吾本西方一纳子，为何流落帝王家……"

顺治皇帝出家于五台山的说法，主要存在于《顺治演义》《顺治与康熙》等野史和文学作品中。清代著名才子吴梅村写的一首《清凉山赞佛诗》，影射顺治在五台山的修行，并以"双成"的典故和"千里草"代指董鄂妃的"董"

姓。相传，顺治皇帝在五台山出家后，一直静心修行，并于乾隆三十六年（1711年）左右圆寂。在此期间，康熙皇帝曾多次前往五台山觐见父亲，但都未能与顺治皇帝父子相认，正因如此，康熙才会写出"文殊色相在，惟愿鬼神知"的诗篇。

还有一种说法认为，顺治皇帝并非出家于五台山，而是在白云禅寺出家为僧。"白云禅寺"又名"白云寺"，始建于唐贞观年间，原名白衣庵。相传每逢夏秋季节时，该寺便有白云缭绕笼罩寺院，其景色美妙绝伦，故名为"白云禅寺"。白云禅寺整体建筑古朴典雅、雄伟壮观，曾是当地香火最旺盛的寺庙之一。

顺治皇帝在白云禅寺出家后不问世事，一心修行佛法，与红尘俗世也彻底断绝。然而在康熙皇帝看来，父亲仍然是自己心中难以割舍的牵挂。为了寻找隐名出家的父亲，康熙皇帝曾数次南游白云寺，为白云寺1200名僧人打斋供众。在此过程中，康熙皇帝无意中遇见一位法号为"八乂"的烧锅僧人。此后当康熙回京时，才与自己的母后提起此事，康熙母后随即将"八乂"二字合成一个"父"字。康熙这才恍然大悟，确定白云禅寺的烧锅僧人就是父亲顺治皇帝，于是匆忙起驾火速赶往白云寺，但此时的老僧却早已不知去向。

康熙懊悔不已，百感交集之下只得御书"当、堂、常、赏"四个大字，意含将田、土、巾（布）、贝（钱）赏赐僧众，之后悻悻离去，从此不踏白云禅寺山门。对于以上四个字，曾有学者对其进行过仔细的研究，并得到了一个令人震惊的结果。

学者称，此碑极有可能是一个隐字文碑。四个字的具体解释是这样的："堂"字。去掉宝字盖的横笔，左面的"三点水"和右面的"台"字头的"三角形"形状。另外，再加上"堂"字的"口"字，成为一个"治"。"常"字，稍微改变下笔画就会得到一个"帝"字。而"赏"这个字拆解也很简单，组合后就为"顺"字。康熙皇帝在题此四字时，有意将把"皇帝顺治"隐藏在其中，暗指自己的父亲曾在此出家终老，并认为顺治皇帝圆寂的时候是在康熙四十九年（1710年），享年73岁。

死于天花

自始至终，关于顺治皇帝死于天花的说法不绝于耳，其实从一些史书记载的文献来看，这种说法绝非空穴来风。据史书记载，顺治帝在病危时，礼部侍郎兼翰林院掌院学士王熙，曾奉皇帝命起草《遗诏》，他在《自撰年谱》中记述了自己被传旨召入养心殿、聆听圣旨、起草诏书的全过程。

此事过后仅一天，顺治皇帝就驾崩了。此外，《青埇集·杂记》中也有记录："初五日，见宫殿各门所悬的门神、对联已经全部撤去，又见皇帝贴身太监向各大臣耳语，神色仓皇"；初七日，在传谕大赦的同时，还"传谕民间勿炒豆，勿燃灯，勿泼水，始知上疾为出痘"。这无疑是宫廷与民间共同"防痘"的迷信措施，因此可以作为顺治帝罹患天花的佐证。

还有一条证据就是，在顺治帝去世后，朝廷决策继位者时，汤若望曾向孝庄太后提议，应该选定玄烨为皇帝，理由之一就是玄烨已经出过天花。由此可见，天花疾病对于清朝皇子而言是十分恐怖的病症，能够极大震撼最高统治者的内心，并影响着他们的决策。

历史总是充满着层层迷雾，令人看不清它的真实面貌。顺治皇帝一生的谜团，因为时间的久远，资料的匮乏，终究还是难以被揭开。不过我们还是相信，不久的将来，在众多考古学家与历史学家们的努力下，一切都会真相大白。

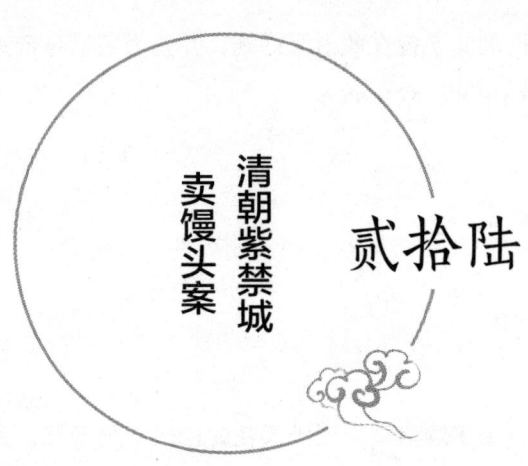

紫禁城始建于明永乐四年（1406年），建成于明永乐十八年（1420年），前后历时14年时间。紫禁城占地近80万平方米，筑房9000多间，是世界上现今保存最完整、规模最庞大的古代宫殿建筑群。这里曾居住过从明成祖朱棣至清末代皇帝溥仪两朝共24位帝王。

皇帝居住的地方，四周都有高高的城墙。该城墙墙高10米，真可谓易守难攻。紫禁城城墙全长数千米，城墙的外面还有深约4米、宽50多米的护城河，这条护城河将皇城严密地保护起来。

紫禁城内的侍卫星罗棋布。皇宫中的侍卫大多是由满、蒙八旗中选拔的精锐人员组成，他们为了保护皇帝的人身安全日夜巡逻轮班值守。别说一般人不能靠近皇宫，就连朝廷命官、王公大臣出入紫禁城也都有十分严格的限制。

这些朝廷命官们想进入皇宫，必须按照品级官阶出入规定的宫门。而宫内的太监及工匠、杂役等则凭腰牌出入。

看似铁板一块的宫禁制度，难道就没有漏洞？答曰：漏洞多如牛毛。嘉庆九年（1804年），发生了一件僧人混进东华门的事儿，可以说是对这种貌似严密的宫禁敲响了警钟。

这个混进神武门的和尚法名了友。了友和尚，安徽宁国府泾县人。乾隆五十八年（1793年），了友的妻子和两个儿子相继死去，了友悲恸欲绝之下，便决定遁入空门，青灯古卷了此一生。

了友和尚在梵觉寺受戒出家，随后便开始了艰苦的修行——四处化缘。嘉庆九年（1804年）正月间，了友来到浙江，他参拜完普陀山的普济寺和慧济禅寺后，便被庙里的两位主持的高僧形象深深震撼。他的心中忽然迸发出一个骇人的想法，进京求见皇上，请求皇上赐给自己一个住持和尚的位子。

了友和尚打定主意之后，他就从江南、山东一带一路募化，往京城而来。经过三个月的跋涉，他来到京城，先在市郊的一座寺庙暂歇，随后他屡次到紫禁城的东华门外进行了长跪和叩拜，并对东华门的侍卫们提出了进宫面圣的想法。

了友和尚身份卑微，意图不轨，侍卫们怎敢通知皇帝，放他进宫？了友几经尝试，始终无法达成自己的目的，这事儿确实令他烦恼不已。一转眼，几个月过去了，秋去冬来，雪花飞舞。了友和尚瑟缩在借宿的古庙中，一个更大胆的想法便被他酝酿了出来——混进宫去，不信见不到皇帝。

第二天天不亮，了友和尚身穿便装头戴软帽，顶着朔朔的寒风，来到东华门外的一棵大树后，偷偷地观察着宫门的动静。果然没过多长时间，几个打着灯笼的杂役出现，他们挑着食盒往宫门方向走来，了友和尚等的就是这伙一大早往宫里送食的杂役。于是，他瞧准机会将头一低，便跟在这几个人身后，神不知鬼不觉地混进了东华门。

可是皇宫大内房屋众多，难辨东西，了友和尚根本不知道皇帝寝宫的方向，他就顺着红墙一直往南走，可是没走多远，即被巡视的护卫们拿获了。

嘉庆皇帝得知情况后，气得他一拍龙书案怒道："一个僧人竟能破禁入宫，可想宫闱重地防卫必定散漫懈怠，谕令领侍卫内大臣，对一干失职人等，严惩不贷，以儆效尤！"

就这样，当晚值东华门的侍卫等人全被重杖一百革职查办，神武门至东夹道失察的侍卫交护军统领鞭八十，也皆被免职革除回家"抱孩子"去了。

了友和尚则被摁倒在地杖责六十，再枷号两个月示众，接着他这个和尚也当不成了，最后被勒令还俗，一场潜进宫见皇帝的闹剧演罢，紫禁城牢不可破的神话也成了一段笑谈。

一转眼五十多年过去了，咸丰三年（1853年）的一天，在靠近咸丰皇帝起居的养心殿附近，一个挎着篮子，正在向太监宫女们卖馒头的小贩王库儿被巡守人员捉了个正着。

一个小贩竟能混进大内，并在皇宫中卖馒头？咸丰皇帝听罢这消息，一下子呆住了。紫禁城可是干系重大的皇城禁地，怎么变成了人来人往的菜市场，这可真是有点耸人听闻了。

一番秘密调查后，调查的结果被写在奏折上，摆在了咸丰皇帝的案头。咸丰皇帝看罢奏折，鼻子差点气歪。原来事情竟是这样的——王库儿是顺天府宛平县一个小贩，咸丰元年九月间，他在大栅栏做生意时，偶然捡到一块宫里用的腰牌，这块腰牌的正面写着"厨事校尉袁士栋"七个字，腰牌的后面写着袁士栋的相貌"身高六尺，黄面黑须"八个字。看完这面腰牌，王库儿心中不由得一动，他找过来铜镜一瞧，镜子中的自己，正是身高六尺，黄面黑须。

王库儿怀里揣着袁士栋这块腰牌，那腰牌就好像活蹦乱跳的小兔子一样，令他"不甘平庸"的心真有一种蠢蠢欲动的感觉。皇宫大内对他来说，简直是太神秘了，最后王库儿决定铤而走险，到皇宫中"溜达"一圈去。

王库儿当小贩多年，也算是一个精明人，他先换上了一套整齐的衣服，接着又模仿了两天大内差官趾高气扬和目中无人的跋扈形象，然后在某天的下午，神武门守卫最容易疏忽的时辰，他手拿腰牌，大摇大摆地直向神武门走去。

王库儿随着差官杂役们往神武门里面走，虽然他的心紧张得"咚咚"跳，可是紫禁城的巨大诱惑还是促使他挺直了腰杆，脸上没有一丝惧色，那昂然的神态，就好像回姥姥家一样。

神武门旁的侍卫们根本就没注意到王库儿，他这个西贝货（"西贝"组合为"贾"，通"假"）来到侍卫面前，他只是虚张声势地扬了扬手里的腰牌，然后就轻易地混进了紫禁城。

要说演戏，王库儿可比50年前的了友和尚强多了，他目不斜视地在紫禁城中溜达了一圈后，便转身往回走。在黄昏的时候，他全须全尾地出了神武门，又回到了自己的家中。

皇宫大内金碧辉煌，紫禁城和他住的茅草屋比起来，那简直就是天上和地下。从此以后，王库儿便成为紫禁城的常客，他隔三岔五就大大方方地走进宫廷大门，然后在宫中溜达一圈，接着再神气活现地出来。

日子一久，他还与宫中的几名小太监混得挺熟。经过了解，他才知道，皇宫中锦衣玉食，肉山酒海那是对皇帝嫔妃、侍卫高官和大内管事们说的，而更多下层的宫女、太监和杂役们过的都是苦日子。

虽然不能用水深火热来形容他们的生活，但经常吃不饱可是真的。王库儿眼珠一转，便有了一个发财的点子，他让自己的老婆蒸出了一篮子大馒头，然后用柳条筐盛着馒头，又一次进了紫禁城。

果然不出他所料，王库儿大馒头成了紫禁城畅销的好东西。虽然价钱比宫外贵了几倍，但是没用半支香的时间，他这一筐馒头，便被宫女和太监们抢购一空了。

王库儿在紫禁城中卖了一年的馒头，"哗啦啦"响的银子赚了几百两，他也变得阔气了起来。

王库儿有个过继的哥哥，名叫张贵林，张贵林看着弟弟成了有钱人，不由得心生羡慕，这一天他割了两斤猪头肉，然后打了一坛子黄酒，直接找王库儿取经来了。兄弟二人酒至半酣，王库儿炫耀地拿出了那面腰牌，然后一讲发财的经过，张贵林听罢一下子就呆住了。

要是王库儿不讲，打死他都不敢相信弟弟竟敢做此等生意。他压低了声音央求道："二弟，你这块'宝贝'腰牌能不能借哥哥几天，我要是能去皇宫大内转一圈，就是立刻死了，这辈子也值了！"

王库儿倒也仗义，他找出一块湿抹布，擦去了腰牌上面的袁士栋三个字，然后将他哥哥张贵林的名字写在了上面。

张贵林用王库儿的方法混进紫禁城，开始了他在皇宫大内摆摊设点，赚太监和宫女们零碎银子的生意。一来二去，张贵林的腰包也鼓胀了起来。

王库儿本人也没闲着，因为在神武门经常出入，他和守门的侍卫早已经混得脸熟，即使不出示腰牌，他也能混进皇宫。王库儿在皇宫中经商两年，他最后结识了一个名叫张春成的宫内厨师。张厨师和他挺投缘，便让王库儿在御膳房帮厨做饭，两个人晚上住在一起。

张贵林和王库儿虽然没在紫禁城中发大财，可是他们却靠着自己的油滑和胆大，竟然能在戒备森严的宫廷里如鱼得水，生活得有滋有味。

一晃眼，两年的时间过去了，就在咸丰三年（1853年），王库儿在宫里贩卖馒头的时候，却突然被一伙不认识的侍卫擒住了，王库儿私自进宫的罪行终于露馅了……

王库儿哥俩锒铛入狱，那块被他们哥俩视为宝贝的腰牌也找到了主人，这块腰牌的主人便是袁士栋，本是銮仪卫的一个校尉。咸丰元年（1851年），他出宫去办事，腰牌不慎丢失，袁士栋因怕受责罚不敢呈报，于是一场皇宫中卖馒头的闹剧便发生了。

王库儿和张贵林被杖责后，一起被充军流放，最后双双死在宁古塔。皇宫中卖馒头这件事，也成了人们茶余饭后的谈资和笑料。

太平天国
天王金印被盗案

贰拾柒

金印被盗

1865年8月17日清晨，军机大臣恭亲王奕訢骑马穿过宫门，来到西侧的军机处门口，值班的章京急忙从房内跑出来，牵住了奕訢的马缰绳。

奕訢翻身下马，走进了军机处。同治皇帝在位时期的军机处，只是一列并不起眼的瓦房，可是这列瓦房在皇宫大内，除了皇帝的寝宫，绝对是防护最严密的地方。

军机处的四周，终日有禁卫军把守，即使到皇宫大内办事的官员，经过军机处的门口时，都不可以止步停留。奕訢坐在红木椅子上，回手打开了身边的柜子，可是他取出柜内的折子，正欲观看的时候，他忽然觉得柜内的情形有些不对。只见柜内一只檀木印盒的盒盖已经被打开了，他诧异地叫道："金印，太平天国的那枚金印不见了！"

奕訢话音刚落，值班的军机大臣和章京们急忙围拢了过来，他们瞧着空空的印盒，不由得一起愣住了。

寄存在军机处的这枚金印，就是太平天国洪天王曾经用过的金印。这枚金印是同治三年（1864年），由袁大升总兵献给朝廷的。它被送到京城后，先由两宫皇太后和同治皇帝御览，接着就被装进木盒，暂时寄存在军机处的柜子内。

太平天国的金印丢失，如果单论此印110多两的黄金价值，就已经是一桩大案，再加上这枚金印是清廷剿"乱"胜利的标志，那就更不得了。这样珍贵的金印丢失，奕訢不敢隐瞒，他当即拟了一道奏折，将窃案发生的经过上奏给了同治皇帝。

半个时辰后，满脸怒气的同治皇帝召见了奕訢："金印丢失责任重大，恭亲王你一定要抓住此贼！"

奕訢急忙跪倒在地："臣一定领旨严查！"

同治皇帝又问道："恭亲王，你认为是谁窃走了那枚金印？"

奕訢想了想说："窃贼无外乎有三类人！"

奕訢说的三类人：一是指专门为军机处服务的杂役和厨工；二是飞天大盗；三是在军机处上班的大臣和章京。

同治皇帝说："第一类人的怀疑最大，后两种基本不可能！"

紫禁城内防卫森严，飞天大盗窃走金印之说，实难成立。如果说是军机处上班的大臣和章京们窃走了金印，这更是荒唐，要知道能在军机处侍君的臣子，绝对是深受皇恩的近臣，每月的薪俸可观不说，谁会傻得自吃窝边草？

奕訢点了点头说："皇上圣明，臣这就让人先审那帮杂役和厨工！"

飞天狐狸

内务府专管审案的慎刑司随后闻风而动，他们将为军机处服务的60多名杂役和厨工都抓了起来，严刑拷问后，有些熬刑不过的杂役和厨工就胡乱招供，说那枚金印是自己所盗。

可是慎刑司派人去取"赃物"的时候，他们才发现根本就没有金印，所谓的金印只不过是"嫌犯们"为了暂时逃避刑责的一个借口。

奕訢一见慎刑司追查金印陷入了僵局，他眼珠一转："还是请刑部的罗捕头帮忙查一下案子吧！"

刑部的罗捕头名叫罗佩，因为心思缜密屡破奇案，因此京城的同行们给他送了个绰号"神眼"。

罗神眼一听恭亲王请自己去断案，他急忙来到了军机处。罗神眯缝着那双神眼，仔仔细细地将军机处检查了一遍，最后他站在军机处的门口望着房顶说："王爷，您找人搬来梯子，我好像看到房顶上有件东西！"

恭亲王一摆手，十几名禁卫军急忙搬来了梯子。罗神眼爬上房顶，经过仔细检查，终于在瓦楞中找到了一枚手指肚大小的枣核镖。

这枚枣核镖镖身黝黑，很显然已经喂毒，在镖身之上，还刻着一尾小狐狸。罗神眼对满脸疑惑的恭亲王解释道："王爷，您听说过飞天狐狸吗？"

这枚枣核镖就是飞天狐狸的独门暗器。飞天狐狸可是京城最有名的大盗，城内的巨商和富户，经常会被飞天狐狸光顾，而官府一有擒捕飞天狐狸的风声，此贼就会立刻销声匿迹，谁也不知道他藏到了哪里。

飞天狐狸竟然光顾军机处，胆大妄为地窃走了太平天国的金印，现在不管他藏到了哪里，即使上天入地，罗神眼也一定要将他揪出来。

刑部的几百名捕快一起放下了手里的案子，他们在罗神眼的带领下，开始全力追查飞天狐狸的下落。三天后，罗神眼循着线索，领着十多名捕快查到魏家烧锅。藏在地下酒窖中的飞天狐狸终于现身，他手举五鬼刀，凶神恶煞地杀了出来。

一阵激烈的厮杀后，飞天狐狸用手中的五鬼刀和枣核毒镖，杀伤了五名捕快，可是混战中，他也是浑身是伤。罗神眼瞧准机会，一刀砍在飞天狐狸的后背。这名惊天巨贼"嗷"的一声惨叫，扑倒在魏家烧锅的院墙边，再也无法行凶作恶了！

罗眼神看着飞天狐狸受伤太重，已经奄奄一息，他急忙跑过去大声叫道："飞天狐狸，你窃走的那枚金印藏在什么地方？"

飞天狐狸嘴唇翕动语声低微，罗神眼费了半天的力气，这才勉强将飞天狐狸的话语听清，飞天狐狸临死前说：那枚金印，已经被他丢到了万寿山下的北海之中！

北海水面占地五百多亩，想要在里面捞出太平天国金印，岂不就是大海捞针吗？

最后真相

刑部的罗神眼组织人手，在北海宽阔的水面上打捞太平天国金印，可是面对茫茫的水面，黑泥淤积的湖底，哪里有金印的踪影？十几天之后，罗神眼无功而返，跪地向恭亲王请罪。

奕訢拉着罗神眼的手说："罗捕头你除掉飞天狐狸就是大功一件，金印被飞天狐狸丢到了北海的海底，就等同于彻底毁掉了！"

金印一案奕訢上报给同治皇帝后，同治皇帝面对这样尴尬的结局，也只能下旨同意结案。

转眼间，一个月过去了。这天奕訢从军机处回家，他正吃端碗晚饭，就听管家进来禀报，罗神眼领人求见。

奕訢急忙放下饭碗，命管家让罗神眼进来。罗神眼身穿了一身便装，他的右手铁钳子般，紧紧地抓着一个中年人的手腕子。这个被抓之人就是东四牌楼万盛长首饰铺掌柜胡得禄。胡得禄一见恭亲王，吓得"扑通"一声跪倒在地，他大声叫道："王爷饶命呀，小的真的不知道那枚被我融化的金印是赃物呀！"

可事实是，根本没有飞天狐狸窃取金印这回事，那枚喂毒的枣核镖是奕訢找罗神眼借来，故意丢到房上的。其目的就是让真正的窃贼觉得案情已结，他可以将金印卖掉，或者将金印融化换钱使用了。

京城中，虽然首饰铺林立，但能将一百多两金的印融化的首饰铺绝对超不过十个，罗神眼派出了十几名手下，不分昼夜对这些首饰铺进行监视。

昨天晚上，负责监视万盛长首饰铺的捕快在街上转悠的时候，因为走路不小心，被街上急驶的马车撞倒。等他到刑部包裹了伤口，半夜回转万盛长首饰铺的时候，他发现首饰铺的熔金炉还冒着袅袅的余烟，很显然，胡得禄刚刚用熔金炉干了一件大活儿。

这名捕提刀冲进了万盛长首饰铺，他发现首饰铺的熔金炉下，还冒着火苗，而胡得禄拿着20两银子，正往银柜里放。胡得禄不仅卖首饰，还帮人手工熔金，他一次收入20两银子，很显然，他这次熔金的活儿利润不小。

胡得禄面对捕快手中的利刀，他只得交代了事情的经过，原来真的有一个手拿金印的人，以20两银子的代价，找到他将金印熔化成了十根黄澄澄的金条。

胡得禄交代了那枚金印的形状，以及上面的字迹后，这名捕快就抓着胡得禄的胳膊，将他带到了刑部……

奕訢当天晚上便将军机处的大臣和章京全都"请"进了府里，胡得禄为求活命，他用手指着满脸胡子的章京萨隆阿说："就是他，就是他拿着那枚金印，让我融化成金条的！"

萨隆阿是个旗人，他在军机处有着非常强硬的后台。萨隆阿听胡得禄指认他为天王金印的窃贼，便大声吼道："胡得禄，你含血喷人，我杀了你！"

萨隆阿怒目圆睁，双手伸出，疯狂地冲上前来，便要掐死胡得禄。罗神眼一摆手，几名捕快扑上来，将萨隆阿牢牢地按倒在地。

罗神眼领人来到东单牌楼内东观音寺胡同，也就是萨隆阿家一搜查，最后在他家里的炉坑中，找到了那十根还闪着黄光的金条。

萨隆阿面对搜查出的赃物，只得低头认罪……原来8月17日凌晨，因为嗜赌欠下了一大笔赌债的萨隆阿值完夜班，他趁着上早班的汉人章京不备，悄悄地将军机处柜内木盒里的金印偷到了手中。

而宫门的禁卫军盘查的对象主要是太监、宫女等下人，而对军机处的官员，一律是抬手放行。当天清晨，萨隆阿轻易地就将金印带回到自己的家中。金印失窃案结案后，他就找到万盛长首饰铺，开始了熔金计划……

萨隆阿虽然在第二年的秋天被秘密处死，但那颗太平天国的天王金印，上面镌刻着"太平天国万岁金玺"八个字的宝贝，却永远地消失了……

贰拾捌

李鸿章赴日本签订《马关条约》遇刺始末

李鸿章被逼出洋

　　光绪二十年（1894年），甲午战争爆发。李鸿章苦心经营20年的北洋海军全军覆没。同时也宣告进行了30年的洋务运动，彻底失败。

　　清廷的北洋舰队覆灭后，光绪二十一年（1895年）二月十八日，日方竟点名指定李鸿章作为全权大臣赴日议和，并商谈割地赔款一事。

　　光绪帝没有办法，只得下旨，命李鸿章为头等大臣，予以议和署名、签字画押之全权。

　　李鸿章心里虽然一百个不愿意，但是皇命难违，他只得领着儿子李经方，随员伍廷芳、马建忠，以及顾问科士达等人，磨磨蹭蹭地向上海而去。

　　李鸿章一行人在几天后，来到了上海。可李鸿章却一头扎进了万国饭店，说啥也不肯走了。

原来李鸿章的右脚脚底下长有一个鸡眼，过一段时间不割一下，就会疼痛难忍。这脚疼自然影响心情，心情不佳没法谈判。伍廷芳没有办法，只得在上海滩找了一位刀法高超的修脚师傅，动手为李鸿章割鸡眼。

那位修脚师傅五短身材，身穿一身灰色的衣服，他来到了万国饭店，便从工具箱子里取出锋利的修脚刀，可是鼓捣半天，也没把李鸿章脚底下的鸡眼挖下来。李鸿章一边吸着鼻烟，一边没好气地申斥道："你会不会挖鸡眼？"

那位修脚师傅忽地站起，两眼凶光毕露，嘴里一声怪叫，手里修脚刀闪电般一挥，直刺李鸿章的咽喉。原来他竟是一个刺客。

李鸿章吓得一抖手，手中的玉石鼻烟壶飞了出去，鼻烟洒出，正糊在刺客的脸上。刺客被鼻烟呛得连声咳嗽，而李鸿章身子后仰"轰隆"一声，连人带椅子，全都倒在了地上。门外的护卫一听屋内有异响，他们抽出腰刀，呼喊一声，急忙冲了进来。

刺客最终倒在了乱刀之下，可是血人一样的刺客，仍拼尽了最后一丝力气，指着李鸿章的鼻子叫道："卖国贼，人人得以诛之！"

李鸿章一生和世界列强们周旋，共签署了大大小小30多个不平等条约，说他是卖国贼，实在是"名至实归"。李鸿章额头冒汗，身体摇晃，如果不是被护卫们扶了一把，他一定是身体虚脱，坐到了地上。

大清国和日方签署赔款协议，这可是一块超级大的烫手山芋，李鸿章即使把握住了分寸，也逃脱不了卖国贼的罪名。他面对船坚炮利的倭人，还有皇帝急不可耐的圣旨，除了在谈判的桌子上多为大清争得一点利益，还能有什么"起死回生"的办法呢？

护卫们抬走了刺客的尸体，李鸿章看着地板上那摊殷红的鲜血，他"砰"地一拍桌子，说道："为了大清的江山社稷，本中堂目前还不能死，不管马关是龙潭还是虎穴，我都得走一遭了！"

李鸿章在万国饭店修整了三天，第四天一大早，他登上了神户丸号，火轮船走了两天，在本州岛的港口登陆，一行人直奔谈判的地点马关而来。

春帆楼艰难的谈判

马关议和之地设在春帆楼。此楼居高临下，风景秀丽，附近还有一处温泉可供洗浴，可以称作是一个寂静隐蔽，即使双方在谈判桌上吵翻天，也不会有人打扰的好地方。

光绪二十一年（1895年）三月二十日午后二时半，李鸿章一行人登上春帆楼。春帆楼内，摆着一张方桌，围着方桌还放着十多把椅子。日方的首席谈判代表是伊藤博文，他为了照顾年逾七旬的李鸿章，还特意为他在椅旁摆放了一个痰盂。

伊藤博文为了使今天的谈判能够顺利进行，他还特颁布了四条命令：

一、除谈判人员外，不论何人有何事，一概不得踏入会场；

二、各报的报道必须要经过新闻检查后方可付印；

三、除官方外，任何人不得携带凶器；

四、各客寓旅客出入，均必须由官厅稽查。

李鸿章和伊藤博文先是互致问候，接着谈判开始。李鸿章首先提出了谈判的基调——日方必须和大清首先停战。伊藤博文"嘿嘿"一笑道："停战可以，但是大清国需要付出巨额赔款，还得答应日方一系列的条件。"伊藤博文对身边的秘书一摆手，秘书打开公文包，将里面的停战细则拿给了李鸿章。日方打赢了甲午战争，他们提出的条件非常苛刻——想要停战，大清除了要赔偿一大笔银子外，还要答应日方占领大沽、天津、山海关一线等多处城池和堡垒，天津至山海关的铁路也要由日方管理，停战期间日方军队的一切驻扎费用都要由大清国负担等。

山海关、天津一线如果被日方占领，那就将直接危及北京的安全。倘若将来有什么变化，日方用不了一天的时间，便可以攻到北京的城下。这个停战条件别说李鸿章，换任何一个人都是万万不会答应的。

伊藤博文划出条件的重点，李鸿章不点头，停战协定就不能签署，大清和日方还将处于开战状态。伊藤博文这么做，是有其险恶目的的。现在的日方运兵船，正在秘密地向大清国开进，一旦日方占领了大清国更多的城市和港口，伊藤博文握在手里的谈判筹码将会更大，到时候李鸿章的处境就将更被动。到时，他只能答应日方提出的所有苛刻条件了。

春帆楼上，中日双方谈判代表一时间唇枪舌剑，尽管伊藤一开始就咄咄逼人，但李鸿章仍期望"争一分算一分"，与日方代表反复辩论周旋。

这场谈判进行了两轮，可是日方提出的赔款数目，以及附加的条件仍然没有落到实处。伊藤博文咄咄逼人地道："中堂阁下，我们开出的停战条件你必须答应，否则，我们还要对贵国增兵，再一次和你们大清国决战！"

李鸿章脸色通红，他连声咳嗽。最后一口气没上来，"扑通"一声趴在桌子上，竟昏迷了过去。

李鸿章带来的随从一见中堂大人昏倒，急忙停止了谈判，将李鸿章背到了停在楼下的轿子上，一路急行回到了寓所。

李鸿章回到寓所，才睁开了眼睛，他张口便骂老伊藤嚣张跋扈，逼人于绝路。可怜大清朝的中堂，被日方迫得没办法，竟只有靠假装昏迷来逃避谈判了。

李鸿章的儿子李经方把当天谈判结果和日方态度拟成密码电报上报给朝廷。两个小时后，光绪帝复电——须速签停战协定，赔款和其他条件可再详谈之。

李鸿章看着这道催命符般的电报，差一点又背过了气去，他一边捶打自己的胸口，一边指着紧闭的窗户说道："打开！打开！让我透一口气！"

李经方轻轻地把窗帘掀开一角，他望着院外街上徘徊的几个日本浪人，说道："父亲，最近我发现寓所外经常有可疑人物徘徊，您得十分注意安全，一旦……"

李鸿章默默地点了点头，然后苦着声音说道："弱国无外交，朝廷交派的任务，我得如何完成呢？"

第二天上午，谈判还得继续进行，李鸿章硬着头皮来到了春帆楼上，伊藤博文仍然是狮子大开口，丝毫不给李鸿章讨价还价的机会，两方面的谈判又陷入了僵局，自然没能拿出什么实际性的成果。下午的谈判进行到了4时结束。4时15分，李鸿章在春帆楼大门外，又一次颓然地坐上了轿子，轿夫起轿，一路直奔寓所的方向而去。

李鸿章回寓所，必须要经过引接寺的街口。引接寺的街道原本狭窄，每一次李鸿章经过，当街的民众都想争看大名鼎鼎的李鸿章，你拥我挤搞得街道上的秩序非常混乱。就在李鸿章的轿子从人群中穿过时，忽听一个鱼蛋面摊的背后响起了一声怪叫。一个日籍青年疯狂地蹿到轿前，他左手撩起了轿帘，右手举着手枪，"砰"的一声枪响，一颗灼热的子弹射向了李鸿章的面门。

遇刺后的转机

保护李鸿章的侍卫们反应过来的时候，枪击案已然发生。侍卫们抽出武器将刺客按倒再地。子弹击中李鸿章的左眼之下，并嵌入颊骨之中，弹孔内血流不止。

轿夫一见李鸿章遇刺，急忙撒腿奔到了引接寺门前，血流满面的李鸿章下轿，并不用人搀扶，而是昂然步入到引接寺中避险。

那名行刺李鸿章的凶手被捕后，仍然神情亢奋，他口中连声怪叫："杀死李鸿章，我一定要杀死李鸿章！"行刺大清专使案发生，日方山口县地方法院不敢怠慢，急忙对凶手展开了审讯——此人名叫小山丰太郎，郡马县大北岛人，20岁。

那他为什么要行刺李鸿章呢？

山口县地方法院为了应对汹汹的舆论，炮制出了一份虚假的口供，小山丰太郎行刺的理由是——因我帝国与大清国启衅，致动干戈，皆大清国现任钦差大臣李鸿章暗为主持，思非绝其生命，则我国不能得志，难保东方之和平。适闻其奉命来我帝国马关议和，遂决议行刺。

其实小山丰太郎就是一个狂热的好战分子。他认为日方放弃占领大清的京城是本国的耻辱，目前同清国签订和约为时尚早。他不希望双方停战，更不愿意看到双方议和，一心希望将战争进行下去，所以决定借机刺杀李鸿章，挑起彼此之间的进一步矛盾，然后将战争进行到底。

刺客小山丰太郎被关进了监狱，可是李鸿章却被送到了医院。面对满脸是血的大清国的中堂大人，日方医院里的专家不敢怠慢，他们把李鸿章推进了急诊室。可是经过检查发现，刺客的子弹头嵌入了李鸿章的迎面骨中，幸好没伤到大脑，否则这一条命就得交待到异国他乡了。

李鸿章毕竟见过大风大浪，遇刺后表现得异常镇静，他还不忘嘱咐随员将换下来的血衣保存下来。面对衣服上的斑斑血迹，73岁的李鸿章不禁长叹："此血可以报国矣！"

李鸿章在日本遇刺的消息，立即引起了德法两国驻日公使馆的关注，公使馆的医生都赶来为李鸿章看病。各国医生会诊之时，日方医生建议开刀，但德国和法国医生坚决反对。理由是这颗子弹对伤者的眼睛无害，不如暂时留在体内。他们担心，如果贸然开刀，将会危及李鸿章的性命。

李鸿章面部的枪伤经过消毒和包扎后，他就直接被送到了医院的头等病房。所幸的是伤口并没有化脓和感染，三天后，李鸿章总算脱离了危险期。伍廷芳随后便对日方提出了最强烈的抗议，并在李鸿章的病床前，召开了记者会，消息一经披露，全世界的舆论立刻大哗，纷纷指责日方傲慢专横，保护措施不利，缺乏谈判诚意。

李鸿章遇刺的第二天，光绪皇帝给李鸿章发来密电，除慰问伤势之外，还指示——应趁日方理亏之时，据理与争，或可达到目的。

可是清政府又想立马签订停战协议，早些结束谈判，以保京师安全。李鸿章可谓是进退两难。

李鸿章遇刺事件发生后，日方因欧美列强干涉而陷入极其被动的局面。伊藤博文和外务大臣亲临医院，到李鸿章的病榻前进行慰问，日方高层也表明态度，指示要严惩凶手。日本司法机关很快将凶手小山丰太郎以"杀人未遂罪"判处无期徒刑，后服刑16年而被释放。

李鸿章为了躲避谈判，他以左眼的伤口并没有愈合为理由，脸上依旧缠着纱布，倒在医院里养病疗伤。

3月28日，日方外务大臣陆奥宗光再次来到李鸿章的病房，当他讲到日方高层已允诺停战时，李鸿章不禁喜出望外。万万没有想到，几天来在谈判桌上口干舌燥没能取得的战果，竟然会因为自己的遇刺而峰回路转。停战的目的终于达到，现在他总算能对光绪帝有所交代的了。

4月1日，谈判继续进行，伊藤博文终于亮出了日方的底牌。李鸿章看后为之愕然，他没想到自己中枪后，日方还能提出这样令人难以接受的四点要求：

一、要求清国承认朝方独立自主；

二、要求清国割让奉天南部、台湾、澎湖列岛；同时，清方赔偿日方军费银三万万两；

三、要求缔结新的通商行船条约，开放重庆、杭州等七处为通商口岸；

四、日方臣民可以在清国设厂，从事各种制造活动，并能输入机器等。

李鸿章面对贪婪的谈判对手，他怎么敢签署下这个协议？为了使每一个字都让皇帝知道，李鸿章当晚将条约稿全文电达北京。

草拟的条约稿到了北京，清廷上下，吵成了一锅粥。恭亲王奕訢主张割让土地，保住奉天，尽快议和。光绪皇帝的老师翁同龢却主张土地不可弃，可以多付赔偿银两。光绪皇帝进退维谷，难以做出最后的决断。

4月7日，光绪皇帝只含混地命总理衙门电告李鸿章："清国土地，朝廷视为并重，非至不得已，极尽驳论而不能得，何忍轻言割弃？"

4月10日，中日代表开始第五轮谈判。伊藤蛮横地告诉李鸿章日方"已让至尽头"，清国"只有同意不同意这两句话！"清国若不同意，日方决议再战，眼下广岛已有60只船舰做好了出征的准备。

会谈结束后，李鸿章再次急电北京，声言自己"力竭计穷"，切盼皇帝降旨明示。

4月12日，李鸿章盼来回电。光绪皇帝指示他继续与伊藤磋磨，争取减少赔款，允其割台之半，但辽东半岛的牛庄营口在所必争，倘若实在无法商改，同意即与定约。

4月13日，李鸿章又连复三电，强调日方词气极迫，已没有回旋余地，要是不按时订约，京师难保。

清廷面对日方的高压，这才彻底打消了讨价还价的念头。4月14日，光绪皇帝回电李鸿章，说原希冀争得一分之益算一分，现在既然难以商改，就遵旨定约吧。

4月15日，中日双方进行了第六轮谈判，李鸿章不惜费尽唇舌，向伊藤哀求将赔款减至1.5万万两，并希望以"少许之减额，赠作回国的旅费"。作为一个全权外交官，李鸿章的这种举动，已经有些失态了。

1895年4月17日上午10时整，中日和议第七轮会谈开始。实际上，这次会议"不过是举行一种签字仪式而已"。

11时40分，当李鸿章和伊藤分别代表本国在"和约"上签字时，伊藤的脸上露出了满意的笑容。根据这11条的《马关条约》，中国付出了如下的代价：

清政府割辽东半岛、台澎列岛及附属岛屿给日方；赔偿日方军费白银二亿两……

李鸿章签字的时候，两只手已经抖成了一团……虽说他挨上一枪，替清政府省下了近一亿两的白银，但这份条约，就是一份留下千古骂名的卖国文契啊！

老伊藤手捧《马关条约》哈哈大笑，身体已经虚脱的李鸿章被扶出了谈判厅。春帆楼外的太阳正足，晃得人睁不开眼睛。李鸿章两眼流泪，冲着大清国的方向，"扑通"一声，跪倒在了街上。他冲着天空伸出了无助的两只手，声嘶力竭地叫道："卖国，这是卖国啊！"呼喊完毕，一口鲜血吐了出来，人已昏倒在异国的土地上。

《马关条约》签订后，在大清国引起强烈反响。在"国人皆曰可杀"的汹汹舆论下，李鸿章成了清廷的替罪羊。他被解除了直隶总督兼北洋大臣的职务，投置闲散。因为签署了《马关条约》，李鸿章的名字被无情的历史永远地钉在了耻辱柱上。

临终前，他写下了这样一首诗：

劳劳车马未离鞍，临事方知一死难。

三百年来伤国步，八千里外吊民残。

秋风宝剑孤臣泪，落日旌旗大将坛。

寰海尘氛犹未已，诸君莫作等闲看。

光绪皇帝死因疑案

贰拾玖

光绪皇帝是一位"悲催"的皇帝，如果他不是生在慈禧太后掌权的时代，完全可以做一位令人称道的明君，并干出一番彪炳史册的事业。面对强权的慈禧太后，光绪皇帝变法未成，只能被囚瀛台，可就在慈禧太后重病，他马上可以挣脱牢笼，重新执掌大清皇权的关键时刻，他竟身中砒霜之毒，溘然而逝。

是谁"毒杀"了光绪皇帝，是慈禧太后，是李莲英，还是另有他人？谜团的揭开，需要我们大胆推理，仔细考证，只有拨开迷雾，才能揭开迷案的真相。

四岁皇帝

光绪元年（1875年），年仅19岁的同治皇帝驾崩，作为同治皇帝的生母——慈禧太后，要说心里不悲痛，很显然是假的，但作为清国的实际掌权者，悲痛之余，她更要抓紧时间，做一件事，那就是要给清朝重新找一个皇帝。

慈禧召集了满朝的文武大臣、亲王贝勒，一起商量清朝大位继承人的问题。同治皇帝19岁去世，没有儿子，按照道理来说，应该从溥字辈的子弟们中，挑选一位合适的继承人。最后溥伦因为年龄合适，沉稳大气，富有才干，所以被众臣推了出来。

可是慈禧太后一听溥伦这两个字，立即表示不同意。为何慈禧会不同意？因为她要垂帘听政。

清朝时，如果皇帝年幼，皇太后确实可以垂帘听政。因为溥伦作为同治皇帝的晚辈，一旦成了皇帝，慈禧立马就会变成太皇太后，她将失去垂帘听政的资格。

在大清的朝堂上，慈禧太后搞的就是一言堂。她随便找了个理由：溥伦因为血统太远，失去了成为皇帝的资格。慈禧随后提出了一个皇位的人选——醇亲王奕譞的儿子载湉。

载湉就是后来的光绪皇帝。他和同治是表兄弟关系，这种兄终弟及的继位方式，不仅符合法度，而且奕譞还是咸丰皇帝的亲弟弟，载湉的母亲则是慈禧的亲妹妹，慈禧就是载湉的姨妈，双方的关系非常亲近。

慈禧为何提出载湉可以继承大统的主张？因为载湉才4岁，他做了皇帝，慈禧可以继续垂帘听政。为了说服众臣，她还讲出了一条立幼帝的好处——只有年幼者，才好教育。

可是慈禧刚刚说出载湉的名字，奕譞就吓得头晕眼花，身体摇晃着"扑通"一声晕倒在了金銮殿之上。

奕譞的夫人，慈禧太后的妹妹叶赫那拉·婉贞得知情况，也是又哭又闹，就是不让自己的儿子载湉进宫当皇帝。

在封建时代，当皇帝可是人人期盼的好事。而奕譞晕倒，婉贞哭闹，他们为何不让自己的儿子进宫当皇帝呢？道理很简单，因为慈禧太狠毒，慈禧为了手中的权力，亲生儿子同治都被她"摆弄"死了，更何况载湉这个外甥呢？

但慈禧选定的皇帝，别说奕譞和婉贞，就是再厉害的人反对，那也是无效的。当天晚上，慈禧派人抬着龙轿直奔醇亲王府，将又哭又叫的载湉用羊毛毡毯团团裹住，放在龙轿里，抬回了皇宫。

在载湉的登基大典之上，4岁的小皇帝是不准哭的，因为一旦哭叫，那是非常不吉利的。慈禧无奈，只得让奕譞领着载湉的乳娘进宫，在两个人的安慰和哄骗之下，载湉终于勉强完成了登基大典，成了光绪皇帝。

4岁的载湉来到皇宫，紫禁城对他来说是陌生的，太监宫女也是不熟悉的，慈禧太后给他的也不是真正的母爱，想一想，他这个皇帝，命运真的是很"悲催"。

选后掌权

光绪皇帝4岁入宫，按照清朝的宫廷规矩是过嗣称帝，他与慈禧名义上是"母子"关系。慈禧常对臣子们说"载湉常卧我寝榻上，时其寒暖，加减衣衿"。

慈禧对小光绪的生活上心，对他的学业也非常关心，所谓"口授读四书诗经，我爱怜惟恐不至"是真是假，已经难以查证，但有一点不容怀疑，慈禧要通过严格的教育，改变光绪皇帝的性格，让他变成一个听话的"乖"孩子。

光绪二年（1876年），光绪皇帝开始在毓庆宫读书，他的两个老师都很厉害：一是内阁大学士翁同龢，另外一个是兵部右侍郎夏同善。

这一年，光绪皇帝已经16岁，按照清廷的规矩，慈禧垂帘听政的好日子就要到头了。因为光绪皇帝已经长大成人，具备了"披阅章奏，论断古今，剖决是非"的能力，她应该还权给光绪皇帝。

可是慈禧怎能痛快地交权呢？她将"垂帘听政"改为继续"训政数年"，其实就是换汤不换药，她还是要继续抓权。为了牢牢地控制光绪皇帝，她还亲自为其主持了选后妃的仪式。

皇帝选后妃，凡是13至16岁，身体健康无残疾的旗籍女子都在海选之列。经过第一轮海选，31位秀女入围，经过慈禧的两次亲阅，进入光绪皇帝亲选环节的一共5名女子，她们分别是：慈禧的弟弟桂祥的女儿（叶赫那拉氏）；江西巡抚德馨的两个女儿；还有侍郎长叙的两个女儿（即珍妃姐妹）。

慈禧为了控制光绪皇帝，一心要立叶赫那拉氏为后（她就是后来的隆裕皇后）。光绪皇帝正要将手中的信物——一柄玉如意，递给最漂亮的德馨的女儿时，慈禧怒道："皇帝！"

光绪皇帝被慈禧的一声怒吼，吓得直哆嗦，他急忙收回了如意，最后，只得将如意给了叶赫那拉氏。隆裕皇后不仅长相不美，还是一个驼背。最让人诟病的是，她还特别笨，清朝那些繁缛的祭祀礼节，她根本就学不会，最后只能由珍妃陪着光绪参加各种祭祀。这种种原因，最终导致光绪和她的夫妻关系，直接跌入冰点。

侍郎长叙因为用重金贿赂了李莲英，他的两个女儿——珍妃姐妹，顺利地被选为光绪的妃子。

清朝选后妃，有一个让人称道，也让人诟病的地方，那就是重品德和性情，重血统和门第，不重视体态和相貌。这样做的目的是不让皇帝沉迷于酒色，可是将一个驼背女子，硬塞给光绪做皇后，慈禧太后如此霸道，也确实很过分。

光绪十五年（1889年）光绪和隆裕皇后大婚。二月三日，慈禧太后归政给光绪皇帝。可是在归政之前，朝廷的要害部门，慈禧安排的全是自己的亲信，光绪皇帝除了每天向慈禧请安之外，一旦有大事，都必须向慈禧"禀白而后行"。

光绪是一个少年天子，面对清国的积贫积弱，他心中早就萌发了维新变法、发愤图强的念头，可是面对守旧派代表慈禧太后的压制，两个人的矛盾终归不可避免。

被囚瀛台

光绪二十年（1894年），甲午战争爆发，一场震惊中外的海战使清国海军覆丧殆尽。面对这场重大的失利，光绪帝"绕殿急步约时许，乃顿足流涕"，最后没有办法，只得被迫在《马关条约》上签了字。

康有为等人联合1300名在京城参加会试的举子，发起了拒和、迁都、变法的《公车上书》。光绪皇帝认为康有为在奏折中提出的富国、养民、教民、练兵等变法的具体内容很切合实际，并对上书"览而喜之"。

随着"戊戌变法"如火如荼地展开，一些守旧的大臣对光绪皇帝的新政开始阻挠，光绪帝将守旧派代表礼部尚书怀塔布等6名官员全部革职，并启用谭嗣同、刘光第、杨锐、林旭为军机章京，赏给四品官职，新政就这样全面铺开了。

如果"戊戌变法"成功，光绪就会真正地变成一位实权皇帝，而慈禧手中的权力将全部失去。为了保住手中的权力，慈禧订下了一条"毒"计，她打算到秋季时，慈禧偕光绪帝去天津阅兵，到了地方，慈禧将借助荣禄的力量，废掉光绪帝，让所谓的"戊戌变法"彻底搁浅。

光绪皇帝得到这个消息后，也开始了"反制"行动，康有为等人先找到毕永年，请他做好随时刺杀慈禧的准备。然后，谭嗣同夜访袁世凯，请袁世凯发兵围住颐和园，杀掉荣禄，囚禁慈禧太后，助变法早日成功。

可是袁世凯却叛变了光绪皇帝，他向荣禄泄露了消息，荣禄则将消息密报给了慈禧太后。

慈禧得到消息后大怒，她开始重新训政，谭嗣同、杨锐、林旭、刘光第、康广仁、杨深秀等"六君子"被捕后不久，被杀害于北京菜市口，轰轰烈烈的戊戌变法彻底失败了。

光绪皇帝丢了"皇位"，他被囚禁于中南海瀛台涵元殿。根据给光绪皇帝看病的御医周景涛回忆：光绪的书房十分简陋，椅子上的坐垫都已经磨破了，脚上穿着一双破鞋，也没有人给修理，走起路来显得有些"扭捏"。

光绪皇帝逢年过节，都要用长竹竿，自己去挑落殿里的蜘蛛网。就算过春节，连门前的对联，也需要自己书写。写完对联，光绪皇帝将其贴到门外的廊柱子上，然后侧耳听一阵紫禁城外的鞭炮声，便算"凄然"地过年了。

而光绪皇帝最宠爱的珍妃，也被慈禧以"干预政事"的罪名关押了起来，囚禁在钟粹宫后北三所。为了折磨珍妃，慈禧命令珍妃每日吃的米粥，都必须要放凉，菜也不许上热的。慈禧用"冷粥温菜"的整人手段，目的是让珍妃连连生病，以便对其进行恶意的打击和报复。

戊戌变法失败后，慈禧太后准备废掉光绪皇帝，立溥儁为帝。可是慈禧的主张，却得不到列强的支持，慈禧觉得自己手中的权力，又一次受到了威胁。为了让洋人知道大清国的"天威"，让他们知道慈禧太后的"手段"，她决定利用"不畏枪弹，神功附体"的义和团，准备向万国开战。慈禧在向西方列强开战之前，还写了一道诏书："彼尚诈谋，我恃天理；彼凭悍力，我恃人心……即土地广有二十余省，人民多至四百余兆，何难剪彼凶焰，张国之威？"

可是义和团的神功是假的，他们面对八国联军的机枪和大炮，完全没有招架之力。慈禧也怕被鸣枪放炮的八国联军给抓了俘虏，她急忙剪掉指甲，换了一身农妇的衣服，坐着马车，领着光绪向西安逃去。

慈禧去西安明着是逃命，被其美化成西狩。她在出逃之前，还命崔玉贵将珍妃推到了水井中。

光绪皇帝成了一位傀儡皇帝。不仅最心爱的妃子的命都保不住，连他自己的命，也不知道能不能保得住了。

光绪驾崩

光绪二十七年七月二十五日（1901年9月7日），《辛丑条约》在京城签订。1902年1月8日，慈禧从西安返回北京。

光绪皇帝依旧被囚禁在瀛台，由于恶劣的生活环境，长期被慈禧压制，以及他最喜欢的珍妃已离他而去，光绪皇帝的身体一天不如一天。

光绪在幼年时，他的身体就不佳，光绪三十四年（1908年）的时候，御医曾给他诊脉，病状为"阴阳两亏，标本兼病，胸满胃逆，腰胯酸痛，饮食减少，气壅咳喘，益以麻冷发热，精神困惫，夜不能寐。"

同年三月初九日，御医曹元恒给光绪看病，他在《脉案》中写道："皇上肝肾阴虚，脾阳不足，气血亏损，病势十分沉重。"

十月十七日，周景涛、吕用宾等三名御医给光绪皇帝会诊，他们认为皇帝极度虚弱，元气大伤，已处于油灯将枯的状态，私下说道："此病不出四日，必有危险。"

当时的光绪皇帝，因为久病，出现了卧床不起，生命垂危的征兆。光绪皇帝生命堪忧，慈禧身体又如何？慈禧的生命也是处于极度的危险状态。

这一年，慈禧太后已经73岁了，有道是"七十三，八十四，阎王不找自己去"，慈禧也是感觉身体有些不能自己做主了。

慈禧患有三种疾病：轻度的中风，中度的糖尿病，还有可怕的痢疾。由于御医连续用药，慈禧的前两种病，已经被控制住，而可怕的痢疾，基本上也不能为害了。

慈禧过74岁大寿之时，为了安抚人心，她不仅领着大家在昆明湖上泛舟，而且还喝了一杯御酒，喝完酒后，她还任性地吃了一个大苹果。

对于一个腹泻并没有完全好的病人，辛辣的酒水，生硬的苹果，都是不可食之物。当晚，慈禧便头晕眼花，高烧不退，完全是一种病入膏肓的状态。

慈禧知道自己已经到了油灯枯灭的状态，可是她还有一点不放心——光绪皇帝。她和光绪皇帝的矛盾不可调和，如果自己死在光绪皇帝的前面，光绪皇帝一旦复位，他将怎么样对待自己的身后事？他绝对不会给自己办奢华的丧事的。慈禧的手下，估计也都难逃直奔菜市口的命运。

慈禧命李莲英去瀛台探望光绪，李莲英发现光绪皇帝面黄肌瘦，双目无神，也已经性命堪忧了。李莲英流着眼泪说："皇帝，保重啊！"

可是光绪皇帝却摇摇头，虚弱地说道："莲英啊，看来朕是不成了！"

李莲英回来禀报，讲明光绪皇帝命不长久之后，慈禧就开始抓紧时间立幼帝。她命3岁的溥仪进宫，溥仪过继给同治帝载淳的同时，也兼承光绪帝之祧，这叫一人祧两房。可是溥仪进宫，哭闹不止，慈禧不耐烦地说道："这孩子别扭，抱别处玩去吧！"

光绪三十四年十月二十一日（1908年11月14日），光绪驾崩。同年11月15日慈禧去世。两个人的死期，只差了一天，这不能不引起人们对慈禧害死光绪皇帝的猜测。

光绪的御用太医叫屈桂庭，曾经写过《诊治光绪帝秘记》，光绪皇帝死前，脸色发黑，舌苔发黄，并在床上乱滚，大叫肚子痛——这是典型的中毒而死的模样。

2003年，清西陵文物部门的专家，用高科技检测仪器，并对光绪帝遗留下的毛发、骸骨、龙袍等物品进行了检测，最后认定：这些物品上的高量钾（砒霜）成分超正常值的一两千倍。光绪并非正常死亡，而是死于剧毒的砒霜。接下来的问题是，谁是杀害光绪帝的凶手？

杀害光绪皇帝的凶手可能是以下三者之一：第一个慈禧太后；第二个李莲英；第三个袁世凯。慈禧害怕光绪复位，会对自己的丧葬陵墓等后事不利；而李莲英是慈禧的死党，光绪不可能放过他；虽然这两个人都有嫌疑，可是袁世凯的嫌疑最大，因为他曾经到慈禧太后面前告密，泄露了光绪要对慈禧下手的计划，令其功败垂成，如果慈禧去世，光绪重新掌权，第一个杀掉的人，绝对是袁世凯。

　　袁世凯是否为毒死光绪的真正凶手，我们只能大胆假设，小心求证，相信随着史料的不断被发现，以及科学技术的不断进步，光绪死亡迷案，一定会大白于天下！